MIRN
KRU
Der Ras

CYNAR
VODKA
14
13

Das Tor, das den Titel brachte,
auch wenn's keiner glauben wollte.
Gerd Müllers Schuß zum 2 : 1

Harry Valérien

Fußball 74
Weltmeisterschaft

Redaktion Christian Zentner

Südwest Verlag München

Weltmeister 1974

Gerd Müller — Bernd Hölzenbein — Horst-Dieter Höttges — Sepp Maier

Norbert Nigbur — Jupp Heynckes — Georg Schwarzenbeck — Berti Vogts

Paul Breitner
Bernd Cullmann
Jürgen Grabowski
Heinz Flohe
Uli Hoeness
Helmut Schön
Wolfgang Overath
Franz Beckenbauer
Rainer Bonhof
Jupp Derwall

WELTMEISTER
1974
BR DEUTSCHLAND
WM 74

Inhaltsverzeichnis

Brasilianische Heiterkeit und Sinnenfreude:
Starballett Brasil Tropical

Freude in den Gesichtern der Stars.
Gerd Müller hatte „sein“ Tor geschossen.
Breitner, Beckenbauer und Overath
gratulierten ihm

Harry Valérien

Fußball zwischen Zölibat und Sicherheitsnetz

Den endlich frohgestimmten Fußballfan traf bei der Morgenlektüre seiner Zeitung ein sanfter Stich mitten ins Herz: Der Münchner Karikaturist Murschetz ließ den wunderschönen Endspielrasen von einem schweren Traktor durchpflügen. Auf den zweiten Blick regte sich beim Fan schon eigenwillige Zufriedenheit und Einsicht: Wenigstens kann so kein Wiederholungsspiel mehr gegen Holland stattfinden . . . Euphorie oder gar Hysterie über den Triumph der deutschen Fußballer hielten sich in Grenzen. Ein Schwein, das von übermütigen Gästen mit einem Abschleppseil ins Lokal gezerrt wurde, regte sich über Musik und Lärm in Hausen im Wiesenthal derart auf, daß es an Herzversagen verendete.

Vergleiche zu Festlichkeiten und Ansprachen nach dem Titelgewinn der deutschen Fußballer im Jahre 1954 kommen einem nur flüchtig in den Sinn. Walter Scheel als neuer Bundespräsident beeindruckte in seiner kurzen Rede eher durch gelassene Heiterkeit als durch zackiges Jubeln in der Stimme. Münchner Bierkelleratmosphäre mit allen offiziellen Peinlichkeiten blieb den internationalen Gästen an jenem Abend des 7. Juli erspart. Und weil der von Gustav Heinemann gestiftete Fairneß-Pokal für die bundesdeutsche Mannschaft an Franz Beckenbauer überreicht wurde, packte Walter Scheel bei der Verleihung des Preises gleich mutig zu mit der Feststellung: „Wenn sich die Erkenntnis durchsetzen sollte, daß die fairste Mannschaft eine Chance hat, auch die beste zu sein, so kann das den Fußballsport günstig beeinflussen."

Politiker führten in München am Rande des Weltmeisterschaftsturnieres Spitzengespräche. US-Außenminister Henry Kissinger diskutierte als prominentester Gast mit Bundeskanzler Helmut Schmidt. Schlagzeilen auf den Titelseiten der deutschen Presse zielten nicht nur deshalb am Morgen nach dem erregenden Finale über den WM-Triumph hinaus: VW kündigte Kurzarbeit für 30 000 Mitarbeiter an; argentinischer Journalist übernahm Führung der Peronisten; Italien gibt wieder Benzingutscheine aus und als letzte Meldung wörtlich: Ein Wetterhoch beendet die Herrschaft der vielen Tiefs.

Da ließe sich ja noch einmal spielen im Frankfurter Waldstadion, die unvergessene Wasserschlacht auf dem gräßlichen Plantsch-Acker eintauschen gegen schnellen, steilen Erfolgsfußball, natürlich unter strohtrockenen, regulären Bedingungen. Was würde Polen dafür geben! Doch die Mannschaft mit der größten Reputation (neben den Finalgegnern) ist bei Anbruch sommerlichen Wetters schon wieder zu Hause. Die Müllers und die Maiers baden und räkeln sich an heißen südlichen Stränden. Helmut Schön faulenzt genüßlich im Wiesbadener Eigenheim und berichtet Telefonanrufern von dem „unfaßbaren Empfang, der mir und den Spielern Grabowski und Hölzenbein ganz unerwartet von Tausenden von Menschen in Frankfurt bereitet wurde". Schließlich genießen die Beckenbauers die Fortsetzung ihres recht jungen Familienlebens – endlich befreit von dem ungewohnt sperrigen, aber doch notwendigen Sicherheitsnetz, das Wochen hindurch den Fußballalltag nicht nur in Grünwald auf höchst zeitgemäße Art bestimmte.

Fünf Wochen getrennt von Tisch und Bett. Der Lagerkoller wurde hinlänglich beschrieben und sehr unterschiedlich interpretiert. Für den Aufenthalt in Malente wäre ostfriesisches Gemüt wohl das beste gewesen. Dem Zölibat der deutschen Fußballmönche konnte niemand in der Führungsspitze des DFB Tauglicheres entgegensetzen. Jeder Vorschlag, der zu mehr Freizügigkeit und zu einer Öffnung der Tore in Malente hätte führen können, scheiterte am vielzitierten Sicherheitsrisiko. Und daß

1

1 Harry Valérien diskutiert mit Franz Beckenbauer in der Sportschule Grünwald

2 Bayerische Folklore, diesmal als Halbzeitunterhaltung

17.47 Uhr. Die Fotografen sind bereit. Schiedsrichter Taylor hat abgepfiffen. Jupp Derwall verfolgt noch angespannt die Szene.

Helmut Schön triumphiert bereits

die jungen Ehefrauen und Bräute mancher Spieler in den ersten Wochen gar keinen Kontakt mit ihren Männern pflegen durften, mag schmerzlich gewesen sein. Wie war denn das vor vier Jahren in Mexiko und vor acht Jahren in England? Die hübschen Damen wußten gewiß vor der Bindung fürs Leben, daß sie keinen Schalterbeamten heiraten, der um acht Uhr früh anfängt und um 17 Uhr Schluß macht – am Wochenende frei. Schließlich hat der gegenseitige persönliche Verzicht ausreichend Lohn versprochen, nicht nur materiellen. Dessenungeachtet müßte sich solche Abgeschiedenheit nicht mehr wiederholen.

Der Riesenzauber ist vorbei, die Favoriten sind ausgeschaltet, Italiener wie Brasilianer bitter enttäuscht von Niederlagen, die das Volk erzürnten und einen Kommentator in Rio de Janeiro zu der zynischen Bemerkung veranlaßten: „Mein Gott, wo ist die physische Form geblieben, wo die dreimonatige Vorbereitung, wo die 30 Millionen Cruzeiros – wenn diese fröhliche Bande von schottischen Fußballern, die sich in Oslo noch hat vollaufen lassen, jeden Disput um den Ball gewinnt? Unsere Technik läuft darauf hinaus, den Ball langsam einzufrieren . . ."

Trauer auch im Oranje-Staat. Die Niederlande lagen bereits vorzeitig im Siegesrausch. Um so härter traf sie das 1 : 2. Doch nach der ersten Enttäuschung huldigten Zigtausende in Amsterdam der Mannschaft. An Trainer Rinus Michels und Superstar Johan Cruyff wurden Orden verliehen. Königin Juliane feierte mit den Spielern „in großer Bewunderung für den so ehrenvollen zweiten Platz". Ministerpräsident Joop den Uyl spendete den Unterlegenen Aufmunterung und Dank zugleich, indem er mit ihnen tanzte, als sei es der fröhlichste Tag in der Geschichte seines Landes. Wer so ausgelassen verlieren kann, darf sich wie ein Sieger fühlen.

In München gab es derweil keine allzufrohe störungsfreie Festlichkeit. Eilfertige Funktionäre hatten den Ehefrauen und Bräuten der Spieler beider Final-Mannschaften den Zutritt zum hochoffiziellen Bankett verwehrt. Es sei nicht üblich, begründeten sie ihre Haltung, in derart ausgedehnter Gesellschaft zu feiern. Sie, die Funktionäre, verzichteten an diesem Abend nicht auf das Dabeisein ihrer Frauen. So entstand unvermeidlich ein Eklat. In aller Öffentlichkeit rügte Kapitän Franz Beckenbauer die Verantwortlichen des Deutschen Fußballbundes: „Das Verhalten einiger Funktionäre ist einfach unmöglich. Die haben ja überhaupt kein Gefühl für zwischenmenschliche Beziehungen. Einige von ihnen sind schon jenseits von Gut und Böse." Und an anderer Stelle: „Wir waren eine lange Zeit beisammen. Dabei hat sich viel ergeben. Man könnte Bücher darüber schreiben, Bücher . . . Zum Schluß sind wir Weltmeister geworden und stehen voll hinter einem Mann, der uns hervorragend gemanagt hat: Bundestrainer Helmut Schön. Nach der unglücklichen Niederlage gegen die DDR, die letzten Endes glücklich war, hat sich Helmut Schön durchsetzen können."

Unzweifelhaft eine Zäsur im langgepflegten konventionellen Verhältnis zwischen Nationalspielern und Verbandsfunktionären. Untertänige, kritiklose Spieler, die sich jeder Anordnung Jahre hindurch gebeugt haben, sterben offensichtlich aus.

Mit „gleicher Post" flatterte dem Deutschen Fußballbund die Kündigung des Gerd Müller ins Haus. Kleine Einschränkung: Der erfolgreichste Torschütze in deutschen Länderspielen möchte sein 63. Auftreten im Nationaltrikot als Abschiedsspiel bestreiten, vermutlich gegen die Schweiz. Eingeweihte wußten allerdings vorher schon, daß Gerd Müller „die Schnauze voll hat und als häuslicher Typ mit besonderer Liebe für die Familie keine Lust mehr verspürt, weiterhin ‚Bomber' für die Nation zu spielen." So dürfen sich nun andere Mannschaften und andere Völkerstämme über die zunächst unfaßbare Kunde aus Straßlach freuen. Freilich sollte niemand der felsenfesten Überzeugung sein, der Torjäger könne nicht doch noch durch die Hintertür ans Rampenlicht treten. Eine bildhafte Schlagzeile („Wir brauchen den Bomber wieder!"), die lukrative Offerte einer Werbeagentur („Nehmt einfach Müllers Glanz!") oder vielleicht gar ein öffentlicher Aufruf Professor Thieleckes (notfalls findet sich geeigneter Ersatz) könnten der frühen Freude künftiger Länderspielgegner ein jähes Ende setzen. Einzigen Trost spendete in der ersten Aufregung über den Rücktritt des gefürchteten Torschützen eigentlich nur Sepp Herberger. Der Altbundestrainer stellte nämlich dem Reporter, der ihm die unglaubliche Nachricht überbrachte, die Frage: „Glauben Sie an Hexen?"

Die gnadenlose Kommerzialisierung der Weltmeisterschaft 1974 hat das Lager der Fußballbegeisterten wohl nur vorübergehend gespalten. Die Siegprämie, von 60 000 auf 70 000 DM angehoben, wird den

Fortsetzung Seite 20

Als netten Abschlußgag ließen die Veranstalter die Mannschaftsbusse der 16 teilnehmenden Verbände eine Ehrenrunde fahren,

um anschließend die Kinder mitzunehmen. Später konnten alle Mitwirkenden das Endspiel auf der noch leeren Zusatztribüne verfolgen

Weltcup-Gewinnern überwiegend gegönnt. (Die Italiener sollten im Falle des Sieges doppelt so viel Geld erhalten!) Doch wer darf sich nun Weltmeister nennen unter den Zweiundzwanzig im deutschen Aufgebot? Jupp Kapellmann, der nicht einmal auf der Reservebank saß, hätte gegebenenfalls auf die Riesengage verzichtet, wenn er stattdessen Endspielteilnehmer geworden wäre: „Weltmeister dürfen sich eigentlich nur diejenigen nennen, die das Finale mitgemacht haben." Der arg geschlagene Günter Netzer zeigte sich toleranter, obgleich er selbst nur lumpige 20 Minuten in Hamburg gegen die siegreiche Mannschaft der DDR spielen durfte: „Weltmeister ist, wer irgendwann in diesem Turnier 90 Minuten lang auf dem Felde stand." Netzer durchlitt Höllenqualen, weil er in all den Wochen nie eine ernste Chance zum Eingreifen in irgendein Spiel gehabt hatte, weder auf der Reservebank, schon gar nicht von der Tribüne aus: „Ich ahnte nicht im entferntesten, daß mir die Rolle des Statisten so zusetzen könnte. Wäre ich mit der Mannschaft Weltmeister geworden, wäre ich jetzt wahrscheinlich fußballsatt. Nun aber ist dies anders. Ich freue mich wahnsinnig auf die Rückkehr nach Madrid . . ."

Nach dem Finalsieg über Holland wird kein Kritiker dem stolzen Bundestrainer vorwerfen wollen, er habe Günter Netzer um den WM-Titel betrogen. Zumindest nach außen hin rechtfertigt das Ergebnis der Weltmeisterschaft beinahe jede seiner Entscheidungen. Nach eigenen Worten hat Helmut Schön nichts mehr gefreut, als die Wandlung der bundesdeutschen Mannschaft nach der 0 : 1-Niederlage gegen die DDR: „Ich konnte einfach nicht zulassen, daß auch in der zweiten Runde bloß schön gespielt und nur beiläufig gekämpft wird. Mit Unterstützung von Franz Beckenbauer habe ich das der Mannschaft unmißverständlich zu verstehen gegeben, und sie hat diese Signale verstanden! Beim 2 : 0 gegen Jugoslawien sahen wir ja dann ein ganz anderes Team auf dem Platz als in den vorherigen Spielen. Nach den langen Strapazen bereitete mir im Finale die Kondition meiner Spieler für den Fall einer Verlängerung oder gar einer Wiederholung mehr Sorge als irgend etwas anderes. In den letzten Minuten waren sie verständlicherweise am Ende ihrer Kräfte. Schon deshalb bin ich gegen eine Aufstockung der Teilnehmer in der Endrunde von bisher 16 auf 20 Mannschaften! Die FIFA sollte sich viel eher mit einer Änderung des Qualifikations-Modus befassen, damit die wirklich Besten zur letzten Ausscheidung gelangen."

Astrologen, Biorhythmiker und Wahrsager aller Schattierungen waren emsig um zuverlässige Prophezeiungen bemüht. Meines Wissens erreichte jedoch niemand in seiner Vorhersage „BB nationale". Am Abend vor dem Endspiel sagte Brigitte Beckenbauer im Fernsehen: „Morgen gewinnt nicht die bessere, sondern die glücklichere Mannschaft . . ."

Für Helmut Schön als Trainer war die Lage nie so schwierig wie vor dieser Weltmeisterschaft. 1966, so sagte er, konnte sich die Auswahl des DFB nicht gerade glorreich qualifizieren, erreichte dann aber doch das Endspiel in London. Vier Jahre später lagen die Erwartungen hierzulande – wegen der für Europäer ungünstigen klimatischen Verhältnisse in Mexiko – nicht gar so hoch. Doch diesmal drückte die Bürde des erklärten Favoriten. Um so erstaunlicher die persönliche Bilanz Helmut Schöns als Bundestrainer: Weltmeisterschaftsdritter (1970), Weltmeisterschaftszweiter (1966), und 1974 (am Ende seiner Karriere?) sogar Weltmeister. Fast eine Unterlassungssünde, den Gewinn der Europameisterschaft aus dem Jahre 1972 zu vergessen.

Trainer und Journalisten bemühten sich verschiedentlich um die gerechte Aufstellung einer Weltelf. Reine Spielerei, wie sie sagten. Natürlich änderte sich das Bild der Auserwählten von Tag zu Tag. Polens Trainer Gorski reihte nach Abschluß der 38 Spiele Franz Beckenbauer und Paul Breitner unter die „Großen Fünf" ein. Die restlichen Stars hießen für ihn Cruyff, Mazzola und Deyna. Leicht lassen sich andere überragende Spieler der WM '74 anfügen: Lato, Neeskens, Hellström, Pereira, Babington, Maier, F. Marinho und Dzajic zum Beispiel. Ohne Schwierigkeit kommt man zu elf weiteren Spielern von etwa gleicher Qualität.

Mir scheint jedoch, als ob die Leistungen der Schiedsrichter, im Vergleich zu einer Rangfolge der Spieler, deutlicher als bisher herausgestellt werden müßten. Wann galt die Autorität des Unparteiischen in der Geschichte der Weltmeisterschaften so viel wie 1974? Wann wurde das Auftreten der Schiedsrichter, wann ihre Regelauslegung – nehmt alles nur in allem! – positiver bewertet als bei diesem Turnier? Der unbestreitbare Fortschritt kann, ja muß sich auf andere Meisterschaften und Wettbewerbe des internationalen Fußballsports

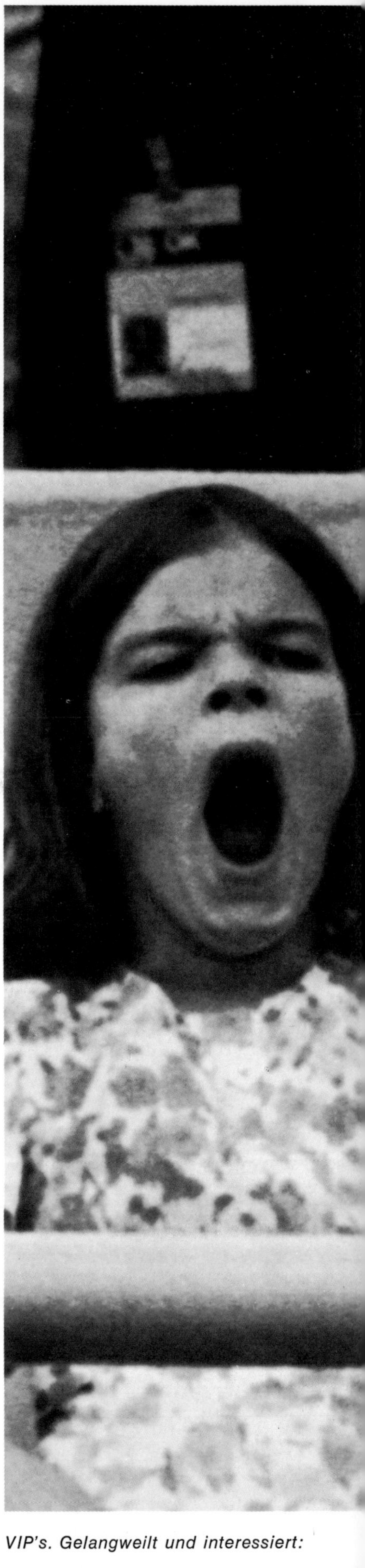

VIP's. Gelangweilt und interessiert:

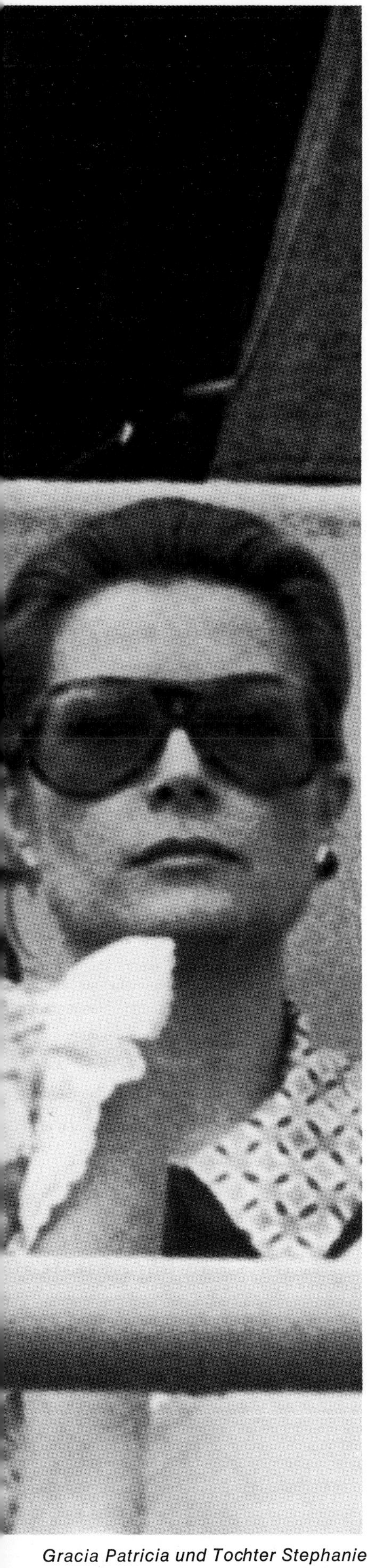
Gracia Patricia und Tochter Stephanie

ausdehnen. Fraglos sind durch die straffe Führung der Schiedsrichterkommission für die Zukunft neue Maßstäbe gesetzt worden. Überschwengliches Lob sollte aber vorerst sorgsam unterdrückt werden. Es sei denn, es vollzieht sich nun auch im südamerikanischen Fußball, bis hin zum Weltmeisterschaftsturnier 1978 in Argentinien, eine Wandlung, die skeptische Europäer eines Besseren belehren kann.

Zuallererst müßte die FIFA dem beabsichtigten Antrag des Deutschen Fußballbundes folgen, wonach bei künftigen Weltmeisterschaften in der zweiten Finalrunde keine Schiedsrichter mehr aus den letzten acht Teilnehmerländern eingesetzt werden dürfen. Da eine solche Bestimmung bisher nicht vorliegt, geriet der Mannheimer Kurt Tschenscher nach dem von ihm geleiteten Spiel zwischen Brasilien und den Niederlanden (0 : 2) arg ins Kreuzfeuer internationaler Kritik. Vor allem brasilianische Beobachter unterstellten dem Deutschen, er habe die Niederländer nicht mit der gleichen Härte angefaßt wie die südamerikanischen Spieler. Ihren Verdacht begründeten sie damit, daß Tschenscher, mit Rücksicht auf den deutschen Finalgegner, nicht vorbehaltlos durchgreifen wollte. Für einen Fußballkenner gut begreiflich, in welche Situation nicht nur der Unparteiische geraten wäre, wenn er zum Beispiel Cruyff oder Neeskens vom Platz hätte stellen müssen . . . Dann hätten wieder Zustände eintreten können wie 1958 in Schweden, als der deutsche Verteidiger Juskowiak im Spiel gegen die Gastgeber nach einem Foul des Feldes verwiesen wurde. All dies oder ähnliches wiederholte sich bei der jüngsten Weltmeisterschaft erfreulicherweise nicht. So zahm, so friedfertig — wann hat jemand 16 Mannschaften in einer Endrunde unter so viel persönlichem Einsatz so fair kämpfen gesehen?

Nicht eben karg fiel das Lob der FIFA für den Deutschen Fußballbund als Ausrichter der X. Weltmeisterschaft aus. Nach Ansicht des Ehrenpräsidenten, Sir Stanley Rous, sind die Spiele in allen neun Städten ein Erfolg gewesen. Nie zuvor bei einem WM-Turnier konnte eine so große Einnahme erzielt werden wie in Deutschland. Hermann Neuberger, Chef des Organisationskomitees, rechnet mit 75 Millionen Mark, womit auch das wirtschaftlich gesteckte Ziel erreicht worden wäre. 73 Prozent aller Eintrittskarten konnten verkauft werden; auch dies ein neuer Rekord. Die 16 an der Endrunde beteiligten Mannschaften dürfen deshalb mit mehr Geld rechnen als bei vorangegangenen Weltmeisterschaften. Besonders beeindruckt zeigten sich ausländische Beobachter darüber, daß es den Organisatoren gelungen ist, diese WM aus eigenen Einnahmen zu finanzieren. Steuergroschen brauchten überhaupt nicht in Anspruch genommen zu werden. Der Staat leistete lediglich einen Zuschuß für den Ausbau der Stadien.

Internationale Journalisten und Fotografen beklagten manchmal den Ablauf der Organisation. Speziell am Schlußtag der WM führte die Rückfahrt vom Stadion ins Hotel zu peinlichen Verzögerungen. Nicht etwa, weil die Straßen verstopft gewesen wären, sondern weil Busfahrer in völliger Unkenntnis der kurzen Wege auf „Stadtrundfahrten" auswichen . . . Wenn Minuten kostbar sind, schmerzt eine halbstündige Verspätung mehr als der Verlust des kalkulierten Honorars.

Was über diese X. Fußball-Weltmeisterschaft auch noch geschrieben und gesagt wird, aus der Sicht der Organisatoren, vor allem der Sicherheitsbeamten, ist nichts so wesentlich gewesen, als der friedliche Verlauf dieser Mammutveranstaltung. Allein in München wurde das perfekteste Sicherheitsnetz aufgebaut, das es je in der Geschichte der bayerischen Landeshauptstadt gegeben hat.

Weiß der Teufel, ob und wann wir uns wieder einmal völlig frei fühlen dürfen von der tödlichen Gefahr unbarmherzigen Terrors. Doch daß Gastgebern wie Gästen während der Fußballwochen in Deutschland ein 5. September 1972 erspart geblieben ist, läßt nationalen Übereifer oder nörgelndes Geschwätz blitzschnell vergessen.

Was schließlich bleibt an Dramatischem, Heiterem und Unvergeßlichem, sind Bilder, die uns selbst das sonst allmächtige Fernsehen nicht so eindrucksvoll und unverrückbar auf den hauseigenen Tisch legen kann. Jeder mag sein Lieblingsbild für sich auswählen. In dem Augenblick, in dem ich diesen Artikel schreibe, habe ich noch nicht alle WM-Schnappschüsse dieses Buches gesehen. Schwerlich aber wird für mich ein Bild jenes Foto übertreffen, auf dem Prinzessin Stephanie von Monaco vor lauter Langeweile den hübschen Mund sperrangelweit aufreißt.

Herrlich, daß sich bei so viel fußballerischem Ernst noch so gähnen und darüber so genießerisch schmunzeln läßt.

Danke schön, Prinzessin Stephanie —, danke schön, dem Fotografen.

Folkloristische Gruppen repräsentierten die 16 teilnehmenden Verbände bei der Eröffnungsfeier

Fahnenschwinger aus Florenz

Brasilianische Rhythmen, hüftenschwingende Mädchen

Eröffnungsfeier im Frankfurter Waldstadion:
2000 weißgekleidete Schüler formierten sich zum Emblem der X. Fußball-Weltmeisterschaft

Eröffnung

Fernseh-Show im Dauerregen

Bislang waren Eröffnungsfeiern die Ouvertüren Olympischer Spiele. Der Einmarsch der Nationen, Feuer in der Schale, der Schwur eines Athleten – das Zeremoniell geriet zum Spektakel. Mal erhebend, mal ein bißchen Kitsch. Und dann geschah es in München, an jenem 26. August 1972: eine Orgie von Farben und Ideen, perfekte Heiterkeit, das Olympiastadion wurde zum überdimensionalen Fernsehstudio.

Ein unvergeßlicher Nachmittag wie dieser war nicht zu kopieren, und doch wurde es von den Organisatoren dieser Fußball-Weltmeisterschaft versucht. Das war eine Provokation, eine Herausforderung an tausend Imponderabilien, auch – oder besonders – an die Unzuverlässigkeit des Wetters.

In München konzipierte der Philantrop und Schöngeist Willi Daume die 80 Minuten lange Show, in Frankfurt nun tat es der Chef der WM, Hermann Neuberger. – Der Anspruch war derselbe, der Aufwand und die Kosten (750 000 Mark) nicht wesentlich geringer.

Um 15 Uhr ertönte die Fanfare, geblasen von der Big-Band der Bundeswehr, die unter Leitung von Günter Noris hoch oben in der Kurve saß. Wie riesige Iglus lagen 16 Fußbälle auf dem Rasen, in die die sechzehn Folkloregruppen huschten, um abgekapselt auf ihren Auftritt zu warten.

1

1 Zwei scheidende Präsidenten bei ihrem letzten Auftritt im großen Sport: Bundespräsident Gustav Heinemann und FIFA-Präsident Sir Stanley Rous

2 Die Fußballhonoratioren halten ihre Eröffnungsreden. Von links: DFB-Präsident Dr. Hermann Gösmann, Präsident der FIFA Sir Stanley Rous und Hermann Neuberger, Chef des Organisationskomitees

Das jugoslawische Ensemble „Gradimir" aus Belgrad eröffnete den Folkloreeigen. Die Kunststoffhaut des Balles platzte mit einem Ruck, öffnete sich wie eine Blumenblüte. Als das sechzehnmal geschehen war, glich das Stadion – wie ein Berichterstatter treffend vermerkte – einem Schrottplatz für Weltraumraketen.

Der Vergleich traf, denn die nächsten eineinhalb Stunden gerieten für die 60 000 Zuschauer zum Kammerkonzert im Weltraum. Nicht nur der Regen dämpfte die Stimmung. Wer unter den 60 000 sich nicht mit einem Feldstecher ausgerüstet hatte, der bekam nicht allzuviel zu sehen und die gut 20 000 Zuschauer auf der Gegengeraden nicht einmal etwas zu hören: Die Lautsprecher blieben stumm. Im Gegensatz zu München war die Synthese von Unterhaltung vor Ort und fernsehgerechter Inszenierung nicht geglückt. Langeweile breitete sich aus.

Die Bundesrepublik repräsentierte sich durch die Winninger Tanz- und Trachtengruppe. Auf Schuhplattler wollte man diesmal verzichten, es müssen ja nicht immer Lederhosen sein.

Die DDR schickte den Kulturschaffenden Frank Schöbel in die Arena, umringt von sechs Ballettänzern. Er sang das Lied von den „Freunden, die es überall gibt." Dudelsackpfeifer aus Schottland, Hippies aus Australien, Gauchos aus Chile, Karneval in Haiti und Rio, die Holländer in Holzschuhen und Fahnenschwinger aus Florenz. Kultur-WM im Dauerregen.

Kurz vor 16 Uhr betrat Bundespräsident Gustav Heinemann die Ehrenloge, die hermetisch von Beamten der Sicherheitsorgane abgeschirmt war. Aber nicht nur die 1400 VIP's – besonders wichtige Leute also – durften sich in Sicherheit wiegen. Auf jedem hundertsten Platz saß im Stadion ein Polizist, Fernsehaugen beobachteten die Ränge, Polizeistreifen patroullierten rund um das Spielfeld.

Erst als Uwe Seeler und Pelé auf den Mittelpunkt des Platzes eilten, um Shakehands zu machen und untereinander den alten und den neuen Weltcup auszutauschen, rissen sich die Zuschauer mit Sprechchören selbst aus ihrer dösenden Stimmung.

Hermann Neuberger, beschirmt von einer Hosteß, begrüßte auf einem blaubezogenen Podest stehend unmittelbar am Spielfeldrand die Gäste aus aller Welt: nüchtern, sachlich, ohne Anflug von Schöngeist tat er dies, mit schlichten Worten beschwor er das weite Rund zu Herzlichkeit gegenüber den Gästen aus aller Welt.

Oben auf der Tribüne erhob sich dann Gustav Heinemann. 2000 Schulkinder aus Frankfurt hatten derweil unten auf dem Rasen ein lebendes WM-Signet gebildet.

Der Bundespräsident eröffnete die Weltmeisterschaft mit diesen Worten:

„Ein herzliches Willkommen den vielen tausend Gästen aus allen Erdteilen, die zur Fußball-Weltmeisterschaft in die Bundesrepublik Deutschland gekommen sind. Ich hoffe, daß die Spiele der X. Fußball-Weltmeisterschaft Spiele der Freundschaft und der Fairneß sein werden. Die Spiele der X. Fußball-Weltmeisterschaft sind eröffnet."

Tip und Tap, einfältig und fröhlich, warben nach dem originellen Worldcup Willie 1966 und dem liebenswerten Juanito 1970 für die WM

1. Finalrunde

Gruppe I	Gruppe II
Chile BR Deutschland DDR Australien	Jugoslawien Brasilien Zaire Schottland

Gruppe III	Gruppe IV
Niederlande Uruguay Schweden Bulgarien	Haiti Italien Polen Argentinien

Gruppe I

BR Deutschland – Chile 1:0 (1:0)

Nur Breitners Supertor versöhnte

Vor Deutschlands erstem WM-Spiel gegen Chile: Freundlich lachend tauschen die Spielführer Beckenbauer (links) und Valdes die Erinnerungswimpel. Bei seiner dritten Weltmeisterschaftsteilnahme führte „der Franz" erstmals ein bundesdeutsches WM-Team als Kapitän ins Stadion

83 000 Zuschauer mußten im Berliner Olympiastadion genau 15 Minuten und 21 Sekunden warten. Dann fiel das erste Tor dieser zehnten Weltmeisterschaft. Doch nicht Gerd Müller, der Torjäger des deutschen Fußballs und Schützenkönig der letzten Weltmeisterschaft, eröffnete den Torreigen. Auch nicht Jupp Heynckes, sein ebenso emsiger Rivale im Duell um den Torjägertitel der deutschen Bundesliga. Es war überhaupt kein Stürmer: Das Tor schoß Paul Breitner, ein Spieler, dessen eigentliche Aufgabe als Verteidiger vor allem darin besteht, Tore zu verhindern, und nicht, sie selbst zu schießen.

Von solchen Toren träumen Stürmer, aber sie schießen sie nicht, weil sie zu viel Respekt vor Torhütern und zu viel Angst vor Kritik haben. Weit vor dem Strafraum, rund 25 Meter vom Tor Chiles entfernt, stand der junge Münchner, als ihm seine Vereinskameraden Uli Hoeness und Franz Beckenbauer den Ball zuspielten. Jeder Stürmer hätte in dieser Situation versucht, näher zum Tor und damit in bessere Schußposition zu kommen. Nicht so der Verteidiger Paul Breitner: Er schoß einfach drauflos. Der Ball landete im linken oberen Torwinkel – wo ihn Chiles Torhüter Leopoldo

Vallejos nur noch mit den Fingerspitzen berühren, aber nicht mehr ablenken konnte. Die Zuschauer feierten den „goldenen Schuß", als sei die deutsche Mannschaft mit diesem spektakulären Tor schon Weltmeister geworden.

Was in diesem Augenblick noch niemand ahnte: Es blieb das einzige Tor! Zwar legte sich die Premieren-Nervosität, die bis auf Kapitän Beckenbauer alle deutschen Spieler befallen zu haben schien; doch das deutsche Angriffsspiel kam nicht recht in Schwung.

„Die Spieler rasseln in den Ketten", hatte Bundestrainer Helmut Schön vor dem ersten Spiel mitgeteilt. Vielleicht war das zu anstrengend. Vielleicht wurde im Trainingscamp Malente auch zu scharf trainiert. An Kraft fehlte es nicht, wohl aber an der Geschmeidigkeit und Spritzigkeit, nicht zuletzt auch an klugen Ideen, wie sich der Sperrriegel der chilenischen Abwehr am besten aufbrechen ließe.

Die fürchterliche Hitze, klagte der Bundestrainer nach dem Spiel, habe seinen Spielern arg zu schaffen gemacht. An frische Seeluft von der Ostsee gewöhnt, kamen sich seine Schützlinge im Kessel des Olympiastadions wie in einer Sauna vor. Ihr Versuch, das Tempo zu forcieren, kostete gewiß mehr Schweiß als die gemächliche Gangart der Chilenen. Sie nämlich bremsten den Spielfluß, wann immer sich ihnen dazu eine Möglichkeit bot.

Ungefährlich war dieser Gegner, den man nach schwachen Testspielen wohl doch ein wenig unterschätzt hatte, allerdings nicht. Immer dann, wenn der am Ball brillierende Valdes im Mittelfeld von Zeitlupen-Fußball auf Steilpaß umschaltete, geriet das deutsche Tor in Gefahr. Listig schlich sich Verteidiger Arias, den Rechtsaußen Jürgen Grabowski weder beschäftigte noch verfolgte, ein paarmal hinter die deutsche Abwehrkette. Es dauerte eine gute halbe Stunde, bis diese Taktik durchschaut wurde. Dann war die Gefahr, die Torhüter Sepp Maier drohte, gebannt.

„Es lief nicht so, wie wir es uns eigentlich dachten", gestand Helmut Schön freimütig. Das lag nicht nur an Wolfgang Overath, der seine innere Erregung mannhaft überwand, als die Zuschauer bei Nennung seines Namens pfiffen. Der Kölner begann mit Feuereifer, verlor jedoch in der zweiten Halbzeit den Mut zum riskanten weiten Paßspiel und damit auch seine Linie. Weil Günter Netzer nicht in Form und überdies leicht verletzt war, erübrigte sich die Frage, ob es nicht doch klüger gewesen wäre, ihn Regie führen zu lassen. Um so mehr wurde darüber diskutiert, warum die beiden Flügelstürmer Jürgen Grabowski und Jupp Heynckes so farblos blieben, das Wechselspiel zwischen Grabowski und Uli Hoeness, dem schwungvollsten deutschen Stürmer, nur selten wie „einstudiert" klappte und Bernd Cullmann dem chilenischen Dirigenten Valdes so viel Spielraum ließ.

Die Chilenen zeigten sich als wahre Defensivkünstler. Ihr harter körperlicher Einsatz jedoch überschritt nicht selten die Grenze des Erlaubten

Mit diesem Foul an Berti Vogts „verdiente" sich Caszely (Nr. 7) den ersten Platzverweis der WM '74

Schmerzhafte Blessuren dämpften den Tatendrang der deutschen Stürmer. Vor allem Jupp Heynckes wurde mehr als einmal das Opfer der Chilenen.
Dieser Meinung war auch der türkische Schiedsrichter Dogan Babacan. Zunächst verwarnte er Caszely, Reynoso und Garcia. In der 67. Minute kam dann der ganz große Auftritt des kleinen Türken: Gelassen wartete er ab, bis sich Berti Vogts nach einem deftigen Tritt wieder aufgerappelt hatte – und dann erst schickte Babacan den Sünder Carlos Caszely in die Kabine. Fortan verlief das Spiel so fair, wie man sich jeden Weltmeisterschaftskampf wünscht.
Die zahlenmäßige Überlegenheit konnte die deutsche Mannschaft nicht zu weiteren Toren ausnutzen. Dabei ließ Franz Beckenbauer nichts unversucht, durch ein zweites Tor endgültig den Sieg zu sichern. Breitner, von allen Deckungsaufgaben entbunden, unterstützte seinen Kapitän mit Rieseneifer, Hoeness signalisierte unermüdlich, daß er auf steile Pässe warte. Doch sie blieben aus, weil Overath inzwischen am Ende seiner Kräfte war und Bernd Hölzenbein in den letzten 15 Minuten, als Overath verletzt vom Spielfeld humpelte, keinen Kontakt mehr zu seinen Mitspielern fand. Gerd Müller, umringt von vielen Gegnern, suchte ebenso vergeblich den kürzesten Weg zum chilenischen Tor wie Grabowski und Jupp Heynckes.
90 Minuten lang gewährte das Publikum der deutschen Mannschaft die erbetene akustische Unterstützung. Jede Aktion eines deutschen Spielers belohnte aufmunternder, anspornender Beifall. Erst nach dem Schlußpfiff, als der Sieg sicher war, sprachen die Zuschauer ihr Urteil: sie pfiffen. Helmut Schön sah jedoch auch die positiven Aspekte: Die erste Hürde war genommen, der erste Schritt auf dem Weg in die zweite Finalrunde getan. Die mäßige Darbietung dämpfte die Euphorie im Lande; an der Bürde, der große Favorit zu sein, trug die deutsche Mannschaft zu diesem Zeitpunkt nicht mehr so schwer.

Spielort: Berlin
Zuschauer: 83 000
Deutschland: Maier, Vogts, Schwarzenbeck, Bekkenbauer, Breitner, Cullmann, Overath (ab 76. Min. Hölzenbein), Grabowski, Hoeness, Müller, Heynckes
Chile: Vallejos, Garcia, Quintano, Figueroa, Arias, Rodriguez (ab 83. Min. Lara), Valdes (ab 78. Min. Veliz), Reynoso, Caszely, Ahumada, Paez
Schiedsrichter: Babacan, Türkei
Tor: 1 : 0 (16. Min.) Breitner
Platzverweis: Caszely (67. Min.)

Breitners Gewaltschuß

zwang Torsteher Vallejos zum Nachsehen. Das erste Tor dieser WM wird sicherlich eines der spektakulärsten bleiben. Die Mannschaftskameraden freuen sich mit Breitner (Nr. 3)

Paul Breitner,

unser Mann in Berlin. Mit seinem dritten Länderspieltor zeigte er sich erneut als einer der besten Offensivverteidiger der Welt. Beim 1:0-Sieg über Chile war er die eigentliche Triebfeder im deutschen Spiel

Uli Hoeness flankt von der Torauslinie an Verteidiger und Torhüter vorbei. Solche Vorlagen müßten jedem Stürmer liegen

Wolfgang Overath

hat in seinem ersten Länderspiel seit längerer Zeit nur kämpferischen Einsatz gezeigt. Mehr Positives war an diesem schwülen Nachmittag über den ehemaligen Kapitän der Nationalmannschaft nicht zu sagen

Gruppe I

DDR – Australien 2 : 0 (0 : 0)

Doch noch Sieg der DDR

Wer hätte das den Australiern zugetraut! Die Fußballer vom fünften Erdteil, gelegentlich als „Sommerfrischler" dieser Weltmeisterschaft apostrophiert, schienen eine Stunde lang drauf und dran, für die erste Sensation des Turniers zu sorgen. Aber so ganz ohne Taktik und systematischen Spielaufbau geht es halt auf die Dauer nicht.

Immerhin lehrten die „Aussies" das DDR-Team erst einmal das Zittern, ehe sie ein bißchen unglücklich 0 : 2 verloren. Und sie deckten allerlei Schwächen beim Gegner auf – fehlenden Spielwitz und Mängel in der Ballbehandlung –, die DDR-Trainer Georg Buschner später mit der begreiflichen Nervosität bei einer Weltmeisterschaftspremiere entschuldigte.

Neutrales Publikum schlägt sich in der Regel schnell auf die Seite des Außenseiters. Als die Australier dann auch noch respektlos und keck mitzumischen begannen, hatten sie fast eine Heimspielkulisse. Das machte die Aufgabe für das ohnehin schnell aus dem Konzept geratene DDR-Team auch nicht gerade leichter.

Dafür verscherzte sich Australiens Trainer Rale Rasic einige Sympathien, als er den dunkelhäutigen Schiedsrichter N'Diaye aus Senegal zum schwarzen Schaf der Niederlage erkor. Auf die Frage, was dieser denn falsch gemacht habe, entgegnete Rasic sarkastisch: „Er hat so gut wie gar nichts richtig gemacht!"

Eine kühne Behauptung, obwohl man zugeben muß, daß das 1 : 0 der DDR in seiner Entstehung abseitsverdächtig erschien. Aber schließlich hatte N'Diaye, federnd und gestenreich über das Feld eilend, auch ein Elfmeterfoul an Vogel ignoriert.

Freilich: Schon vor Beginn der Weltmeisterschaft waren die Australier verbittert: Ein englischer Journalist hatte boshaft behauptet, Australiens WM-Teilnahme gleiche der Meldung eines Känguruhs zum Epsom-Derby. „Wie Känguruhs behandelt man uns bei diesem Turnier", sagte Rasic grollend. Er mag sich beruhigen. Seit diesem 14. Juni zollt man seinen kampffreudigen und temperamentvollen Schützlingen Achtung.

1

2

1 Streich (links) hat soeben mit dem zweiten Tor für die endgültige Entscheidung gesorgt

2 Torschrei oder beschwörende Geste des DDR-Staatstrainers Georg Buschner?

3 Currans Abwehraktion macht aus Sparwassers genau getretenem Ball ein lupenreines Eigentor

Spielort: Hamburg
Zuschauer: 17 000
DDR: Croy, Kische, Bransch, Weise, Wätzlich, Irmscher, Pommerenke, Sparwasser, Löwe (ab 55. Min. Hoffmann), Streich, Vogel
Australien: Reilly, Curran, Wilson, Schaefer, Utjesenovic, Warren, Rooney, Mackay, Richards, Buljevic, Alston
Schiedsrichter: N'Diaye (Senegal)
Tore: 1 : 0 Curran (Eigentor, 58. Min.), 2 : 0 Streich (72. Min.)

Gruppe I Australien – BR Deutschland 0 : 3 (0 : 2)

Drei Tore und trotzdem Pfiffe

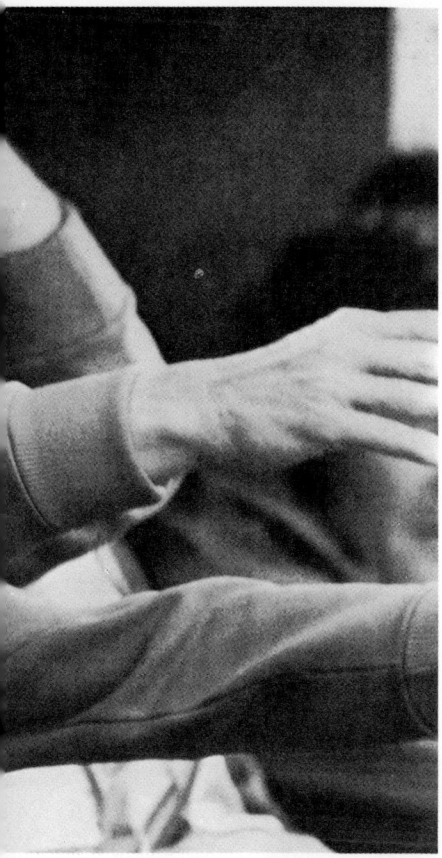

3

Der Weg in die zweite Finalrunde der Fußball-Weltmeisterschaft war nach diesem Spiel für die bundesdeutsche Mannschaft schon geebnet. Mit 3 : 0 gegen Australien wurde ein Sieg erzielt, der die 53 000 Zuschauer nur teilweise zufriedenstellte. Sie hatten sich in Anbetracht des recht einseitigen Spielverlaufs ein Schützenfest erwartet und nahmen es dem deutschen Team sehr übel, daß es in der letzten Viertelstunde keinen besonderen Ehrgeiz mehr entwickelte, die Torausbeute zu vergrößern. Doch es war das Spiel des Wolfgang Overath! Natürlich gab es dem Kölner gewaltigen Auftrieb, daß er mit einem Treffer, der an Breitners 1 : 0 in Berlin erinnerte, die Führung herausschoß. Außerdem saß ihm Reservist Günter Netzer im Nacken, und das spornte Overath zu seiner besten Partie im Nationaltrikot an, seit er vor vier Jahren in Mexiko als einer der stärksten Mittelfeldspieler gelobt wurde.

Die wiederum sehr tapfer kämpfenden Australier konnten es nicht verhindern, daß man in Hamburg fast ohne Unterbrechung ein Spiel auf ein Tor miterlebte. Da wäre schon vor der Pause eigentlich ein Schützenfest fällig gewesen.

Doch ausgerechnet dem sonst so kaltblütigen Uli Hoeness wollte in Tornähe nichts gelingen. Und auch ein Kopfball Müllers klatschte nur an den Querbalken. Da blieb nur noch Cullmanns geschickter Kopfballaufsetzer zum 2 : 0.

Zweifelsohne waren die Australier kein Widersacher vom Rang Chiles. Trotzdem konnte man deutliche Fortschritte im direkten Kombinationsspiel der deutschen Mannschaft erkennen.

Es dauerte bis zur zweiten Halbzeit, ehe Gerd Müller seinen ersten WM-Treffer 1974 feiern durfte. Hoeness, der schon die Flanke zu Cullmanns Tor geliefert hatte, schuf mit maßgerechtem Eckball auch die Voraussetzung für diesen Treffer, der die letzten Zweifel am Erfolg ausräumte.

Daß die Gäste vom fünften Erdteil im Spiel gegen die DDR am Freitag konditionell über ihre Verhältnisse gelebt hatten, wurde während der zweiten 45 Minuten besonders deutlich. Die Australier mußten längere Zeit mit zehn Mann durchhalten, und als dies nicht zu weiteren Treffern der Deutschen, sondern zu einer unverständlichen Häufung von Fehlpässen führte, wurde das zunächst mit Beifall verwöhnte Team prompt ausgepfiffen. Die Fans wollten in Anbetracht der hohen Erfolgsprämien, die von den Kicker-Stars ausgehandelt worden waren, eben auch bis zur letzten Minute eine Galavorstellung erleben. Daß jedoch im Gegenteil die Australier angriffen, führte schließlich noch zu Sprechchören: „Aufhören, aufhören!"

Spielort: Hamburg
Zuschauer: 53 000
Australien: Reilly, Utjesenovic, Wilson, Schaefer, Curran, Mackay, Richards, Rooney, Campbell (ab 46. Min. Abonyi), Alston, Buljevic (ab 62. Min. Ollerton)
Deutschland: Maier, Vogts, Schwarzenbeck, Bekkenbauer, Breitner, Cullmann (ab 68. Min. Wimmer), Overath, Grabowski, Hoeness, Müller, Heynckes (ab 46. Min. Hölzenbein)
Schiedsrichter: Kamel (Ägypten)
Tore: 0 : 1 Overath (12. Min.), 0 : 2 Cullmann (34. Min.), 0 : 3 Müller (53. Min.)

Ersatzspielerdasein. Mit skeptisch gespannten Mienen verfolgen Torhüter Kleff und Günter Netzer die Aktionen der elf Auserwählten. Wann wird ihre Stunde schlagen? Für den Real-Star und Motor der Europameistermannschaft 1972 mußte die Ersatzbank besonders hart sein ...

Gegen Australien führte Bernd Cullmanns vielgerühmte Kopfballstärke endlich zum Torerfolg

Gerd Müller, der Torschützenkönig von Mexiko, erzielt gerade seinen ersten Treffer bei der WM '74

Sein kraftvoller Einsatz hat Uli Hoeness bekannt und gefürchtet gemacht

Gesicht eines Kämpfers. Der Deutschaustralier Manfred Schaefer

Aus gut 20 Metern abgezogen, Tor durch Overath. – Wie im Chilespiel Paul Breitner, gelang dem Kölner gegen Australien ein Tor aus der zweiten Reihe. – Zufrieden kehrt man zum Anstoßkreis zurück

Gruppe I

Chile – DDR
1 : 1 (0 : 0)

Entscheidung vertagt

Selbst eine Gruppe von etwa 1000 politischen Demonstranten unter den 30 000 Zuschauern im Berliner Olympiastadion vergaß nach anfänglichen Protesten die einstudierten Parolen – zu einem solch atemberaubenden Schauspiel wurde die Begegnung zwischen den Fußballsprintern aus der DDR und den chilenischen Ballkünstlern.

Zunächst sah es danach aus, als müßten sich die „Preußen Südamerikas" auf dem glitschig-nassen Rasen ausschließlich nach den Kommandos des WM-Neulings aus der DDR richten. Doch vom Beifall der Berliner ermutigt, lösten sich die Chilenen nach einer halben Stunde fast schlagartig aus der Umklammerung. Jetzt zeigten sie, daß sie es auch verstehen, ein flottes Angriffsspiel aufzuziehen.

Trotzdem schien beim 0 : 0 nach der ersten Halbzeit die Rechnung des Fußball-Mathematikers und DDR-Trainers Georg Buschner aufzugehen; denn in der 55. Minute erzielte der Magdeburger Martin Hoffmann, mit 19 Jahren der Benjamin der Mannschaft, das Führungstor. Obwohl er nur 1,70 Meter groß ist, übersprang der Linksaußen nach einem Freistoß „Freund und Feind" und lenkte den Ball mit dem Kopf ins chilenische Tor. Doch Chile resignierte nicht, entschlossen machten sich die Südamerikaner daran, den Rückstand aufzuholen. Noch stand der DDR das Glück zur Seite, als ein Freistoß von Reynoso, der sein Geld als Fußballprofi in

2 1

1 Martin Hoffmann, der jüngste Stürmer der DDR-Auswahl, hat mit seinem ersten WM-Tor die Überlegenheit der Ostdeutschen in einen zählbaren Erfolg umgesetzt. Dennoch . . .

2 . . . der chilenische Ausgleich durch Ahumada ließ die DDR-Mannschaft bis zum letzten Spieltag der Gruppe I um die Qualifikation für die zweite Finalrunde zittern

Mexico City verdient, nur den linken Torpfosten streifte. In der 68. Minute dann feierten die Chilenen ihren ersten Treffer dieser Weltmeisterschaft: überschäumende Begeisterung, als Mittelstürmer Ahumada in eine Flanke hineinsprang und den Ball zum 1 : 1 ins Tor wuchtete.

Der Endspurt beider Mannschaften war furios: Figueroa traf mit einem Fallrückzieher die Querlatte, Kreische und Hoffmann hatten auf der anderen Seite mit Pfostenschüssen Pech. Doch ein Tor, das für beide Mannschaften wichtig gewesen wäre, fiel nicht mehr.

DDR-Trainer Buschner war mit dem Ergebnis natürlich nicht zufrieden, denn jetzt war der Einzug in die nächste Runde in Frage gestellt. Trotzdem lobte er seine Mannschaft: „Es hat sich herausgestellt, daß wir allmählich aus der Rolle des Neulings herauswachsen. Die Spieler sind selbstbewußter und sicherer geworden. Wir haben über weite Strecken wirklich effektvoll gespielt."

Spielort: Berlin
Zuschauer: 30 000
Chile: Vallejos, Garcia, Quintano, Figueroa, Arias, Valdes (ab 46. Min. Yavar), Paez, Reynoso, Ahumada, Veliz, Socias (ab 65. Min. Farias)
DDR: Croy, Kische, Weise, Bransch, Wätzlich, Sparwasser, Seguin (ab 73. Min. Kreische), Irmscher, Hoffmann, Streich, Vogel (ab 29. Min. Ducke)
Schiedsrichter: Angonese (Italien)
Tore: 0 : 1 Hoffmann (55. Min.), 1 : 1 Ahumada (68. Min.)

1

2

Gruppe I

Chile – Australien 0 : 0

Chile scheiterte im Regen

Der Sieg schien nur eine Formsache, das Spiel gegen den Außenseiter Australien für Chile nur eine Pflichtübung. Auch etliche Zuschauer dachten so, blieben zu Hause, obwohl sie sich im Vorverkauf Karten für diese WM-Partie erworben hatten. Die gut 16 000 Zuschauer aber, die den Weg ins Berliner Olympiastadion nicht gescheut hatten, erlebten eine kleine Sensation. Ein 0 : 0, mit dem die Australier den zu selbstbewußten Südamerikanern den Weg in die zweite Finalrunde vorzeitig verbauten.
120 Sekunden nach Überschreiten der regulären Spielzeit, es lief schon die 92. Minute, hatten die Chilenen die Chance, den vorprogrammierten Erfolg zu realisieren. Australiens Torwart Reilly hatte den nassen Ball fallen lassen, direkt Chiles Mittelstürmer Ahumada vor die Füße. Der schoß sofort, aber nicht ins Tor, sondern Abwehrspieler Wilson auf die Brust, der plötzlich wie herbeigezaubert auf der Torlinie stand. Zwei Minuten später beendete Schiedsrichter Namdar mit energischem Pfiff die Partie, und elf Chilenen schlichen niedergeschlagen vom Platz.
Sie waren zu Beginn der zweiten Halbzeit vom Regen in die Traufe geraten, als ein

1 Für Mark Spitz zu wenig, für Fußballer zuviel: Wasser

2 Wolkenbruchartige Regenfälle verwandelten den Rasen des Berliner Olympiastadions in eine seifige Rutschbahn. Die Spieler aus Südamerika litten besonders unter den schlechten Platzverhältnissen

Gewitter den gepflegten Rasen in eine Seenplatte verwandelt hatte, Fußballspielen nach allgemein gültigen Normen unmöglich machte und auf einmal nicht mehr südamerikanische Technik, sondern australischer Tatendrang Trumpf war. Die Hoffnungen der Chilenen wurden buchstäblich hinweggespült.

Selbst gegen zehn Australier blieb ihnen in den letzten Minuten der Siegestreffer versagt, als Namdar, der Unparteiische aus dem Iran, Australiens Mittelfeldspieler Richards vom Platz gestellt hatte. Er tat dies, nachdem er ihn zweimal verwarnt hatte, den Australier aber weiterspielen ließ, ehe ihm von draußen angedeutet wurde, daß nach einer gelben Karte die rote zu folgen hat.

Spielort: Berlin
Zuschauer: 16 000
Chile: Vallejos, Garcia, Quintano, Figueroa, Arias, Paez, Valdes (ab 58. Min. Farias), Caszely, Ahumada, Reynoso, Veliz (ab 78. Min. Yavar)
Australien: Reilly, Utjesenovic, Wilson, Schaefer, Curran (ab 84. Min. Williams), Richards, Rooney, Mackay, Abonyi, Alston (ab 66. Min. Ollerton), Buljevic
Schiedsrichter: Namdar (Iran)
Verwarnung und Platzverweis: Richards

Gruppe I DDR – BR Deutschland 1 : 0 (0 : 0)

Kein Mut, keine Ideen, kein Kampf, kein Selbstvertrauen

1

Da hatte die Fußball-Weltmeisterschaft also ihre erste große Sensation. Daß sie auf Kosten der favorisierten Gastgeber ging und diese ausgerechnet gegen das DDR-Team 0 : 1 verloren, das empfanden einige als pikante Note. Andere hätten den 22. Juni 1974 sicherlich gern zum sportlichen Staatstrauertag deklarieren lassen. Keinesfalls war dem Bundestrainer zum Lachen zumute, und doch rang sich Helmut Schön vor der Fernsehkamera ein Lächeln ab. Auch das verging ihm, als ihm tags darauf eine Schlagzeile in übergroßen Lettern entgegenschrie: „So nicht, Herr Schön!" Der Bundestrainer hätte da wohl gern die Frage gestellt: „Wie denn?"

Seine Mannschaft bestand an jenem Samstagabend im Hamburger Volksparkstadion nämlich zum größten Teil aus Fragezeichen. Denn vom eingefleischten Fanatiker bis zum unterkühlten Fachkritiker rätselte man, wie denn wohl der Europameister '72 mit sechs Spielern des Europapokalsiegers '74 (Bayern München) in eine derart abgründige Krise schlittern konnte. Die Chronistenpflicht gebietet es nämlich, eindeutig festzuhalten, daß dieser Sieg der DDR verdient und absolut nicht so stur ermauert wurde, wie dies bei den meisten bisherigen Spielen der 1. Finalrunde zur wenig erbaulichen Praxis geworden war.

Vielmehr gelang den DDR-Fußballern der Sturz des benachbarten Europameister-Denkmals vorwiegend durch ein riesiges Laufpensum, größere Schnelligkeit und jenen Schuß mannschaftliche Disziplin, der sich in einem Team ohne Stars erreichen läßt. Die Unterlegenen aber, die auf einer Langspielplatte singend behaupten, daß Fußball ihr Leben sei, hatten sich dieses Leben zumindest in diesem Spiel wohl etwas zu leicht vorgestellt.

Mit Ausnahmen natürlich: Franz Beckenbauer etwa, der erstmals in der ersten

Fortsetzung Seite 49

1 Die Spielführer konnten sich in ihrer gemeinsamen Muttersprache begrüßen, der Bayer Franz Beckenbauer (links) und der Thüringer Bernd Bransch

2 Die Mannschaften: links BRD: Hoeness, Breitner, Vogts, Grabowski, Overath, Müller, Flohe, Schwarzenbeck, Cullmann, Maier, Beckenbauer. DDR: Bransch, Croy, Sparwasser, Kreische, Irmscher, Kische, Kurbjuweit, Lauck, Wätzlich, Weise, Hoffmann

Deutschlandlied und Becherhymne

2

. . . für die Nationalmannschaften von hüben und drüben. Beide Seiten waren froh, daß das Los für diese Weltpremiere sorgte. Zuvor waren sich nur Amateure und Vereinsmannschaften begegnet

Die Gesichter der Spieler verraten es: Etwas Unfaßbares geschieht –

Jürgen Sparwasser (links) hat freie Schußbahn, Höttges und Vogts kommen zu spät . . .

. . . der Ball landet zum alles entscheidenden Tor im Netz –

Jubel bei Sparwasser, Entsetzen bei der bundesdeutschen Mannschaft

„Deutschland hat ausgewechselt. Für Nummer 12 Overath kommt Nummer 10 Netzer,“

verkündete der Stadionsprecher im Hamburger Volksparkstadion. Außer einem Händedruck konnte der Wolfgang dem Günter nichts mitgeben: entscheidende Impulse gab keiner von beiden dem Spiel. Einen Mittelfeldregisseur kannte das deutsche Spiel nicht mehr

Finalrunde eine Weltklasseleistung vollbrachte, oder Berti Vogts, ein Kämpfertyp, der es auch in dieser Hinsicht mit dem Gegner aufnehmen konnte. Doch darin lag ja auch ein entscheidender Mangel des bundesdeutschen Teams in den ersten drei Begegnungen der WM, daß nämlich einmal Breitner und Hoeness, dann Overath und Vogts und schließlich Beckenbauer und Vogts ziemlich allein in Hochform waren. Der Gesamteindruck aber war stets enttäuschend.

So war denn auch die Forderung zu verstehen, die Franz Beckenbauer aufstellte, bevor man von der Sportschule Malente nach Kaiserau übersiedelte: „Nun müssen wir beweisen, ob wir eine Mannschaft sind oder nicht." Längst waren nämlich die Probleme von Bundestrainer Schön und seinen Schützlingen über das Stadium hinausgewachsen, in dem man sich auf die Bürde des einhellig auserkorenen Favoriten hinausreden konnte.

Wollte man Helmut Schön eine Schuld daran ankreiden, so lag sie sicherlich in der Gutmütigkeit des „Langen", wie er sich gerne nennen läßt. Er hatte mühsam gute Miene zum bösen Spiel gemacht, als das Theater der Prämienverhandlungen über die Bühne von Malente ging. Er hatte noch recht gelassen auf die SOS-Rufe vom Lagerkoller reagiert. Und er hatte verdienten Stammspielern die Treue gehalten, als ein harter Schnitt zweifellos die bessere Lösung gewesen wäre.

Man bedenke freilich das Pech, daß ausgerechnet Jürgen Grabowski und Jupp Heynckes von Anfang an weit unter Form spielten, so daß der Sturm gleich auf beiden Flügeln lahmte. Gegen die DDR mußte der verletzte Heynckes dann ersetzt werden. Sollte Schön da auch noch den routinierten Grabowski pausieren lassen?

Doch gerade das Vertrauen auf die Routine wurde dem Bundestrainer schlecht gelohnt, als er nach knapp 70 Minuten die verletzten Overath und Schwarzenbeck auswechseln mußte. Das dicke Ende für eine müde gewordene Mannschaft bahnte sich bereits an. Schön vertraute auf die Erfahrung eines Günter Netzer. Der aber hatte durch die ständigen Reibereien um seine schlechte Kondition längst jeglichen spielerischen, auch seinen seelischen Rhythmus verloren. Schön vertraute – im Austausch für Schwarzenbeck – auf den alten Recken Horst Höttges, der sich noch gar nicht richtig orientiert hatte, als ihm Sparwasser bereits zum alles entscheidenden Treffer enteilte.

Als Helmut Schön aus dem Volksparkstadion kam, war er gewiß auch schlauer. Zwei junge, unverbrauchte Kämpfer hätten vielleicht für die Verteidigung jenes 0 : 0 sorgen können, von dem vorher niemand etwas wissen wollte, das aber nach einer Stunde Spielzeit schon als Erfolg hätte gewertet werden dürfen. Nur vier Torgelegenheiten innerhalb von 90 Minuten waren halt eine doch zu kärgliche Ausbeute für Gerd Müller und seine Umgebung, und so sprach nach Helmut Schön auch Franz Beckenbauer einige harte Worte: „Von den elf Mann unserer Mannschaft haben leider nur acht mit vollem Einsatz gekämpft. Ich kann mich nicht erinnern, einmal einen unserer Stürmer bei der Verfolgung seines direkten Gegenspielers im eigenen Strafraum gesehen zu haben."

So blieb nichts übrig, als die Weichen für die zweite Finalrunde völlig neu zu stellen. Denn: das hätte man in der verständlichen Enttäuschung über die Niederlage beinahe vergessen – diese zweite Runde war ja immerhin erreicht. Es erging dem WM-Dritten von Mexiko 1970 also besser als dem Zweiten Italien und dem Vierten Uruguay, die bereits auf der Strecke geblieben waren.

Die Zeit zum Weichenstellen war kurz – nur vier Tage. Die Mannschaft müsse sich zusammensetzen, um den neuen Kurs festzulegen, empfahl Uwe Seeler, Teilnehmer an vier Weltmeisterschaften. Man habe es vor dem DDR-Spiel bereits getan, berichtete ihm Franz Beckenbauer, doch einige hätten da anscheinend nicht recht zugehört. Härte beim Verhandeln über die Prämien und Härte gegen sich selbst schienen in diesen Tagen zwei Paar Fußballstiefel gewesen zu sein. Ein Grund mehr zur öffentlichen Verärgerung.

Die Mannschaft der DDR nahm den Sieg über die Bundesrepublik mit erstaunlicher Kühle hin. Trainer Buschner: „Wir haben ein wichtiges Spiel gewonnen, mehr nicht. Es soll jetzt niemand auf die Idee kommen, von unseren Spielern mehr zu erwarten als tatsächlich in ihnen drinsteckt."

Spielort: Hamburg
Zuschauer: 60 000
DDR: Croy, Kische, Bransch, Weise, Wätzlich, Lauck, Kurbjuweit, Kreische, Irmscher (ab 65. Min. Hamann), Sparwasser, Hoffmann
Deutschland: Maier, Vogts, Schwarzenbeck (ab 68. Min. Höttges), Beckenbauer, Breitner, Cullmann, Hoeness, Overath (ab 69. Min. Netzer), Flohe, Müller, Grabowski
Tor: 1 : 0 Sparwasser (77. Min.)
Schiedsrichter: Bareto (Uruguay)

1

Ein Spiel wie jedes andere?

3

2

4

Westdeutsche Kicker vergeben zwei große Torchancen

1 Jürgen Grabowski verstolpert das 1 : 0

2 Jürgen Croy im DDR-Tor hätte den Pfostenschuß Gerd Müllers nicht parieren können

3 Helmut Schön schaut auf die Uhr. Sehnt er das Spielende herbei oder verfliegen die Sekunden zu rasch? Die Unruhe auf der Auswechselbank ist unverkennbar

4 Der Torschütze des entscheidenden 1 : 0, Jürgen Sparwasser (links), verläßt winkend das Stadion. Sein Tor vollendete den Triumph von Taktik und Disziplin über schön spielende Fußballindividualisten. — Für das Weiterkommen hatte die Niederlage keine Folgen, dennoch: Schlecht motivierte Profis haben auch im Fußball keine großen Chancen gegen ein ehrgeiziges Kollektiv von Staatsamateuren

Lange genug war für diese Premiere geprobt worden, doch der Text kam recht holprig über die Rampe der Frankfurter Waldbühne. Das Drehbuch des Eröffnungsspiels zwischen dem dreifachen Weltmeister Brasilien und dem Ensemble aus Jugoslawien, 90 Minuten lang bei strömendem Regen auf den Rasen geschrieben, besaß keinen entscheidenden dramaturgischen Höhepunkt. Wie schon 1966 in Wembley und vier Jahre später im Azteken-Stadion von Mexico City fiel auch im ersten Spiel dieser X. Fußball-Weltmeisterschaft kein Tor.
Der Schlußapplaus galt den Jugoslawen, denn für sie bedeutete das errungene Pünktchen einen Erfolg, der allerdings so überraschend nicht kam, denn die brasilianischen Fußball-Helden tragen Orden an der Brust, mit denen nicht sie, sondern ihre Vorgänger einst ausgezeichnet wurden. Gersson, Carlos Alberto, Tostao und natürlich Pelé – sie alle haben keine Nachfolger gefunden. Auch aus dem Himmel über der Copacabana fällt nicht jeden Tag ein mit allen Talenten gesegneter Balljunge.
Es hatte den Anschein, als ob beide Mannschaften noch im Trainingskostüm agieren würden. Wer monatelang bei den verschiedenen Tests nur mit versteckten Karten spielt, der zieht eben nicht auf Anhieb ein As aus dem Ärmel. Die Angst vor dem Risiko, vor der ersten Niederlage, lähmte die Aktionen beider Teams, speziell die des Weltmeisters. Lediglich der Pfostenschuß des prächtigen Jugoslawen Oblak schien für einen Augenblick Ernsthaftigkeit in den Bemühungen anzudeuten. Aber es blieb bei der Andeutung.
Wäre der Ball ins Tor geflogen, man hätte von einem verdienten Sieg der Jugoslawen sprechen können. Ihre langen Kerle in der Abwehr standen wie Zinnsoldaten, die Kette mit Buljan, Muzinic, Katalinski und Hadziabdic fing alle Angriffe der Brasilianer sicher ab. Allerdings mühten sich die Südamerikaner bei ihren Attacken zu umständlich, der weiche und nasse Rasen, zweifellos ein ungewohntes Terrain für die Brasilianer, dämpfte die gewohnte Kunstfertigkeit am Ball. Auf diese Weise um einen Vorteil gebracht, wurde der Weltmeister zum Normalverbraucher.
Die Jugoslawen, technisch versiert, erkannten diesen Umstand zu spät. Nach zwölf Jahren waren sie wieder zum ersten Mal bei einer Weltmeisterschaft dabei, der Respekt und die aus alten Zeiten bestens bekannte Schwäche beim Torschuß blockierten ihr eigentliches Leistungsvermögen. Dabei

Gruppe II

Brasilien – Jugoslawien 0:0

Wieder ein Null-zu-Null im Eröffnungsspiel

1 Ein Ball, den niemand erreicht. Valdomiro (rechts) sprintet vergeblich los, gebannt schauen Jairzinho und Jugoslawiens Abwehrspieler Hadziabdic dem Ball nach

2 Symbolisch für die Abwehrschlacht der Brasilianer in der zweiten Halbzeit ist dieses Gerangel vor Leaos Tor. Mit Glück konnte der Weltmeister das torlose Unentschieden halten

1

waren die Jugoslawen ihren Gegnern in entscheidenden Positionen überlegen. Das Mittelfeldpaar Oblak und Acimovic übertraf die brasilianischen Regisseure Rivelino und F. Marinho ganz klar an Wirkung. Und die beiden Flügelstürmer Dzajic und Petkovic waren – wenn sie sich an ihre eigentliche Aufgabe erinnerten – weitaus gefährlicher als die betulichen Paulo Cezar und Leivinha. Im Zentrum des brasilianischen Angriffs stand dazu mit Jairzinho ein Mann, der zu seinem eigenen Denkmal erstarrt schien. Vor vier Jahren noch, im Finale gegen Italien, da flog er, von dem großen Pelé geschickt, wie ein schwarzer Pfeil durch das Abwehrnetz der Italiener. In Frankfurt hatte er Mühe, den Ball am eigenen Fuß zu halten. Brasiliens Trainer Mario Zagalo hatte sein Team europäische Taktikweisheiten gelehrt: Sicherheit im hinteren Abschnitt, überlegtes Ballhalten im Mittelfeld, blitzschnelle Aktionen der Sturmspitzen; doch es blieb bei der Theorie. Rivelino, der die Nummer 10 von Pelé übernommen hat, wurde von seinem direkten Gegenspieler Oblak zu einem Herrn Niemand degradiert. Und wenn es ihm einmal gelang, den Ball an Jairzinho oder Levinha zu schicken, dann erstickten die jugoslawischen Abwehrspieler mit Härte und Kampfgeist die Aktionen schon im Ansatz. Sie hatten kein Erbarmen mit den teilweise hilflosen Brasilianern, denen es an Schnelligkeit und zündenden Ideen mangelte. Mario Zagalo gestand nach dem Spiel ein, daß seine Mannschaft an diesem Tag eine Menge Glück gehabt habe. Und Pelé, der zum ersten Mal eine Weltmeisterschaft als Zuschauer erlebte, sagte: „Ich habe noch nie eine brasilianische Nationalmannschaft so nervös erlebt. Am liebsten wäre ich hinuntergegangen und hätte mitgespielt. Aber von oben – vom gemütlichen Tribünenplatz aus – läßt sich natürlich leicht kritisieren."
Die Reaktionen in der Heimat, in Brasilien, waren bereits nach diesem ersten Spiel keineswegs zimperlich: Die ersten Rufe nach Ablösung von Trainer Zagalo wurden laut. Doch Zagalo nahm die Kritik gelassen auf: „Ein Eröffnungsspiel ist noch kein Maßstab."

Spielort: Frankfurt
Zuschauer: 62 000
Brasilien: Leao, Nelinho, M. Marinho, Pereira, F. Marinho, Piazza, Rivelino, P. Cezar, Valdomiro, Jairzinho, Leivinha
Jugoslawien: Maric, Buljan, Muzinic, Katalinski, Hadziabdic, Bogicevic, Oblak, Acimovic, Petkovic, Surjak, Dzajic
Schiedsrichter: Scheurer (Schweiz)

BRASIL

Trotz katzenartiger Gewandheit und instinktivem Bewegungsgefühls können Torhüter Muama Kazadi (links) und Ilunga Mwepu das vierte Tor der Jugoslawen nicht verhindern

MARTINI

Gruppe II

Zaire – Schottland 0 : 2 (0 : 2)

Schön gespielt, aber ohne Kraft

Der Präsident persönlich ließ die Fußballer aus Zaire wissen, was ihr Land von ihnen erwarte. Die Botschaft, die er am Nachmittag telegrafierte, war ebenso knapp wie deutlich; sie bestand nur aus drei Worten: „Conquer or die" – „Siegt oder sterbt". Die Spieler konnten weder das eine, noch wollten sie das andere. Sie verloren 0 : 2 – und sie leben noch immer.

Die Niederlage war, auch wenn die gegenteilige Order von einem General kam, allerdings nicht als mangelnder Gehorsam zu werten. Nicht die Männer haben den Befehl verweigert, sondern Muskeln und Mentalität. Den Afrikanern fehlte die Kraft, die Schotten 90 Minuten lang mit einer nahezu artistischen Ballbehandlung zu verwirren. Und sie waren nicht bereit, dieses bemerkenswerte Talent einem taktischen Plan unterzuordnen. Gefährlich wurden die Spieler aus Zaire nur sich selbst, da sie ein von Fachleuten bestauntes Rezept anwandten: Raumdeckung selbst am eigenen Elfmeterpunkt. Warum eine so freundliche Einladung zum Toreschießen von den Schotten nur zweimal angenommen wurde, konnte selbst deren Trainer Willie Ormond nicht erklären. Fazit: Was ein echter Schotte ist, der verausgabt nichts, auch nicht sich selbst.

So kamen die Schotten in Dortmund zwar zum ersten Sieg in einem Weltmeisterschaftsturnier, wurden jedoch mit einem gellenden Pfeifkonzert verabschiedet. Die Zuschauer konnten nicht begreifen, daß sich die Spieler um Billy Bremner in der zweiten Hälfte kaum mehr für das gegnerische Tor interessierten. Was die 30 000 um so mehr bedauerten, da Zaires Schlußmann Kazadi unter dem Dauerbeschuß in der ersten Hälfte ihr absoluter Liebling geworden war. Er sprang nicht nur so geschmeidig wie der auf seinem Trikot abgebildete Panther, er löste auch taktische Probleme auf verblüffende Weise. Als sich seine Vorderleute bei der Bildung einer Freistoßmauer nicht einig werden konnten, stellte er sich einfach davor – und hielt den Schuß.

Spielort: Dortmund
Zuschauer: 30 000
Zaire: Kazadi, Mwepu, Mukombo, Buhanga, Lobilo, Kilasu, Myanga (ab 72. Min. Kembo), Mana, Ndaie, Kidumu (ab 79. Min. Kibonge), Kakoko
Schottland: Harvey, Jardine, McGrain, Bremner, Holton, Blackly, Dalglish (ab 79. Min. Hutchison), Hay, Lorimer, Jordan, Law
Schiedsrichter: Schulenburg (BRD)
Tore: 0 : 1 Lorimer (26. Min.), 0 : 2 Jordan (32. Min.)

Mafu Kibonge (links) und Peter Lorimer beim harten Kampf um den Ball. – Trotz der relativ knappen 0 : 2-Niederlage gegen die Schotten ist der Weg zum internationalen Standard für die Männer vom Kongo noch weit

Gruppe II

Jugoslawien – Zaire
9 : 0 (6 : 0)

Das Spiel der Katze mit der Maus

Der Stadionlautsprecher hatte den Torwartwechsel bei der Mannschaft Zaires noch nicht durchgegeben, als Dimbi Tubilandu, der neue Torsteher, bereits geschlagen war. Wütend trommelt er mit den Fäusten auf den Boden

Neun Tore in einem Spiel – man könnte vermuten, die Zuschauer hätten ihre helle Freude gehabt, zumal die meisten von ihnen vom Balkan angereist waren. Aber die 31 000 verloren schnell ihren Spaß, denn Jugoslawien gegen Zaire, das war ebensowenig unterhaltsam wie das Spiel der Katze mit der Maus.

Spätestens nach 22 Minuten mußte man Mitleid haben mit den Afrikanern, als sich diese Szene abspielte: Dimbi Tubilandu, der nur 165 Zentimeter große Ersatztorwart, stellte sich bereit, um den durch drei Tore entnervten Kazadi abzulösen und zum erstenmal bei dieser WM einen Ball zu halten: da lag er auch schon hinter ihm. Ein deprimierenderes Debüt kann es nicht geben. Tubilandus erste Aktion war es, den Ball aus dem Netz zu holen. Als für ihn die Weltmeisterschaft begann, war sie für Mulamba Ndaie zu Ende. Im Ärger über das vierte Tor der Jugoslawen trat er Schiedsrichter Omar Delgado gegen das Schienbein. Platzverweis. Er ersparte es sich auf diese Weise, eine Demütigung bis zum Ende mitzuerleiden. Die Spieler aus Zaire, die nach dem 0 : 2 gegen Schottland geglaubt hatten, sie könnten im Kreis der besten Mannschaften wenn schon keinen Sieg, so doch achtbare Resultate zustande bringen, wurden dieser Illusion erbarmungslos beraubt; von einer jugoslawischen Elf, die durch Technik, physische Stärke und Intelligenz bestach. Alle drei Elemente waren zu gleichen Teilen vorhanden.

Zaires Trainer Blagoje Vidinic sah dennoch Sinn in der Niederlage seiner Mannschaft, die einer Bestrafung glich: „Wir sind gekommen, um zu lernen. Und heute haben wir sehr viel gelernt!"

Seine Spieler verdienten trotz allem Bewunderung. Milan Miljanic, Jugoslawiens Trainer, wies darauf hin: „Ich habe noch nie eine Elf gesehen, die einen aussichtslosen Kampf mit so viel Einsatz und so viel Anstand bis zum Ende durchgestanden hat!"

Spielort: Gelsenkirchen
Zuschauer: 31 000
Jugoslawien: Maric, Buljan, Katalinski, Bogicevic, Hadziabdic, Acimovic, Oblak, Surjak, Petrovic, Bajevic, Dzajic
Zaire: Kazadi (ab 22. Min. Tubilandu), Mwepu, Mukombo, Buhanga, Lobilo, Kilasu, Ndaie, Mana, Kembo, Kidumu, Kakoko (ab 46. Min. Myanga)
Schiedsrichter: Delgado (Kolumbien)
Tore: 1 : 0 Bajevic (8. Min.), 2 : 0 Dzajic (14. Min.), 3 : 0 Surjak (18. Min.), 4 : 0 Katalinski (22. Min.), 5 : 0 Bajevic (30. Min.), 6 : 0 Bogicevic (35. Min.), 7 : 0 Oblak (61. Min.), 8 : 0 Petrovic (69. Min.), 9 : 0 Bajevic (81. Min.)
Platzverweis: Ndaie (22. Min.)

Gruppe IV

Brasilien – Schottland
0 : 0

Viele Fouls und keine Tore

Als das Spiel gespielt war, luden sich die beiden Trainer gegenseitig zur Visite in die Mannschaftskabinen ein. Willie Ormond, der kleine rundliche Schotte, entgegnete auf den Vorwurf, sein Team habe übertrieben hart gespielt, seinem brasilianischen Kollegen Mario Zagalo: „Die Schienbeine meiner Spieler sind demoliert, Jordan hat sogar eine leichte Gehirnerschütterung.“ Der Brasilianer verzichtete auf den Gang ans schottische Krankenbett, er habe schließlich genug damit zu tun, derartige Blessuren an den Beinen seiner eigenen Spieler zu begutachten.
Das Spiel zwischen dem Weltmeister und Schottland hatte einen respektablen Härtegrad. Müßig nachzufragen, wer nun angefangen hat, denn am Ende pfiff der holländische Schiedsrichter van Gemert 28mal gegen Schottland und ertappte 29mal einen Brasilianer auf frischer Tat. Dieses Ergebnis hielt sich also genauso die Waage, wie das Resultat dieses Abends im Frankfurter Waldstadion: 0 : 0 unentschieden.
Brasilien hatte damit auch in seinem zweiten Spiel kein Tor erzielt, doch Mario Zagalo war deshalb allem Anschein nach nicht unglücklich: „Wir müssen ja noch gegen Zaire spielen.“ Der Weltmeister vergreift sich also an den „Kleinen“ bei diesem Turnier, die WM-Neulinge aus Afrika sollten zum Sprung in die zweite Finalrunde herhalten. Es war eines jener torlosen Spiele, die trotz allem Rasse und Klasse haben. Keiner der 61 000 Zuschauer glaubte in den 90 Mi-

Referee van Gemert: Gelbe Karte für Brasiliens Nr. 10, Rivelino

28 plus 29 = 57

Um ein Foul lagen die Schotten am Spielende vor den Brasilianern, oder anders ausgedrückt: Alle eineinhalb Spielminuten passierte eine Regelwidrigkeit.

Dennoch wurden beim bisher unsaubersten Spiel der WM nur zwei Verwarnungen ausgesprochen

Schottisch-brasilianisches Wortgefecht zwischen Lorimer (links) und Pereira

nuten, etwas versäumt zu haben. Der Fußball lebt nicht immer vom Tor allein. Schlachtenbummler Pelé hatte vor dem Match seinem ehemaligen Mannschaftskollegen und Trainer Zagalo angeraten, diese junge brasilianische Mannschaft ungeniert in die Offensive zu schicken.

„Ohne Tore ist noch niemand Weltmeister geworden", erkannte auch Zagalo, und tatsächlich erspielten sich die Brasilianer innerhalb der ersten 45 Minuten eine Anzahl prächtiger Möglichkeiten. Leivinhas Lattenschuß nach einer Ecke war die eindeutigste – doch dann bestätigte sich die bereits im Spiel gegen Jugoslawien offensichtliche Erkenntnis: Jairzinho, Paulo Cezar und nun Mirandinha fehlt die Energie zum entscheidenden Torschuß. Und der Mann, der sie in Position bringen sollte, der mitzudenken hätte, ist vor allem mit sich selbst beschäftigt: Rivelino.

Schottlands Regisseur Billy Bremner nahm sich seiner an, die beiden neutralisierten sich in keiner Phase, denn Rivelino war zu wirkungslos, und Bremner konnte vor allem in der zweiten Halbzeit das Spiel seiner Mannschaft ungestört antreiben. Das machte auch seinem obersten Landesherrn Harold Wilson Spaß, der jedoch auf der Tribüne mitansehen mußte, wie seinen Landsleuten das Glück mit jeder Sekunde durch die Finger rann.

Brasilien hat gelernt, wie man das eigene Tor verteidigt. Im Duell Mann gegen Mann ist ihnen kein Mittel unbekannt. Doch sie tun dies nicht aus Selbstzweck wie die Schotten, sondern bauen damit Aggressionen ab, die sich in hitzigen Augenblicken anstauen. Im Grunde blockierten sie damit ihr eigenes Spiel, boten Handwerk und Eifer anstatt Kunst.

Die Schotten taten in der zweiten Halbzeit das, was sie stark macht: Sie kämpften und regulierten nach eigenen Vorstellungen das Tempo. Doch alle waren im Pech, vor allem Billy Bremner, der aus zwei Meter Entfernung den Ball neben den Pfosten schob. Schottland hätte den Sieg verdient gehabt, das 0 : 0 nötigte sie nun zum Sieg über Jugoslawien. Brasilien fehlte abermals der Glanz der alten Tage, wenngleich die Mannschaft mehr als gegen Jugoslawien zum Kampf bereit war.

Dies allein machte Mario Zagalo nach dem 0 : 0 hoffnungsfroh.

Spielort: Frankfurt
Zuschauer: 61 000
Brasilien: Leao, Nelinho, Pereira, M. Marinho, F. Marinho, Piazza, Rivelino, Paulo Cezar, Jairzinho, Mirandinha, Leivinha
Schottland: Harvey, Jardine, McGrain, Buchan, Holton, Bremner, Dalglish, Hay, Morgan, Jordan, Lorimer
Schiedsrichter: van Gemert (Niederlande)

Billy Bremner,

schottisches Stehaufmännchen. Weder eigene, noch gegnerische Fouls konnten ihn bremsen, auszumachen war er kaum, sein Aktionsradius umfaßte das gesamte Spielfeld. Nur Toreschießen ist nicht seine Sache. Gegen Brasilien vergab er die größte Chance

Gruppe II

Zaire – Brasilien 0 : 3 (0 : 1)

Fast wäre der Weltmeister gescheitert

Blagoje Vidinic war selbst Torwart, ehe er Trainer wurde. Er hätte die Situation erkennen müssen und traf doch eine Fehlentscheidung. Verzweifelt hatte ihm Muamba Kazadi in der 61. Minute signalisiert, seinen Stellvertreter Kalambay aufs Feld zu schicken, denn er selbst war physisch und psychisch auf dem Nullpunkt angekommen. Brasiliens Stürmer Mirandinha hatte statt des Balls Kazadis Brust getroffen, mehrfach schon hatte der 27jährige ins Leere gegriffen – zum Glück jedoch meistens außerhalb des direkten Gefahrenbereichs. Deshalb führte Brasilien nur 1 : 0.

Doch das Debakel war abzusehen: Kazadi war am Ende. Vidinic reagierte nicht auf den Hilferuf des Torhüters, brachte statt dessen zwei neue Feldspieler. So wurde Vidinic der Mann, der in der Gruppe die Entscheidung für Brasilien und gegen Schottland traf. Das eine Tor, das den Ausschlag gab, fiel in der 79. Minute: Kazadi nicht so wie Zagalo, der zu bedenken gab: „Die Afrikaner haben nach dem 0 : 9 gegen Jugoslawien ihren Stolz entdeckt. Sie waren es sich selbst schuldig, nicht noch einmal so hoch zu verlieren. Deshalb hatten wir es mit einer ganz anderen Mannschaft zu tun als die Jugoslawen!"

In der Tat hatten die Spieler aus Zaire zunächst alle Register ihres technischen Könnens gezogen. Sie bewiesen, daß sie den Brasilianern zumindest in der Ballbehandlung um nichts nachstehen. Die Zuschauer erlebten Delikatessen der Fußballkunst und dennoch kein mitreißendes Spiel.

Zaire wurde von den Zuschauern begeistert verabschiedet; kein Zweifel, Afrikas Spieler hatten sich im Laufe des Turniers alle Sympathien erworben. Der Abschied von den deutschen Zuschauern war herzlich, noch am Mannschaftsbus, der die Afrikaner zurück ins Quartier brachte, wurden den Spielern aus Zaire Ovationen gebracht.

Americo, Brasiliens glatzköpfiges Faktotum, trägt den verletzten Leivinha vom Platz. Der Titelverteidiger gewann dennoch 3 : 0 gegen Zaire und zog, dank des besseren Torverhältnisses, in die zweite Finalrunde ein

ließ den Ball nach einem Schuß von Valdomiro unter dem Körper hindurch zum 3 : 0 ins Tor gleiten. Der Weltmeister durfte seine Krone noch behalten, es waren nur ein paar Zacken herausgebrochen worden. Trainer Zagalo meinte allerdings, sie sei neu aufpoliert worden. „Wir haben gut gespielt, so gut wie es der Gegner verlangt hat." 37 000 Zuschauer hatten allerdings erwartet, daß die Brasilianer so gut spielen würden, wie sie es können, und sahen es

Spielort: Gelsenkirchen
Zuschauer: 37 000
Zaire: Kazadi, Mwepu, Mukombo, Buhanga, Lobilo, Kibonge, Tshinabu (ab. 62. Min. Kilasu), Mana, Ntumba, Kidumu (ab 61. Min. Kembo), Myanga
Brasilien: Leao, Nelinho, Pereira, M. Marinho, F. Marinho, Piazza (ab 59. Min. Mirandinha), Rivelino, C. Paolo Cezar, Jairzinho, Leivinha (ab 10. Min. Valdomiro), Edu
Schiedsrichter: Rainea (Rumänien)
Tore: 0 : 1 Jairzinho (12. Min.), 0 : 2 Rivelino (66. Min.), 0 : 3 Valdomiro (79. Min.)

Buhanga, Kazadi und andere.
Erinnerung an das Mahnmal von
Iwo-Shima in Washington –
Denkmal kämpfender
Fußballspieler

1

2

Gruppe II

Schottland – Jugoslawien 1:1 (0:0)

Schottlands Endspurt kam zu spät

Die Ausgangslage vor dem Spiel Jugoslawien gegen Schottland im Frankfurter Waldstadion: Schottland brauchte einen Sieg, Jugoslawien genügte ein Unentschieden, würden die Brasilianer in Gelsenkirchen gegen Zaire nicht mehr als zwei Tore schießen, dann wäre Schottland selbst bei einem Unentschieden qualifiziert.
„Ich kann mir fast keine idealere Situation vorstellen", sagte Willie Ormond vor dem Spiel, aber das Gesicht, das er dabei machte, stellte diese Vorfreude in Frage. Doch ein Trainer muß auch die kleinen Kniffs der hohen Kunst der Psychologie beherrschen, und deshalb fügte Ormond an: „Wenn ein Schotte am Abgrund steht, dann kämpft er wie kein anderer um sein Leben."
Darauf warteten nun die 56 000 Zuschauer in der Arena, aber sie warteten lange Zeit vergebens. 28 Grad C wurden im Schatten gemessen, und die Sonne brannte auf den Platz. Den Jugoslawen, so durfte man annehmen, würde diese Hitze vielleicht weniger zu schaffen machen. Doch Willie Ormond wollte für seine regensicheren Schotten eine etwaige Entschuldigung nicht gelten lassen: „Auch bei uns in Schottland scheint die Sonne – wenigstens ab und zu."
In der Halbzeit stand es 0 : 0, und das war in Ordnung, denn keiner hatte ein Tor verdient. Zwei Spielern nur hatten sich eindeutige Möglichkeiten geboten, aber Petkovic und später Jordan trafen völlig unbehindert aus kurzer Entfernung das Tor nicht. Den Jugoslawen bereiteten die beiden schottischen Außenverteidiger erhebliches Kopfzerbrechen, denn die stürmten munter an der Außenlinie entlang, ohne daß ihnen die Flügelstürmer Petkovic und Dzajic einen Riegel vorschoben.
Darüber hinaus drosselten die Jugoslawen das Tempo, spielten in die Breite, veranlaßten den mexikanischen Schiedsrichter Archundia wegen permanenter Regelüberschreitungen zu einem Pfeifkonzert. Fünfmal mußte er die gelbe Karte ziehen, drei-

3

mal bestrafte er damit die Jugoslawen. In der Halbzeit setzte es ein Donnerwetter in der jugoslawischen Kabine, die Gardinenpredigt war bis auf den Gang zu hören. Die Jugoslawen konnten sich ja nicht darauf verlassen, daß die Schotten ausgerechnet mit Toren geizen würden, eine Niederlage hätte die Rückfahrkarte bedeutet.
Bis zur 76. Minute mußte Miljanic warten, dann hatte seine Standpauke die erwartete Resonanz. Die schottische Überlegenheit eröffnete den Jugoslawen die Möglichkeit zum Kontern, Linksaußen Dzajic wechselte seinen Standort und schickte von der rechten Seite eine Flanke vor das Tor von Harvey. Da wartete der gerade eingewechselte Karasi, fühlte sich unbewacht, und leitete den Ball direkt mit dem Kopf weiter ins schottische Tor.
35 000 jugoslawische Schlachtenbummler machten das Stadion zum Tollhaus, ein Raketenfeuerwerk stieg in den blauen Himmel, die Polizei mußte auf den Rängen mit Gummiknüppeln recht unsanft Meinungsverschiedenheiten zwischen Schotten und Jugoslawen schlichten. Eine Minute vor dem Ende rutschte der Jubel ins andere Lager. Joe Jordan von Leeds United knallte den Ball aus kurzer Entfernung an Torwart Maric vorbei. Doch die Uhr war abgelaufen, Brasiliens drittes Tor gegen Zaire machte Jordans Treffer zu einem bedeutungslosen Schüßchen.
Willie Ormond aber schnappte sich nach dem Spiel einen Kasten Bier und trug ihn in die Kabine. „Meine Jungs haben jetzt Durst." Schottischer Whisky war offensichtlich nicht in ausreichendem Maße vorhanden.

Spielort: Frankfurt
Zuschauer: 56 000
Schottland: Harvey, Jardine, McGrain, Bremner, Holton, Buchan, Morgan, Dalglish (ab 65. Min. Hutchison), Jordan, Hay, Lorimer
Jugoslawien: Maric, Buljan, Hadziabdic, Oblak, Katalinski, Bogicevic, Petkovic, Acimovic, Bajevic (ab 71. Min. Karasi), Surjak, Dzajic
Schiedsrichter: Archundia (Mexiko)
Tore: 0 : 1 Karasi (76. Min.), 1 : 1 Jordan (89. Min.)

1 Jugoslawiens Abwehrspieler Hadziabdic erklärt dem mexikanischen Schiedsrichter Archundia das Foul, das Morgan an ihm begangen hat. Gleichgültig verfolgt der Schotte die Szene

2 Torsteher Maric war einer der Trümpfe, die das Weiterkommen der jugoslawischen Mannschaft garantierten. Gegen die hart attackierenden Schotten rettete er das Unentschieden

3 Das Spiel ist aus. Jardine (links) und Dzajic umarmen sich. Doch über das Ausscheiden konnte die Geste des Jugoslawen den Schotten nicht hinwegtrösten

20
2

81. Minute: 1 : 0 für Jugoslawien, Torschütze Nr. 18
Karasi, auf Flanke von Dzajic, Nr. 11.
Obwohl die Schotten in der 89. Minute ausgleichen
konnten, mußten sie ungeschlagen aus dem
Turnier ausscheiden

Gruppe III

Schweden – Bulgarien 0 : 0

Eine Halbzeit voller Schwung

Es ist immer schwer, nach einem 0 : 0 noch enthusiastische Worte über ein Spiel zu finden; selbst für Trainer, und so sprach der eine vom Wetter und der andere vom Meer. Der Schwede Georg Ericsson: „Es war so schwül, daß die Spieler schnell müde wurden!" Der Bulgare Christo Mladenov: „In jedem Spiel gibt es Ebbe und Flut. In der zweiten Halbzeit war Ebbe!"
Wellen der Begeisterung waren es nicht gerade, die über dem Stadion zusammenschlugen, dennoch hatten die Zuschauer wenigstens in den ersten 45 Minuten Freude an der Mischung aus Elan und Technik, mit der die Bulgaren ihren Gegner unter Druck setzten. Mehr als eine Serie von spektakulären Doppelpässen und ein Lattenschuß durch Panov gelang ihnen allerdings nicht. Die Schweden zogen sieben Spieler in die Abwehr zurück und vertrauten im Angriff auf die physischen Vorzüge von zwei Stürmern: auf die Körpergröße von Ralf Edström, dem seine 191 Zentimeter zum Gewinn fast jeden Kopfballduells verhelfen, und auf die Schnelligkeit von Roland Sandberg, der in der Lage ist, 100 Meter unter

11 Sekunden zu laufen und jeden Abwehrspieler hinter sich zu lassen. Beide konnten ihre Stärken an diesem Tag jedoch nicht ausspielen. Pech für die Skandinavier, daß Schiedsrichter Nunez zweimal Fouls im bulgarischen Strafraum übersah.
Trainer Mladenov, ein ehemaliger Journalist, zog sich diplomatisch aus der Affäre, als er auf diese Szenen angesprochen wurde: „Früher, als ich noch für Zeitungen schrieb, habe ich auch oft Elfmeter gefordert, die der Schiedsrichter nicht gegeben hat. Heute, als Trainer, habe ich keinen Elfmeter gesehen!" Was nicht bedeutet, daß der einst sehtüchtige Journalist als Trainer blind geworden ist für Fouls: er sieht sie nur aus einer anderen Perspektive.

Spielort: Düsseldorf Zuschauer: 25 000
Schweden: Hellström, Olsson, Andersson, Karlsson, Larsson, Tapper, Torstensson, Grahn, Edström, Kindvall (ab 73. Min. Magnusson), Sandberg
Bulgarien: Goranov, Z. Vassilev, Ivkov, Velitschkov, Kolev, Penev, Voinov (ab 73. Min. Michailov), Bonev, Nikodimov, Panov (ab 31. Min. M. Vassilev), Denev
Schiedsrichter: Nunez (Peru)

Spektakuläre Flüge durch den Strafraum gehören zum Leben eines Torhüters. Ronnie Hellström rettete durch seine ausgezeichneten Paraden der schwedischen Mannschaft ein torloses Unentschieden im Spiel gegen Bulgarien

Gruppe III **Niederlande – Uruguay 2 : 0 (1 : 0)**

Nur zwei Tore gegen Südamerikas Altherrenfußballer

„Holland wint de Wereld-Cup", sangen 30 000 Holländer. Ihr optimistisches Lied vom großen Sieg ertönte in Hannovers Niedersachsen-Stadion, das mit 55 000 Zuschauern nahezu ausverkauft war, schon lange vor dem Beginn des Spiels gegen Uruguay. Der Gedanke, die holländische Mannschaft könnte vielleicht nicht einmal dieses erste Gruppenspiel gewinnen, kam ihnen überhaupt nicht in den Sinn. Das 2 : 0-Resultat zugunsten Hollands gab den enthusiastischen Fans am Ende auch recht. Und da die meisten holländischen Schlachtenbummler beim Schlußpfiff zu nüchternem Urteil nicht mehr fähig waren, störte es sie auch nicht, daß ihre Stars nur einen Bruchteil ihrer vielen, klaren Chancen zu Toren ausgenützt hatten.

Nicht die an kühle Seeluft gewöhnten Holländer, sondern die in heißem Klima aufgewachsenen Südamerikaner schien die tropische Hitze an diesem Nachmittag zu lähmen. Schwerfällig trabten sie über den Rasen. Bis sie sich den nächsten Spielzug überlegt hatten, durchkreuzten ihn schon die physisch überlegenen und geistig weit beweglicheren Holländer.

Mit der Eleganz eines Pelé jonglierte Europas teuerster Fußballstar, der schlaksige Johan Cruyff, den Ball zu seinen Nebenleuten, die sich immer dort zum Zuspiel anboten, wo sie von den Uruguayern am wenigsten erwartet wurden. Daß sich Hollands Verteidiger, vor allem Suurbier, mangels anderer Beschäftigung bis zum anderen Strafraum wagten, verwirrte die Südamerikaner völlig. So fiel in der 9. Minute auch das erste Tor: Verteidiger Suurbier übernahm die Rolle des Rechtsaußen und flankte den Ball hoch vor das Tor; genau dort stand der eigentliche Rechtsaußen, Johny Rep, reckte sich höher als sein Bewacher Masnik und lenkte den Ball per Kopf in das Tor. Mazurkiewiez, Uruguays bewährter Torhüter polnischer Abstammung, hatte zu lange gezögert – zwei Schritte vor, einen zurück, so stand er in ungünstiger Position.

Um Uruguays Konterangriffe aufzuhalten, genügte die schon knapp hinter der Mittellinie aufgestellte Abseitsfalle der Holländer; sie schnappte erbarmungslos zu, wann immer sich ein Südamerikaner anschickte, die aufgerückten holländischen Abwehrspieler zu überlaufen.

Die Chancen, die sie herausspielten, hätten den Holländern eigentlich reichen müssen, um gleich alle drei Gruppenspiele zu gewinnen. Doch bei aller Brillanz ihres Spiels blieb nicht verborgen, daß es auch eine erhebliche Schwäche gab: Sie schossen miserabel. Suurbier, Krol, Rensenbrink feuerten den Ball aus bester Schußposition hoch über das Tor. Neeskens, der Cruyff in der Ballbehandlung und in der Spielübersicht kaum nachstand, scheiterte an Torhüter Mazurkiewiez, Rep traf den Torpfosten, ein Tor von Cruyff fand keine Anerkennung, weil er nur durch „gefährliches Spiel" in Ballbesitz gekommen war. Erst in der 86. Minute leitete Neeskens mit einem unwiderstehlichen Solo das 2 : 0 ein; Rep schob den Ball über die Torlinie, die Mazurkiewiez allzu voreilig verlassen hatte.

Dem Tempospiel der Holländer standen die Südamerikaner hilflos gegenüber. Daß sie von ihren Gegenspielern schon bei der Ballannahme gestört wurden, brachte sie völlig aus dem Konzept. Sie sind es einfach nicht gewöhnt, hautnah gedeckt zu werden. Das macht sie nervös. Andererseits zwingt sie ihr eigenes Abwehrsystem der Raumdekkung, flinken Gegnern nachzulaufen, ihnen ein Bein zu stellen oder sie einfach umzurennen – „Fouls mit Anlauf", die viel gefährlicher und schmerzhafter sind. Schiedsrichter Palotai aus Ungarn verwarnte Mandegazza, Forlan und Masnik. Für einen heimtückischen Tritt gab es für Castillo die gerechte Strafe: Platzverweis.

Spielort: Hannover
Zuschauer: 55 000
Niederlande: Jongbloed, Suurbier, Rijsbergen, Haan, Krol, Jansen, Neeskens, van Hanegem, Rep, Cruyff, Rensenbrink
Uruguay: Mazurkiewiez, Forlan, Masnik, Jauregni, Pavoni, Esperrago, Castillo, Rocha, Cubilla (ab 65. Min. Milar), Morena, Mandegazza
Schiedsrichter: Palotai, Ungarn
Tore: 1 : 0 (9. Min.) Rep, 2 : 0 (86. Min.) Rep
Platzverweis: Castillo (68. Min.)

90 Minuten stürmten die Niederlände

egen Uruguay. Nur mühsam konnten ihre Angriffe abgeblockt werden

Trotz der harten Attacke wehrt sich Johnny Neeskens

Gruppe III

Niederlande – Schweden 0 : 0

Fehde der Stars lähmte Hollands Spiel

„Elf Freunde müßt ihr sein", behaupten die Psychologen unter den Trainern. Rinus Michels, Hollands Cheftrainer, mißachtete diese Empfehlung: Für das zweite Gruppenspiel gegen Schweden nominierte er Piet Keizer, obwohl er wußte, daß Keizer bei seinen Mitspielern nicht sehr beliebt ist. In Amsterdam munkelte man sogar, einer der Gründe – neben viel Geld – sei die persönliche Fehde mit Keizer gewesen, warum Johan Cruyff Ajax Amsterdam verließ und zum FC Barcelona ging.

Nach dem 0 : 0 dürfte Rinus Michels seine Entscheidung bereut haben. Denn Cruyff, von dem Erfolg oder Mißerfolg des holländischen Sturmspiels abhängen, spielte nicht nur gegen elf Schweden, sondern auch gegen Piet Keizer, den er auf dem linken Flügel nur selten anspielte. Keizer demoralisierte diese private Fehde so, daß er zum Nervenbündel wurde und die besten Torchancen kläglich verstolperte.

Allerdings hatte sich Schwedens erfahrener Trainer Georg „Aaby" Ericsson auch ein besseres Abwehrrezept gegen Cruyff ausgedacht als die Uruguayer im ersten Spiel: Im Mittelfeld heftete sich Karlsson an die Fersen des Holländers, vor und im Strafraum übernahm Bo Larsson seine Bewachung. So konnte Cruyff keinen Schritt unbedrängt tun, ohne daß sich die Schweden deshalb allein auf ihn konzentrieren mußten. Auch Torjäger Johny Rep fand keine Lücke in der Abwehrkette der Schweden, die eisern dem Sturmlauf der Holländer standhielt. Der erfahrene Nordqvist dirigierte die selbst in heißen Situationen kühle Nordlandtruppe, in der nicht weniger als sechs „Auslandssöldner" standen. Nur auf die „Deutschen" Torstensson und Magnusson hatte Trainer Ericsson verzichtet.

Es gab zahlreiche kritische, torreife Szenen vor dem von Ronnie Hellström aufmerksam bewachten schwedischen Tor. Holland hätte gewinnen und die rund 30 000 Landsleute unter den 54 000 Zuschauern in einen Freudentaumel versetzen können. Und doch bekannte Rinus Michels nach dem spannenden, schnellen Spiel: „Ich bin froh, daß wir nicht verloren haben."

Spielort: Dortmund
Zuschauer: 54 000
Holland: Jongbloed, Suurbier, Rijsbergen, Haan, Krol, Jansen, Neeskens, van Hanegem (ab 72. Min. de Jong), Rep, Cruyff, Keizer
Schweden: Hellström, Olsson (ab 72. Min. Grip), Andersson, Karlsson, Nordqvist, Larsson, Ejderstedt, Tapper (ab 60. Min. Persson), Grahn, Edström, Sandberg
Schiedsrichter: Winsemann, Kanada

Laßt Blumen sprechen! Rosen fürs Publikum

ine freundliche Geste der Spieler aus Uruguay

Gruppe III

Bulgarien – Uruguay 1:1 (0:0)

Lustloses Spiel vor leeren Rängen

47 000 Sitze blieben leer. Zwar streiten sich die Experten noch darüber, ob der Rahmen einen direkten Einfluß auf die Qualität des Spieles hat, aber die Behauptung von Uruguays Trainer Roberto Porta ist nicht zu widerlegen: „Es ist deprimierend, bei einer Weltmeisterschaft vor nur 12 000 Zuschauern antreten zu müssen. Es nimmt die Freude am Spiel!"

Es war nicht festzustellen, wem die Lust zuerst verging, denen auf dem Rasen oder denen auf den Rängen. Jedenfalls waren alle froh, als Schiedsrichter Taylor die Begegnung nach 90 Minuten beendete. Zu bewundern gab es nur eines: die Hartnäckigkeit, mit der Bulgariens Kapitän Christo Bonev versuchte, seine Mitspieler mitzureißen und seinem Land im vierten WM-Turnier endlich den ersten Sieg zu bescheren. Es war eine vergebliche Anstrengung. „Ich bin der Spielmacher und auch der erfolgreichste Torschütze unserer Mannschaft. Ich kann aber nicht auch noch ihr Torhüter sein", sagte er resignierend.

Zwar hatte er es geschafft, in der 75. Minute das 1 : 0 zu erzielen, doch 180 Sekunden vor dem Ende wurde Bonev um den Lohn seiner Energieleistung gebracht: Torhüter Goranov ließ den Ball nach einem Schuß von Pavoni durch die Beine rollen. „Die Chance war groß, wir hätten einen Riesenschritt in Richtung zweite Finalrunde tun und endlich unsere, nun zwölf Jahre dauernde Pechsträhne in Weltmeisterschaftsspielen beenden können", trauerte Trainer Christo Mladenov dem verschenkten Sieg nach.

Sein Kollege Roberto Porta gewann dem Spiel wenigstens eine angenehme Seite ab: „Nach unserer Niederlage gegen Holland sind wir als Fußballer gebrandmarkt worden, die nur auf die Knochen des Gegners zielen. Wir haben heute bewiesen, daß wir auch fair sein können, wenn man uns nicht provoziert." Daß die Spieler diesmal nicht traten, mochten die Zuschauer nicht als besonderes Verdienst werten. Sie pfiffen am Ende dennoch.

Spielort: Hannover
Zuschauer: 12 000
Bulgarien: Goranov, Velitschkov, Ivkov, Kolev, Vassilev, Penev, Voinov, Bonev, Denev, Panov, Nikodimov (59. Min. Michailov)
Uruguay: Mazurkiewiez, Jauregui, R. Forlan, Pavoni, Esperrago, Morena, Rocha, R. Corbo, Garisto (73. Min. Masnik), Mandegazza (62. Min. Cardaccio), Milar
Schiedsrichter: Taylor (England)
Tore: 1 : 0 Bonev (75. Min.), Pavoni (87. Min.)

Gruppe III

Niederlande – Bulgarien 4:1 (2:0)

Elfmeter, die man nicht vergißt

Vassilev hat Cruyff im Strafraum gelegt. Elfmeter! Neeskens legt sich den Ball zurecht. Anlauf, Schuß, Tor! Unhaltbar für den bulgarischen Torhüter Staykov. 30 000 Holländer im Dortmunder Westfalenstadion bejubelten den ersten Elfmeter dieser Weltmeisterschaft

„Wir lassen zu viele Torgelegenheiten aus", klagte Johan Cruyff nach dem 4 : 1-Sieg gegen Bulgarien, mit dem sich die holländische Mannschaft für die zweite Finalrunde qualifizierte. Dabei hatten die Holländer in diesem Spiel nicht vier, sondern alle fünf Tore geschossen: Bulgariens Gegentreffer verzeichnet die Statistik als Eigentor des Holländers Krol. Vielleicht wollte er seinen Stürmern vormachen, wie man den Ball ins Netz zu schlagen hat. Die 30 000 holländischen Schlachtenbummler im ausverkauften Dortmunder Westfalenstadion nahmen Krol den „Anschauungsunterricht" nicht übel, führte doch das Oranje-Team zu diesem Zeitpunkt, zwölf Minuten vor Spielende, schon 3 : 0.

So unberechtigt schien Cruyffs Kritik und Krols „Demonstration" indessen nicht. Hollands Stürmer hatten sich bis dahin als „Weltmeister" im Auslassen guter Tormöglichkeiten erwiesen. Ihre drei Tore resultierten aus zwei Foulelfmetern von Neeskens und einem Freistoß, den Cruyff trat und Johny Rep mit einem Torschuß vollendete. Zumindest der erste Foulelfmeter schien überdies keine Berechtigung zu haben. Cruyff war noch weitab vom Tor hart, doch nicht unfair vom Ball gedrängt worden. Johan Neeskens mußte diesen Elfmeter gleich zweimal vollstrecken zur Strafe dafür, daß seine Mitspieler vor der ersten Ausführung schon in den Strafraum stürmten. Doch Neeskens erwies sich als nervenstarker Schütze, ebenso in der 45. Minute, als ein diesmal unumstrittenes Vergehen an Jansen mit einem weiteren Elfmeter bestraft wurde. Neeskens jagte den Ball auch diesmal ins Netz, wuchtig und plaziert.

„Holland kann Weltmeister werden", bewunderte Bulgariens Trainer Mladenov die Niederländer, die ihren Sieg durch ein spektakuläres Kopfballtor von Ersatzspieler de Jong krönten. Die Bulgaren aber müssen weiter auf ihren ersten WM-Sieg warten.

Spielort: Dortmund
Zuschauer: 54 000
Holland: Jongbloed, Suurbier, Rijsbergen, Haan, Krol, Jansen, Neeskens (ab 79. Min. de Jong), van Hanegem (ab 46. Min. Israel), Rep, Cruyff, Rensenbrink
Bulgarien: Staykov, Velitschkov, Ivkov, Penev, Vassilev, Kolev, Stoyanov (ab 46. Min. Michailov), Bonev, Voinov, Panov (ab 57. Min. Borissov), Denev
Schiedsrichter: Boskovic, Australien
Tore: 1 : 0 Neeskens (Foulelfmeter, 6. Min.), 2 : 0 Neeskens (Foulelfmeter, 45. Min.), 3 : 0 Rep (71. Min.), 3 : 1 Krol (Eigentor, 78. Min.), 4 : 1 de Jong (86. Min.)

Gruppe III

Schweden – Uruguay 3 : 0 (0 : 0)

Uruguays Trainer enttäuscht

Am letzten Spieltag der ersten Finalrunde hatte die Weltmeisterschaft nicht nur acht Verlierer, sondern auch ihr erstes Opfer. Roberto Porta, der 60 Jahre alt werden mußte, ehe man ihm die Nationalelf Uruguays anvertraute, sah keinen Sinn mehr darin, weiterzuarbeiten. „Sobald ich wieder den Boden meiner Heimat betreten habe, gebe ich mein Amt zurück", sagte der Trainer, der selbst über 50mal für sein Land gespielt hat. „In 45 Jahren, so lange habe ich schon mit Fußball zu tun, bin ich noch nie so enttäuscht worden wie heute."

Roberto Porta hatte vor dem Turnier Tausende von Kilometern zurückgelegt, um die Freigabe seiner im Ausland beschäftigten Spieler zu erreichen. Es wurde ein Vermögen aufgewendet, um die Vereine zu entschädigen und für die Leihgaben Versicherungen gegen Knochenbrüche abzuschließen. Es reichte nur dazu, aller Welt zu beweisen, daß der Weltmeister von 1930 und 1950, der Olympiasieger von 1924 und 1928, im Fußball außer seiner Tradition im Jahr 1974 nichts mehr zu bieten hatte.

Das konnte auch Ladislao Mazurkiewiez nicht verhindern. Seine Abwehrspieler, hilflos und ohne Kraft, lieferten ihn fast widerstandslos den Angriffen der Schweden aus. So konnten Edström und Sandberg der Weltmeisterschaft das Kuriosum ersparen, daß eine Mannschaft in die zweite Finalrunde einzog, ohne ein Spiel gewonnen und ohne ein Tor erzielt zu haben. Ein 0 : 0 hätte den Skandinaviern schon gereicht. Doch obwohl bei ihnen im Mittelfeld der Zufall Regie führte und nicht Larsson, Grahn oder Kindvall, gab es so viele Chancen, daß das 3 : 0 noch eine gnädige Lektion für Uruguay war.

„Wir hätten noch höher gewinnen müssen, aber ich bin froh, daß uns im dritten Spiel endlich überhaupt Tore gelangen", sagte Trainer Ericsson, der nicht viel von Superprämien hält. „Wir zahlen unseren Spielern für diesen Erfolg nur ein Zehntel dessen, was andere Länder ausgeben."

Spielort: Düsseldorf
Zuschauer: 27 000
Schweden: Hellström, Andersson, Grip, Karlsson, Grahn, Nordqvist, Larsson, Magnusson (ab 60. Min. Ahlström), Edström, Kindvall (ab 76. Min. Torstensson), Sandberg
Uruguay: Mazurkiewiez, Forlan, Jauregui, Garisto (ab 46. Min. Masnik), Pavoni, Esperrago, Rocha, Mandegazza, Milar, Morena, Corbo (ab 43. Min. Cubilla)
Schiedsrichter: Linemayr (Österreich)
Tore: 1 : 0 Edström (46. Min.), 2 : 0 Sandberg (74. Min.), 3 : 0 Edström (77. Min.)

1

Gruppe IV

Polen – Argentinien 3:2 (2:0)

Ein Kampf auf Biegen und Brechen

Im Stuttgarter Neckarstadion erlebten 32 000 Zuschauer endlich eine Begegnung, die man als „weltmeisterschaftswürdig" bezeichnen konnte. Ein Spiel mit Rasse und Tempo, mit kernigen Torschüssen und spektakulären Torwartparaden; ein Kampf auf Biegen und Brechen.

. . . und das alles, obwohl sich zwei völlig verschiedene Spielsysteme kreuzten. Die argentinische Volksmusik ist der Tango. Im Tango-Rhythmus – mit kurzen, schnellen Pässen – versuchten die Argentinier ihr Spiel aufzuziehen. Doch das gelang nicht, das Spiel „machten" die Polen: gradlinig, unkompliziert, schnelle Ballwechsel mit weiten Pässen. Mit diesem System brachten sie die Raumdeckung der Südamerikaner in arge Schwierigkeiten.

Die „polnische Polka" kündigte sich mit zwei Paukenschlägen an. In der siebten Minute konnte Carnevali, Argentiniens sonst so gelobter Torwart, einen Eckball nicht sicher greifen. Lato nützte die Situation zum polnischen Führungstreffer.

Die Argentinier hatten sich von ihrem Schreck noch nicht erholt, da erspurtete sich der schnelle Szarmach eine Steilvorlage und schob den Ball aus zwölf Metern Entfernung plaziert ins lange Eck.

Erst in der Halbzeit, als Argentiniens Sturmspitze Bargas und Libero Heredia die Rollen tauschten und der total versagende Brindisi aus der Mannschaft genommen wurde, kam das Spiel der Südamerikaner immer besser in Fluß. Was hinzukam: Argentinien kämpfte mit dem Mut der Verzweiflung. Mit drei Toren innerhalb von sechs Minuten erreichte das Spiel seinen dramatischen Höhepunkt.

Zuerst hatte Heredia, der bei Atletico Madrid spielt und in den Europacup-Beleg-

2

3

nungen mit Bayern München nachhaltig auffiel, den Anschlußtreffer zum 1 : 2 geschossen. Doch fast im Gegenzug stellte Lato den alten Abstand wieder her.
Als nach einer turbulenten Szene vor dem Tor der Polen Babington den Ball zum 2 : 3 über die Torlinie bugsierte, bekamen die Argentinier noch einmal Oberwasser. Doch der verzweifelte Schlußspurt kam zu spät.

Spielort: Stuttgart
Zuschauer: 32 000
Polen: Tomaszewski, Szymanowski, Zmuda, Gorgon, Musial, Kasperczak, Maszczyk, Deyna, Lato, Szarmach (ab 72. Min. Domarski), Gadocha (ab 83. Min. Cmikiewicz)
Argentinien: Carnevali, Wolff, Perfumo, Heredia, Sa, Bargas (ab 69. Min. Telch), Brindisi (ab 46. Min. Houseman), Babington, Balbuena, Ayala, Kempes
Schiedsrichter: Thomas (Wales)
Tore: 1 : 0 Lato (6. Min.), 2 : 0 Szarmach (8. Min.), 2 : 1 Heredia (62. Min.), 3 : 1 Lato (64. Min.), 3 : 2 Babington (67 Min.)

1 Argentinien verkürzte auf 2 : 3. Torhüter Jan Tomaszewski konnte den Ball von Babington nicht mehr erreichen. Gebannt verfolgen die anderen den Lauf des Balles

2 Kopfballduell zwischen dem Polen Musial (links) und Ayala (Argentinien). Seine Haarpracht und das quirlige Angriffsspiel machten den Südamerikaner zu einer auffallenden Erscheinung auf dem Spielfeld

3 Ist der Foul-Versuch des Polen Maszczyk mißlungen, oder hat Kempes (Nr. 13), Argentinien, den Polen aussteigen lassen?

Gruppe IV

Italien – Haiti
3 : 1 (0 : 0)

Karibisches Fußballwunder dauerte nur 6 Minuten

Stolz auf ihre Teilnahme, mit Tränen in den Augen, singen die Spieler Haitis die Nationalhymne. Ihre klangvollen Namen (v.l.): Francillon, Bayonne, Jean Joseph, Nazaire, Auguste, Francois, Vorbe, Antoine, Desir, Sanon, Saint Vil

Fast 60 000 Zuschauer waren ins Münchner Stadion gekommen, um das Ereignis zu sehen, wenn Vizeweltmeister Italien gegen den WM-Debütanten Haiti antritt, der im ganzen Staat nicht einmal 1000 Fußballspieler registriert hat. Im Stadion waren zwar 20 000 Italiener, aber auch 40 000 Münchner – das war gegenüber den ersten WM-Spielen in anderen Städten eine stolze Zahl.

Haiti enttäuschte seine Freunde nicht. Mit großem Mut, technischem Können und erstaunlichem Verständnis im taktischen Bereich trat Haiti dem Giganten gegenüber. Aufgemuntert von ihrem berüchtigt-exotischen Staatschef Duvalier („Baby Doc"), der den Spielern vor dem Kampf noch einmal die Ehre der Nation ans Herz legte und eine dicke Zusatzprämie versprach, begegneten die Haitianer Italien auf italienisch: Sie stellten sich hinten rein und bemühten die im massiven Angriffsspiel ungeübten Italiener nach vorn. Den „Azzurri" blieb nichts anderes übrig. Sie hatten nur zwei richtige Stürmer aufgeboten und wollten damit Haiti zur Offensive ermuntern. Aber Haiti fiel auf dieses Signal nicht herein. Italien mußte sich schon selbst im Angriff versuchen. Italien kam auch, aber zunächst ohne Erfolg. Der katzengewandte Haiti-Torwart Francillon hielt großartig.

Eine Minute nach der Pause führte Haiti 1 : 0. Der Stürmer Sanon hatte von Vorbe einen Paß aufgenommen, Verteidiger Spinosi überlaufen und Torwart Zoff umspielt. Zoff, der 1141 Minuten ohne Länderspieltor geblieben war, gegen den die gesamte Weltklasse, einschließlich des Weltmeisters Brasilien und des Europameisters Deutschland vergebens angerannt war, war geschlagen.
Aber ein zweites Nordkorea, wie 1966, als das ruhmreiche „Azzurri"-Team gegen die unerfahrenen Asiaten ausschied, gab es nicht. Wenn Italien aber am Ende dennoch 3 : 1 gewann, dann lag dies nicht an einer Steigerung gegenüber der ersten Halbzeit, sondern am Zusammenbruch der Kondition des tapferen Gegners Haiti.

Spielort: München
Zuschauer: 60 000
Italien: Zoff, Spinosi, Facchetti, Morini, Burgnich, Benetti, Mazzola, Capello, Rivera, Chinaglia (ab 78. Min. Anastasi), Riva
Haiti: Francillon, Bayonne, Jean Joseph, Nazaire, Auguste, Francois, Vorbe, Antoine, Desir, Sanon, Saint Vil (ab 46. Min. Barthelmy)
Schiedsrichter: Llobregat (Venezuela)
Tore: 0 : 1 Sanon (46. Min.), 1 : 1 Rivera (52. Min.), 2 : 1 Benetti (66. Min.), 3 : 1 Anastasi (78. Min.)

Lachend gratuliert Dino Zoff seinem Bezwinger Sanon. 1141 Länderspiel-Minuten blieb Italiens Torwart ungeschlagen. Ausgerechnet ein Stürmer des Fußballzaungastes Haiti beendete diese Serie. Immerhin sei er nun wieder ein „normalsterblicher Torwart“ meinte Zoff nach dem Treffen

Gruppe IV Argentinien – Italien 1 : 1 (1 : 1)

Offensivfußball made in Argentinien

Eigentlich hatte sich Argentiniens Trainer Ladislao Cap den Stil seiner Elf anders vorgestellt. Er hatte eine Mannschaft nach Europa mitgebracht, die ausschließlich defensiv operieren sollte, die einzig auf den schnellen Reißer Ayala zugeschnitten schien, der für seine Kontervorstöße viel Raum braucht.

Doch nachdem das erste Spiel gegen Polen 2 : 3 verlorengegangen war, mußte Argentinien gegen Italien auf totale Offensive umstellen. Und siehe da: der Angriffsschwung hatte einen Glanz, wie ihn Argentinien nie zuvor bei einer WM ausstrahlen konnte; aus der gefürchteten, überhart spielenden Defensivmannschaft war ein überzeugendes Offensiv-Team geworden.

Trainer Cap hatte den Filigran-Techniker Brindisi nicht mehr aufgestellt, im Angriff und im Mittelfeld spielten nur noch gelernte Stürmer. Von den genialen und entschlossen geschlagenen Pässen Babingtons geführt, bestürmten Ayala, Houseman, Kempes und Yazalde den italienischen Catenaccio, so daß die 30 000 italienischen Schlachtenbummler schon bald deprimiert verstummten.

Dabei stürmten die Argentinier keineswegs zu wild. Immer wieder gaben sie Rückpässe, um den Angriff neu zu ordnen, wenn er sich einmal festgerannt hatte, und verhinderten dadurch gefährliche italienische Konterschläge, die ja ausschließlich von abgefangenen gegnerischen Fehlpässen leben.

Die Italiener, die anfangs Manndeckung bevorzugten, verloren immer wieder die Orientierung, weil die argentinischen Stürmer ständig ihre Positionen wechselten und dadurch freie Räume für nachrückende Abwehrspieler schufen.

Es war eine Freude, diesen klugen und balltechnisch brillanten Südamerikanern zuzuschauen. Ein Jahrzehnt weltweiter Fußball-Frustration, hervorgerufen durch den erfolgreichen, langweiligen Catenaccio, schien vergessen, als Houseman nach einem fabelhaften Paß von Babington den Ball in der Luft annahm und ebenso geschickt wie wuchtig ins italienische Tor schoß.

Doch die Konzentration der argentinischen Stürmer ließ nach, nachdem Verteidiger Perfumo bei einer unglücklichen Abwehr mit einem Eigentor den Italienern den Ausgleich bescherte. Der Schock lähmte zwar nicht den Angriffswillen der Argentinier, aber er schlug auf die Nerven. Wohl waren sie in Zweikämpfen den erfahrenen Italienern auch weiterhin überlegen, aber sie hatten nun nicht mehr die notwendige Konzentration für ihre Offensive. Immer mehr ersetzten sie die Idee durch Willenskraft und rannten sich damit im Abwehrriegel der Italiener fest.

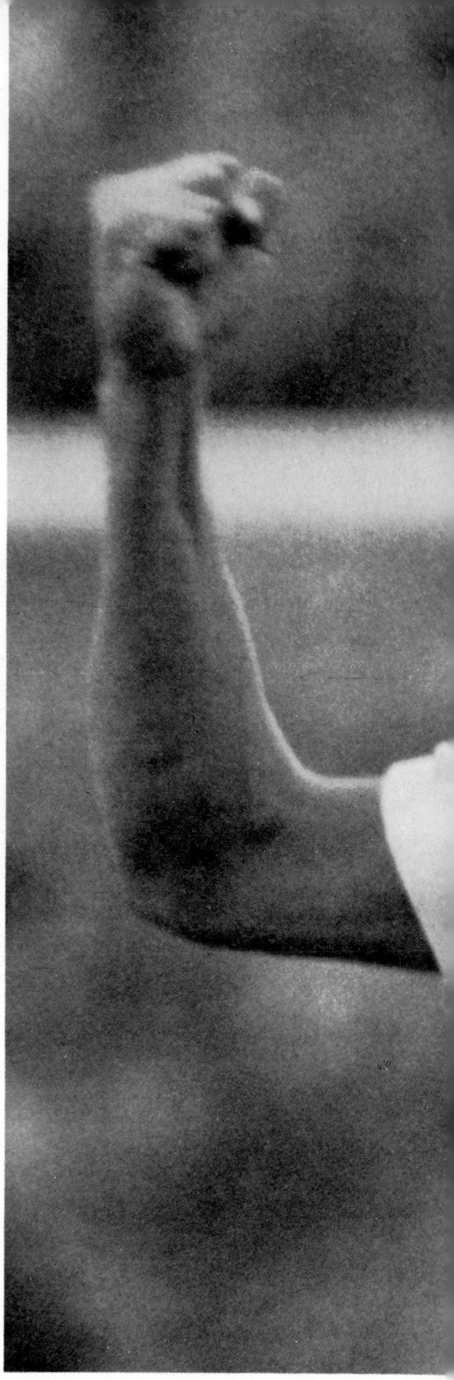

Mit einem wuchtigen Volleyheber durch René Houseman ging Argentinien gegen Italien mit 1 : 0 in Führung. Doch die Südamerikaner konnten den Vorsprung nicht halten, Italien glich noch einmal aus – durch Perfumos Eigentor

Dennoch mußte Italiens Trainer Ferruccio Valcareggi hinterher zugeben, daß Italien mit diesem 1 : 1 viel Glück hatte, und Pietro Anastasi gestand, daß ihn nach dem Führungstor der Argentinier eine Angst befallen hätte, die er bis zum Schluß nicht mehr losgeworden war.
In diesem feurigen Kampf geriet ein Ereignis beinahe zum unbedeutenden Nebenaspekt, das im Grunde eines eigenen Dramas würdig gewesen wäre: der Abgang Gianni Riveras, des „Göttlichen". Der besondere Liebling italienischer Fußball-Tifosi ließ sich in der 67. Minute auswechseln. Er ist rundlich und unbeholfen geworden, in diesem Spiel stolperte er sogar über die eigenen Füße. In seinem 32. Lebensjahr vollzieht sich das unrühmliche Ende einer glanzvollen Karriere.
Der Abgang Riveras schien nach dem Stuttgarter 1 : 1 ein Spiegelbild vom Ende der großen Ära des italienischen Fußballs zu sein. Der Catenaccio, das Abwehrspiel mit nur zwei auf Konterschläge lauernden Stürmern, hatte an Wirkung gegenüber früheren Jahren verloren. Der ständige Kampf „einer gegen alle" verschleißt italienische Stürmer schneller als die Angriffsspieler offensiver Mannschaften.
In Stuttgart mußten die Mittelfeldspieler Mazzola, Capello, Rivera und Benetti ihre beiden Sturmspitzen Riva und Anastasi läu-

Der Torschütze bricht in Jubel aus. Glänzende Augen, geballte Fäuste, momentaner Ausdruck unbändiger Freude. – Den 20jährigen Houseman wird man 1978 bestimmt wiedersehen, wenn die WM in seiner Heimat stattfindet

1

ferisch unterstützen. Die zusätzliche Laufarbeit, die früher nicht nötig war, ermüdete die älteren Spieler noch mehr und entblößte gleichzeitig die Abwehr, wenn der Gegner in Ballbesitz kam und konterte.
„Ich bin stolz", sagte hinterher Argentiniens Trainer Cap, „daß meine Mannschaft mit ihrem mutigen und fairen Spiel in Europa endlich zu jener Ehre gekommen ist, die Argentiniens Fußball schon längst verdient hätte."
Italien hatte in Stuttgart sein Soll erfüllen können, aber die Zuschauer waren nach dem 1 : 1 sicher, daß der WM-Favorit Italien bei diesem Turnier bald „aussteigen" werde, eine Tatsache, für die außerhalb Italiens niemand Mitleid haben würde. Man hatte nach 15 Jahren Catenaccio die Strategie des Mauerns einfach satt.

Spielort: Stuttgart
Zuschauer: 73 000
Argentinien: Carnevali, Wolff (ab 61. Min. Glaria), Perfumo, Heredia, Sa, Telch, Babington, Houseman, Ayala, Yazalde (ab 78. Min. Chazarreta), Kempes
Italien: Zoff, Spinosi, Facchetti, Morini (ab 67. Min. Causio), Burgnich, Benetti, Capello, Mazzola, Rivera (ab 67. Min. Wilson), Anastasi, Riva
Schiedsrichter: Kasakow (UdSSR)
Tore: 1 : 0 Houseman (19. Min.), 1 : 1 Perfumo (Eigentor, 35. Min.)

2

3

Schicksale

1 Mazzola gestürzt, Italien am Boden, Denkmal eines sterbenden Kriegers? Mazzola erhob sich wieder, Italien spielte noch 1 : 1, ein Niedergang der glanzvollen „Squadra Azzurra" aber war unverkennbar

2 In der 67. Minute holte Trainer Valcareggi den „göttlichen" Rivera vom Platz. Was sich bereits beim Cup-Finale AC Milan gegen den 1. FC Magdeburg abzeichnete, ist Wirklichkeit geworden. Eine große Fußballkarriere ist zu Ende gegangen

3 Torwart Carnevali wird Roberto Alfredo Perfumo (Nr. 14) nach seinem Eigentor nicht gerade zum Ritter schlagen. Immerhin will der argentinische Keeper die Entschuldigung seines „Bezwingers" entgegennehmen

Gruppe IV

Haiti – Polen
0 : 7 (0 : 5)

Polen schießen sich ein

Daß Haiti gegen Polen verlieren würde, das war den 20 000 Münchner Haiti-Freunden und den Experten von vornherein klar. Es erwies sich im Fall Haiti wie im Fall Zaire, daß die Fußball-ABC-Schützen der Dritten Welt, die im ersten Spiel noch einiges Verständnis für moderne Taktiken gezeigt hatten, doch Mühe haben, diese Systeme im Kopf zu behalten. Es wird noch eine Weile dauern, bis auf den Fußballplätzen dieser Länder mit dem Gehirn ebenso gut gearbeitet wird wie mit den Beinen.

So vergaß Haiti, das gegen Italien so mutig und geschickt gespielt hatte, in der Partie gegen Polen alle Regeln konsequenter Dekkung. Nur eine Viertelstunde funktionierte die Abwehr, dann spazierten die schnellen polnischen Stürmer durch den Strafraum, ohne besondere „Feindberührung". Lato und Deyna schossen innerhalb von zwei Minuten die 2 : 0-Führung heraus, und damit verschwanden die letzten Reste haitianischer Spielorganisation. Die Nerven der Spieler waren noch zu empfindsam.

„Nach dem Spiel gegen Italien waren wir alle in Hochstimmung. Der Ausschluß von Ernst Jean Joseph hat die Seelen unserer Spieler zutiefst erschüttert", sagte Haitis Trainer Tassy. Jean Joseph hatte vor dem Spiel gegen Italien das Aufputschmittel Preludin geschluckt und war später bei der Doping-Kontrolle überführt worden.

Somit hatten die Polen leichtes Spiel. Mit herrlichen Pässen über die Flügel und in den freien Raum führten sie die armen Haitianer an der Nase herum und hätten ohne Schwierigkeiten zweistellig gewinnen können, wenn sie es ernsthaft versucht hätten. „Ich hatte nur ein 3 : 0 oder 4 : 0 erwartet", sagte Trainer Gorski.

Seine Mannschaft genoß sichtlich die Atmosphäre des Münchner Olympiastadions, der Stätte ihres größten Triumphes. In diesem Stadion waren die Polen zwei Jahre zuvor im Finale gegen Ungarn Olympiasieger geworden.

Spielort: München
Zuschauer: 20 000
Haiti: Francillon, Bayonne, Nazaire, Andre, Auguste, Francois, Vorbe, Desir, Antoine, Sanon, G. Saint Vil (ab 46. Min. Racine)
Polen: Tomaszewski, Szymanowski, Zmuda, Gorgen, Musial (ab 72. Min. Gut), Kasperczak, Maszczyk (ab 65. Min. Cmikiewicz), Deyna, Lato, Szarmach, Gadocha
Schiedsrichter: Suppiah (Singapur)
Tore: 0 : 1 Lato (17. Min.), 0 : 2 Deyna (18. Min.), 0 : 3 Szarmach (30. Min.), 0 : 4 Gorgen (32. Min.), 0 : 5 Szarmach (35. Min.), 0 : 6 Szarmach (50. Min.), 0 : 7 Lato (87. Min.)

1

1 Es war nur Wasser, was Auswechselspieler Brindisi nach dem 4 : 1 gegen Haiti trank. Sicherlich wäre Sekt besser gewesen, da Argentinien mit diesem Sieg doch noch die zweite Finalrunde erreichte

2 Der argentinische Spielführer Wolff gratuliert Emmanuel Sanon. Haiti kam nur, um zu lernen, wie es hieß. Sanon schoß zwei Tore und bekam dafür einen Vertrag beim belgischen Zweitliga-Club Antwerpen

2

Gruppe IV

Argentinien – Haiti 4:1 (2:0)

Argentinier weinten vor Freude

Jubel im Münchner Olympiastadion! Argentiniens Stars lagen sich schluchzend und lachend zugleich in den Armen. Durch den 4 : 1-Sieg über Haiti und die Niederlage der Italiener gegen Polen stand ihre Teilnahme an der zweiten Finalrunde fest. Lange hatten die Argentinier an diesem Tag um ihren Sieg zittern müssen, denn Haitis Spieler wollten sich vom Publikum – und von dieser Weltmeisterschaft – mit einer großen kämpferischen Leistung verabschieden.

Aus dem 0 : 7-Debakel gegen Polen hatten sie gelernt (Trainer Tassy: „Wir laufen nicht noch einmal ins offene Messer"). Deshalb versuchten die dunkelhäutigen Spieler, den Ball zu halten, das Tempo zu drosseln, um auf diese Weise Argentinien nicht ins Spiel kommen zu lassen. Zunächst mit Erfolg, denn die Südamerikaner starteten konfus, sie kamen mit der unerwarteten Taktik der Haitianer nicht zurecht.

Ayalas Schuß über die Querlatte in der 13. Minute war wie ein Startzeichen: Das Kesseltreiben gegen Haitis Torwart Francillon begann. Yazalde und Houseman sorgten bis zur Halbzeit für das 2 : 0, ein Ergebnis allerdings, mit dem die Südamerikaner sich keineswegs zufrieden geben durften.

Dennoch begann Argentinien die zweite Halbzeit ausgesprochen müde – fast lahm. Erst als klar wurde, daß Haiti nun auf Konterchancen lauerte und Racine mit einem Gewaltschuß diese Absicht andeutete, wachte Argentinien zum zweitenmal in diesem Spiel auf. Das wichtige dritte Tor ließ bei diesem Angriffsschwung nicht lange auf sich warten: Ayala war der Torschütze. Bevor Yazalde mit einem Bombentor den Schlußpunkt unter das Spiel setzte, hatte Haiti mit dem Bemühen Erfolg, sich von der Münchner Weltmeisterschaftsbühne einen achtbaren Abgang zu verschaffen. Mit dem schönsten Tor des Tages – einem Schuß aus 25 Metern Entfernung – verbesserte Sanon sein Gesamttorekonto auf immerhin zwei Treffer.

Argentinien war weitergekommen, aber Haiti hatte bewiesen, daß es zumindest zeitweise beim Turnier der Großen mithalten konnte.

Spielort: München
Zuschauer: 18 000
Haiti: Francillon, Ducoste, Bayonne, Nazaire (ab 25. Min. M. J. Leandre), Louis, P. Vorbe, Desir, G. Saint Vil (ab 53. Min. F. Leandre), Antoine, Racine, Sanon
Argentinien: Carnevali, Wolff, Perfumo, Heredia, Sa, Babington, Telch, Houseman (ab 56. Min. Brindisi), Yazalde, Ayala, Kempes (ab 53. Min. Balbuena)
Schiedsrichter: Sanchez-Ibanez (Spanien)
Tore: 1 : 0 Yazalde (15. Min.), 2 : 0 Houseman (19. Min.), 3 : 0 Ayala (56. Min.), 3 : 1 Sanon (64. Min.), Yazalde (68. Min.)

Pietro Anastasi kämpft. Vizeweltmeister Italien bäumt sich gegen die drohende Niederlage gegen Polen auf, die das vorzeitige Ausscheiden bedeuten würde

1

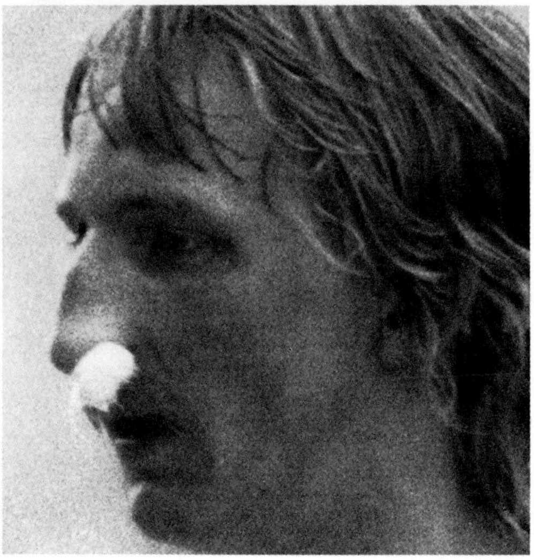

2

3

Gruppe IV

Polen – Italien 2 : 1 (2 : 0)

Untergang mit fliegenden Fahnen

Italien hätte nur ein 0 : 0 halten müssen, ein Unentschieden hätte den Abwehrspezialisten zur Qualifikation genügt. Aber zur Überraschung der 35 000 italienischen Schlachtenbummler begann Italien mit einer gewaltigen Offensive.
Zwei große Torchancen in den ersten Minuten schüttelte die polnische Abwehr arg durcheinander. Die Italiener ließen auch dann nicht vom Angriff ab, als nach einer Viertelstunde den Polen erstmals gefährliche Gegenangriffe gelangen. Noch nie hatte man eine italienische Mannschaft so mutig und beherzt angreifen sehen. Aber ein Erfolgserlebnis war nicht ihnen, sondern den Polen beschieden. Mit herrlichen Pässen spurteten sie durch die italienische Abwehr, hervorragend geführt von Mittelfeldspieler Deyna. Ein Kopfball von Mittelstürmer Szarmach und ein Weitschuß von Deyna bescherte den Polen bis zur Halbzeit eine verdiente 2 : 0-Führung.
Nach der Pause nahm Italiens Trainer Valcareggi Chinaglia heraus und stellte Boninsegna in die Angriffsspitze. Valcareggi glaubte, daß Boninsegna im bevorstehenden Belagerungsspiel vor dem polnischen Tor der bessere Wühler sei als Chinaglia. Aber der Belagerungszustand fand nicht statt. Die Italiener bekamen das Spiel nicht mehr in den Griff.
Mazzola, der in der ersten Halbzeit sehr viel für den Angriffsschwung seiner Elf getan hatte, spürte nun die Last seiner 32 Jahre. Die Initiative blieb weiterhin meist bei den Polen. Mit ihrem ebenso athletischen wie intelligenten Bewegungsspiel hatten sie sich eindrucksvoll eine Favoritenstellung für die zweite Finalrunde verschafft, auch wenn sie in der Schlußphase dieses Spiels durch Nachlässigkeiten den Gegner noch einmal auf 1 : 2 herankommen ließen.
„Eine ganz große Mannschaft", lobte Valcareggi nach dem Spiel die Polen. Aber die Fans konnten diese Entschuldigung des italienischen Trainers nicht akzeptieren.
Als Italiens Stars nach dem Spiel in den

4

1 Tarcisio Burgnich, Abwehrrecke aus Inter Mailands und Italiens großer Zeit, schied verletzt aus. Der Italiener war mit 36 Jahren der älteste Spieler des Turniers

2 Andrej Szarmach, Polens Goalgetter auf dem Mittelstürmerposten, hat einen Schlag auf die Nase bekommen. Watte stillt das Blut

3 Polens schnelle Spitzen rissen die italienische Abwehr immer wieder auf. Hier köpft Szarmach (links) zum ersten Tor für Polen ein, obwohl er von Morini abgeblockt wurde

4 Auge in Auge stehen sich Jan Tomaszewski und Franco Causio gegenüber. – Ein starkes Teleobjektiv sorgte für diese Perspektive

5 Pose eines Siegers: Teufelskerl Jan Tomaszewski, „Held von Wembley", polnischer Torsteher, jederzeit an seinem ledernen Stirnband erkennbar

Bus stiegen, wurden sie bespuckt und beschimpft. Mit den Stöcken ihrer Fahnen schlugen die Fans auf das Fahrzeug ein, die Windschutzscheibe ging zu Bruch. Mazzola, der über weite Strecken, unbelastet von seinem ständigen internen Kontrahenten Rivera, wie befreit aufspielte, nahm die Niederlage gelassen hin: „Ich weiß nicht, was die Leute zu Hause sagen werden. Fest steht, wir haben gekämpft und gut gespielt. Man muß sich eben daran gewöhnen, daß nicht nur immer die italienische Mannschaft gewinnt . . ."

Spielort: Stuttgart
Zuschauer: 73 000
Polen: Tomaszewski, Szymanowski, Gorgen, Zmuda, Musial, Kasperczak, Deyna, Maszczyk, Gadocha, Szarmach (ab 77. Min. Cmikiewicz), Lato
Italien: Zoff, Spinosi, Facchetti, Benetti, Burgnich (ab 34. Min. Wilson), Morini, Causio, Mazzola, Capello, Anastasi, Chinaglia (ab 46. Min. Boninsegna)
Schiedsrichter: Weyland (Deutschland)
Tore: 1 : 0 Szarmach (39 Min.), 2 : 0 Deyna (44. Min.), 2 : 1 Capello (86 Min.)

5

Edgar Fuchs

Das Geheimnis lag nicht im Kochtopf...

Sie haben kein Affensteak gegessen. Das muß erwähnt werden, denn vor der Weltmeisterschaft begann fast jede Geschichte über die Fußballer aus Zaire mit dem Hinweis, sie würden sich von Pavianen und Schimpansen ernähren. Affen verspeisen, als eine Verfeinerung des Kannibalismus. Ob die Öffentlichkeit nun auch tatsächlich nach Nachrichten aus dem Kochtopf hungerte oder nicht – ein Reporter machte sich daran, klammheimlich sieben im Keller des Hotels Jagdschlößchen zu Ascheberg, Kreis Lüdinghausen, lagernde Kisten zu öffnen. Er konnte weitere Gerüchte nicht mehr nähren, denn er fand nur Fisch, das war kein Fleisch für eine Meldung.

Immerhin drang die Kunde von der Spionage vor bis zu Zaires Staatspräsidenten Mobutu, der sofort zwei Geheimpolizisten abkommandierte, die Lebensmittelvorräte zu bewachen. Und durch die Hoteltür kam kein Berichterstatter mehr. So wurde denn auch nie geschrieben, daß in Ascheberg tatsächlich zweimal afrikanisch gekocht wurde. Es gab Pampas und Fufu, beidemal Fisch, einmal als Brei und einmal als Suppe. Einmal noch machten die Männer aus Zaire Schlagzeilen. Es hieß, sie wollten gegen Brasilien nicht mehr antreten, nachdem sie gegen Jugoslawien 0 : 9 unterlegen waren. Die Streikdrohung hat es tatsächlich gegeben. Doch nicht wegen der höchsten Niederlage des Turniers wollten die Afrikaner ins Abseits. Es war keine Frage der Tore, sondern des Taschengeldes. Den Spielern standen 120 Mark pro Tag zu, doch ihr jugoslawischer Trainer Blagoje Vidinic hatte den Anspruch auf Geld verschwiegen. Vor dem Spiel gegen Brasilien bekamen die Spieler jedoch Wind davon und übten passiven Widerstand. Sie wollten keinen Fuß ins Gelsenkirchener Stadion setzen, ehe sie nicht Bargeld in den Taschen hatten. Erst als Sportminister Sampasa Kaweta Milombe anreiste und die Auszahlung versprach, war die WM gerettet – das Spiel mußte nicht aus dem Programm gestrichen werden.

Der Erfolg der Zusage war nützlich – immerhin verlor Zaire nur 0 : 3 gegen den Weltmeister. Das Spiel fand am 50. Tag seit der Abreise aus Kinshasa statt. Jeder bekam am Abend 6000 Mark in Scheinen zugesteckt. Die Weltmeisterschaft hatte für sie wieder einen Sinn bekommen. Der lag freilich weit weg von Technik, Tor und Taktik: er lag hinter der Tür eines Geschäftes für Elektrowaren, ein paar Schritte vom Hotel entfernt.

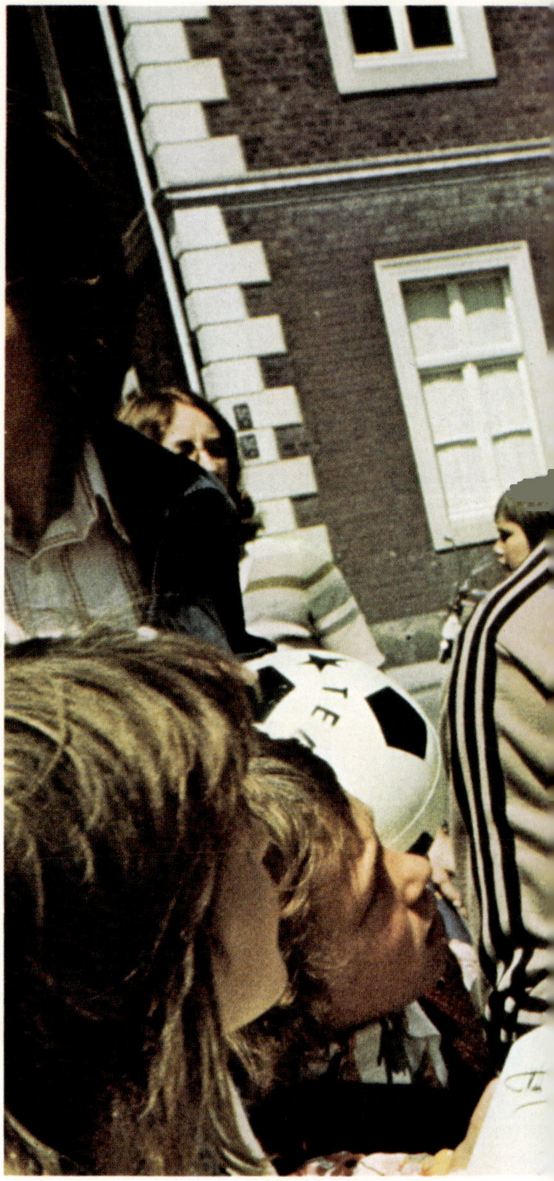

Zaires Spieler fühlten sich wohl in Ascheberg

Fußball ist unser Leben! Schwarze Schönheiten im Gefolge von Zaire

Es konnte seine Lager fast total räumen. Cassettenrecorder, Stereoanlagen, Fernsehgeräte wurden gekauft, an einem einzigen Vormittag mehr als sonst in einem Jahr. Übrig blieben zum Schluß praktisch nur mehr Farbfernseher. Und das auch nur, weil sich Präsident Mobutu noch nicht entschieden hat, mit welchem System er die Welt für seine Untertanen bunter machen wird, mit „PAL" oder „Secam".

„Die waren nicht dumm, die kannten sich selbst in den schwierigsten Gebieten der Elektrotechnik aus", sagte Manfred Krebber, ein Schiedsrichter aus Seppenrade, den der DFB als Betreuer der Afrikaner abgestellt hatte. „Doch sonst waren sie die reinsten Kinder", stellte Krebber fest und führte als Beispiel Mulamba Ndaie an. Der 26jährige Beamte vergoß am Abend des 18. Juni bittere Tränen. Er hatte allen Grund dazu. Seine Mannschaft hatte Stunden zuvor 0 : 9 verloren, er war vom Platz geflogen, weil er den Schiedsrichter getreten hatte, statt ihn nur einen Idioten zu heißen, wie das auf europäischen und südamerikanischen Plätzen oft genug vorkommt. Doch deswegen weinte er nicht. Die Fotos, die Ndaie am Tag vorher zum Entwickeln gebracht hatte, waren noch nicht fertig. „Ich habe ihm zwei Tafeln Schokolade geschenkt, da war er wieder zufrieden", erinnert sich Krebber. Die so wiederhergestellte Ausgeglichenheit hielt allerdings nur bis zum anderen Morgen vor. Ndaie wurde von Kaufwut überfallen und ließ sich für 6000 Mark Schuhe und Lederwaren einpacken. Für ihn war die Weltmeisterschaft an diesem Tag zu Ende, für die anderen am 23. Juni. Einen Tag nach dem 0 : 3 gegen Brasilien reisten sie ab nach Kinshasa. Präsident Mobutu hatte sie zurückbefohlen. Nicht, um sie zu maßregeln, sondern um sie an den Feiern zum 14. Jahrestag der Unabhängigkeit teilhaben zu lassen. Aus diesem Anlaß kündigte der Präsident an, 48 Personen öffentlich hinrichten zu lassen. Drei Wochen, nachdem hierzulande Reporter geglaubt hatten, die Geheimnisse Afrikas seien im Kochtopf zu entdecken . . .

Denkformen und Gebräuche sind also afrikanisch oder sogar spezifisch kongolesisch geblieben. Daß aber auch Mobutu den Stellenwert des Sports für das Selbstverständnis seines Staates und seiner Hautfarbe erkannt hat, beweisen nicht nur die Erfolge seiner Fußballer. Am 30. September kämpfen die US-Schwarzen Clay und Foreman im kongoschwarzen Kinshasa um den Weltmeistertitel im Schwergewicht.

Schlachtenbummler aus Zaire. Auf ihrem Hemd tragen sie ein Konterfei von Präsident Mobutu

Der Phantast hatte von seinen Spielern den Weltmeistertitel erwartet

1

2

3

Richard Kirn

Der Lagerkoller von Malente

In der Mitte des Monats Juni drangen Gerüchte nach draußen, in Malente, dem Ort, in dem die verwöhnten Lieblinge der Nation, mit anderen Worten, ihre auserwählten Fußballkämpen ihr Trainingslager bezogen hatten, gehe es nicht mehr ganz geheuer zu. Ja, es wurden förmlich über Nacht Vermutungen herumgetragen, dort breite sich nicht nur Mißstimmung aus. Sie beruhten auf dem Umstand, daß es ein ganz und gar trübseliges Leben sei, immer nur das Spiel mit dem Ball zu betreiben „und sonst gar nichts", wie Bert Brecht sich ausgedrückt hätte.

Und dies alles im Angesicht durchaus nobler und teurer Zuwendungen, die den Spielern nicht nur für den Fall von Erfolgen versprochen waren. Die höchste Summe betrug 60 000 Mark, kein Pappenstiel, wie man zugeben wird. Aber es schien, daß das Mißbehagen höher war, als alle materiellen Verheißungen. Um es noch deutlicher zu sagen: Die Aristokraten des Balls sehnten sich nach ihren Frauen. Manche waren noch nicht lange verheiratet, so konnte man ihnen die Gedanken von der Stirn ablesen. Um alles auf Erden, warum sollten sie nicht die jungen Frauen empfangen dürfen, Training hin und Training her; im Monat der Rosen und des Rittersporns wollten sie ganz einfach ihre Liebste bei sich haben, wenn auch nur auf kurze Zeit. Sie sahen durchaus ein, die jungen, kraftvollen Mannsbilder, daß zu einer Quarantäne auch die Abstinenz gehöre, nur eben: mußte sie denn wirklich so hart sein?

Als die Meldungen nach draußen drangen, und das Draußen heißt ganz einfach die Massenmedien, war die Reaktion des Volkes zwiespältig. Die einen sagten, warum denn nicht, die anderen, die in der Mehrzahl waren, fragten, was denen da oben

4

6

5

7

eingefallen sei. Was hätten denn in all den Zeiten die Schiffskapitäne und ihre Besatzungen sagen sollen, die oft viele Wochen ihre Frauen allein lassen müssen, die Forscher jeglicher Art, die Monteure von Weltfirmen, die auf weite Reisen gehen, und, um nur noch diese zu nennen, die Ruderer, die sich für harte Monate feierlich zur Enthaltsamkeit verpflichten müssen?

Von Helenio Herrera, seines ungeselligen Wesens wegen bekannt, kennt man den Ausspruch: „Was, Bankette? Nichts da. Wenn ihr mal 30 seid, ja. Bis dahin müßt ihr das viele Geld, das ihr bekommt, auch verdienen!“

Beckenbauer, einer der begabtesten Spieler der deutschen Nation, murrte, so langsam falle ihnen allen die Decke auf den Kopf.

Ein banaler Ausspruch, eigentlich schon ein bißchen verschlissen. Nur einer der gesammelten Aussprüche aus dem Malenter Katalog sei zitiert: „Fußball allein verblödet“, geprägt von dem Torwart Norbert Nigbur. Es wurde dann dieses und jenes getan, Ausflüge, Theaterbesuche, das harte Training gedämpft. Helmut Schön schien sich zu sagen, man könne über vieles reden, nur müsse die Kirche im Dorf bleiben.

Es scheint, daß sich der sogenannte Aufstand legte, als auch die Frauen kommen durften, wenn auch nur zu kurzem Besuch. 1958, beim Weltturnier in Schweden, durften die Franzosen ihre Frauen kommen lassen, es war die Belohnung für ein gutes Abschneiden, das alle Hoffnungen übertroffen hatte. Am nächsten Tag besiegten sie im Kampf um den dritten Platz die deutsche Mannschaft 6:3. Eines scheint sich nicht für alle zu schicken, wofür das 0:1 gegen die Deutsche Demokratische Republik Zeugnis ablegt.

1 Malente, für drei Wochen Deutschlands heimliche Hauptstadt

2 Mittelfelddiskussion: von links: Hoeness, Wimmer, Overath, Netzer

3 Im Training kannten die deutschen Spieler keine Startschwierigkeiten

4 Unterhaltung mit weiblichen Personen war erlaubt: Franz Beckenbauer mit einer schwedischen Journalistin

5 Nur Fliegen ist schöner . . . Gerd Müller und Bernd Hölzenbein im Rettungshubschrauber

6 Ein Sonderzug brachte die Lieblinge der Nation von Hamburg nach Berlin zum Spiel gegen Chile

7 Lachend biegt sich Helmut Schön den Kölner Wolfgang Overath im Training zurecht

Sachen gibt's, die gibt's gar nicht

Z. B. schottische Spieler beim Bade, im Adamskostüm fotografiert. Was für die Spieler des FC Bayern München im vergangenen Jahr ein Sakrileg war, muß dies für die Schotten noch lange nicht sein. Immerhin war es kein geringerer als Premier Harold Wilson, der „seine“ Spieler begrüßte. Publicity muß schließlich sein

Z. B. Sepp Maier verkehrt auf dem Pferd. Der Münchner gilt als Alleinunterhalter und Spaßvogel Nummer eins in der Nationalmannschaft. Man sagt ihm Ähnlichkeit mit dem großen Karl Valentin nach. Wenn „Der Sepp“ im Tor steht, hat er allerdings keine Zeit, linksherum zu denken

Ritt 1,50 DM

Walter Lutz

„Für mich war es ein Spiel wie jedes andere"

Die Auserwählten

Der Bundeskanzler, sieben Minister, 900 Ehrengäste und 60 000 Zuschauer, darunter nicht einmal 2000 aus der Deutschen Demokratischen Republik, dazu 1000 Polizisten, 100 Kriminalbeamte, Reiter- und Hundestaffeln, sogar 200 Mann Verstärkung aus Bremen zugezogen, und 600 Journalisten aus aller Welt waren in diesem „historischen" Augenblick zum „Superspiel", zum „deutschen Spiel des Jahrzehnts" gekommen. So jedenfalls wurde das Spiel in den Zeitungen etikettiert.

Leitartikler griffen zur Feder und spielten ein Turnierspiel zweier Fußball-Ländermannschaften zu einem Politikum hoch, die kalten Krieger hatten wieder heiße Stunden, und die Fernsehkommentatoren krümmten und wanden sich und gaben unterkühlte Distanz und vorsichtige Neutralität vor.

In einem hochangesehenen Blatt las ich auch etwas erstaunt, es sei „leider eben doch so, daß der SED-Staat dieses Spiel wie eine Schlacht zwischen Sozialismus und Kapitalismus empfindet." Zwei Tage zuvor hatten, das war gewiß pikant, die „Ständigen Vertreter" beider Teile des geteilten Landes ihre Beglaubigungsschreiben überreicht.

Ich muß gestehen und entschuldige mich tunlichst: Es war für mich kein historischer Augenblick, nicht einmal ein „sporthistorischer". Die Bundesrepublik und die DDR – und ich nehme mir auch die Freiheit, die drei Buchstaben DDR nicht in Anführungszeichen zu setzen – sind sich, mit Verlaub gesagt, im Laufe der Jahre und der Zeit der Trennung schon wiederholt an internationalen Wettkämpfen gegenübergestanden, verschiedentlich auch an der Eishockey-Weltmeisterschaft, so beispielsweise schon 1961 in Genf, als das Fernsehen auch dabei war und es zu einem der damals noch üblichen Flaggen-Zwischenfälle kam.

Und ich entschuldige mich weiter: Es war für mich kein „Bruderkampf", sondern ein Spiel wie jedes andere der insgesamt 38 dieser Fußball-Weltmeisterschaft: Es gab zwei Punkte für den Sieger und null Punkte für den Verlierer. Darüber hinaus hatte es der Zufall gefügt, daß eindreiviertel Stunden vor dem Anpfiff feststand, daß beide Mannschaften von Hamburg für die zweite Finalrunde qualifiziert sein würden.

Und ich muß bekennen: Ich habe an dieser Weltmeisterschaft, vor und nach dem denkwürdig sein sollenden Spiel von Hamburg, zahlreiche Treffen erlebt, die hinsichtlich Stimmung und Atmosphäre viel mehr boten. Da befinde ich mich übrigens in guter Gesellschaft. Der abgewählte Präsident des internationalen Fußball-Verbandes (FIFA), Sir Stanley Rous, erklärte nach dem Spiel: „Ich bin von der Atmosphäre des Spiels sehr enttäuscht."

Als die Mannschaften aufs Spielfeld kamen, wurden sie artig begrüßt vom Publikum und auch mit Beifall bedacht. Einem Beifall, der teils gönnerhaft, teils wohlwollend, teils mitleidvoll wirkte, aber auf alle Fälle so ausfiel, wie es sich für einen anständigen Gastgeber geziemt.

Dann die Hymnen, dann das Spiel. Ein normales Fußballspiel, nichts mehr und nichts weniger. Wie überall in der Welt feuerten die Zuschauer „ihre" Mannschaft an, und wie überall in der Welt wurden Rückgaben des Gegners an den Torhüter, Fehlzuspiele oder Fehlschüsse mit Pfiffen quittiert. Der ostdeutsche Block, zahlenmäßig unterlegen im Verhältnis von etwa 15 : 600, hatte auch seine Art, sich dafür zu revanchieren. Die Sprechchöre: „Üben! Üben!" wirkten hämisch, wenn den Bundesdeutschen Fehler unterliefen. Aber das war die einzige Möglichkeit für den auf den Tribünen so viel schwächeren Gast, sich vernehmen zu lassen und Gleiches mit Gleichem zu vergelten.

Nach der Pause, als das bundesdeutsche Spiel zu verflachen begann und sich zeigte,

Für einen Tag zum Zuschauen zugelassen, vom Betriebsrat wegen besonderer Verdienste vorgeschlagen, traten sie nur in Gruppen auf, zurückhaltend, aber selbstbewußt

daß die DDR-Fußballer ihr Spiel besser organisiert hatten, daß sie sich taktisch geschickter verhielten, wurde das Publikum ungeduldig.
Und dann kam das Tor, daß alle Bundesdeutschen, man sah's sogar an den versteinerten Gesichtern auch auf der Pressetribüne, so sehr bedrückte.
Die DDR hatte 1 : 0 gewonnen, ausgerechnet im Bruderkampf, ausgerechnet in Hamburg, ausgerechnet an der Weltmeisterschaft, ausgerechnet im Fußball, ausgerechnet vor dem Kanzler, sieben Ministern, 900 Ehrengästen, 60 350 Zuschauern, 600 Journalisten usw., usw. . .
Dabei hat die DDR der BRD nur einen großen Dienst erwiesen: Sie hat Helmut Schön, seine Leute, die Massenmedien und die Öffentlichkeit auf den Boden der Wirklichkeit zurückgeführt, aufgerüttelt und aufgeweckt.

Walter Lutz, Chefredakteur der Schweizer Fachzeitschrift „Sport"

Nach dem sensationellen Sieg der DDR: Jubelnd springt DDR-Trainer Georg Buschner auf. „Es war ein Sieg der Taktik und der Athletik"

23. Juni 1974
Druck in MÜNCHEN

Nr. 25 21. Jahr 1,- DM
C 1222 C

Bild am Sonntag

0:1-Schlappe gegen „DDR“

So nicht, Herr Schön!

Unsere Elf braucht einen Sturm ● Auch Netzer konnte nichts mehr retten ● Am Mittwoch gegen die Jugoslawen ● Große WM-Berichte auf 21 Seiten

15jährige gab den Mordbefehl
Bericht auf den Seiten 6—7

400 000 verlieren den Führerschein
Bericht auf der letzten Seite

Wovor hat Köpcke Angst?
Streß-Test
Seiten 37—39

So liebte mich König Faruk
Das schockierende Tagebuch der Schauspielerin Simone Delamare
Seiten 28—32

Schön erntet in der Presse heftige Kritik. Sein Kommentar: „Ich nehme an, daß diese Niederlage etwas sehr Heilsames mit sich bringt!“

1

Hannes Burger

Baby Docs Millionenspiel

Mit bayerischen Brezen über den knallroten Blazern und herzhaften Hostessenbusserln aufs dunkelbraune Backerl verabschiedete München seine „Heim-Mannschaft" der ersten Finalrunde: die schwarzen Weltmeisterschafts-Außenseiter aus Haiti. Während der letzten warmen Worte der Gastgeber am Flugplatz warfen die mittelamerikanischen Tropen-Kicker noch einmal fröstelnd einen Blick auf das Land, in dem sie während eines deutschen Sommers den härtesten Winter ihres Lebens erduldet haben. An dem Gepäck von 14 Toren, die ihnen ihre drei Gegner von der Gruppe IV im Olympiastadion ins Netz gelegt hatten, trugen die leichtfüßigen Sportfreunde auf ihrer Heimreise nicht so schwer wie an Radioapparaten, Bierkrügen und sonstigen Souvenirs aus der bayerischen Metropole. Drei Wochen zuvor, als sie unter den Klängen einer bayerischen Blaskapelle erstmals deutschen Boden betraten, wurden sie nicht nur von Offiziellen begrüßt, sondern auch von vielen begeisterten Fans, die der unbekannten Mannschaft einen Jubel auf Kredit entgegenbrachten wie einem heißen Weltcup-Favoriten. Die Schwäche der Bayern für Exotisches, Kurioses und Abenteuerliches erzeugte einen Sympathievorschuß gerade für die chancenlosen „Punktelieferanten", die mit den nicht gerade schmeichelhaften Etiketten „Fußballzwerg", „kikkender David" und „Lehrling bei der Meisterprüfung" klassifiziert wurden.

Bei dem Begrüßungsjodler „Hollera Haiti, hollera gugu" brachte der listige Gstanzlsänger Roider Jackl aber bereits deutlich zum Ausdruck, daß man die Haitianer in München nicht nur als folkloristische Einlage der Weltmeisterschaft einschätzte, sondern mit bayerischer Hinterfotzigkeit auch ein wenig darauf spekulierte, der unberechenbare schwarze Joker im Spiel könnte vielleicht doch irgendein großes As unter den Konkurrenten der deutschen Mannschaft überraschend aufs Kreuz legen: „Mei liaba Herrgott, i bitt di, / laß gwinna Haiti, / daß die Italiener net wieder glaubn, / si tatn im Fuaßball was taugn."

Die Sympathien der Münchner holten sich die Haitianer nicht nur auf dem Fußballplatz, wo sie mit unbekümmerten Mickymaus-Tricks und großem Einsatz glänzten, sondern auch beim Bummel durch die Fußgängeridylle, beim Bestaunen des Glockenspiels am Marienplatz und einem spaßigen Auftritt im Zirkus Sarrasani. Bei einem recht publikumswirksam inszenierten Besuch der Gaudiburschen im Hofbräuhaus

2

1 Mit Henry Francillon, haitianischer Torwartperle, wird das Münchner Publikum Wiedersehen feiern können. Bei 1860 München unterschrieb er einen Einjahresvertrag

2 Sie küßten und sie schlugen ihn. Ernst Jean Joseph, Dopingsünder, wurde aus dem Mannschaftslager verbannt. Zu Hause muß er mit einer Bestrafung rechnen

3 Affen und Elefanten besichtigten Haitis Spieler im Tierpark Hellabrunn

4 Extravagant läßt sich ein Mädchen Autogramme von Spielern Haitis auf den Unterarm schreiben

und im Alpamare-Schwimmbad in Bad Tölz konnten die sinnenfreudigen Bayern augenfällig „unmenschliche" Sportler-Entbehrungen miterleiden: Mit Limonade aus Maßkrügen demonstrierten sie, daß für sie Hopfen und Malz noch verloren waren; und vor den prallen Bikini-Nixen mußten die Zölibatsathleten zeigen, daß sie nicht für erotische Doppelspaßspielchen, sondern nur auf strenge Manndeckung trainiert wurden. Auf Weisung des Trainers durften deshalb statt knusperiger Hausmädchen auch nur in Ehren ergraute Putzfrauen dafür sorgen, daß die drangvollen Stürmer sauber blieben.

Ganz sauber blieb Haiti freilich nicht, denn beim Dopingtest wurde unter den schwarzen Perlen eine falsche herausgepickt: Jean Joseph hatte in aller Naivität ein vom Hausarzt verordnetes Aufputschmittel geschluckt. Der Vorfall, mehr auf Unerfahrenheit als auf Unlauterkeit zurückzuführen, hätte keinen großen Fleck auf Haitis Sporthemd hinterlassen, hätten nicht die Funktionäre das vermeintlich beschmutzte nationale Ansehen mit allzu rüden Methoden gegen den „Vaterlandsverräter" wiederherzustellen versucht.

Illusorische Hoffnungen auf internationalen Prestigegewinn entarten so zu jähen Enttäuschungen und nationalem Unglück für Entwicklungsländer, denen für hochgezüchteten Spitzensport die Voraussetzungen fehlen. Der diktatorisch regierende und von einer korrupten Oberschicht schamlos ausgebeutete Negerstaat Haiti, mit 90 Prozent Analphabeten unter den gut fünf Millionen Einwohnern, hat beispielsweise gerade so viele aktive Fußballer wie Italien allein Vollprofis zählt: rund 1000. Weltmeisterschafts-Höhenakrobatik ohne festen Boden im Volkssport.

Haitis Jungdiktator „Baby Doc", der täglich in München angerufen und seiner Turnier-Gesandtschaft höchste Weisungen erteilt hat, hofft dennoch, die in das Unternehmen Weltmeisterschaft investierte Million Dollar wiederzusehen. Zurückbringen sollen sie ihm Fußballzuschauer aus aller Welt als Urlauber in Haiti. Sein Touristik-Manager in Deutschland, Dietrich Kallhardt, zog knallhart das Fazit des schwarz-roten Gastspiels, bei dem die schwarzen Zwerge des Fußballs als weiße Riesen der Werbung gedient haben:

„Vor der Weltmeisterschaft verwechselten viele Leute Haiti mit Tahiti oder Hawaii. Nach dieser Weltmeisterschaft ist Haiti bei Millionen bekannt."

3

4

Martin Maier

Spuk um Beckenbauer

„Ich bin auch nur ein Mensch!“ So hat sich Franz Beckenbauer für seine Entgleisung entschuldigt. Jetzt weiß ich nicht – ist es Demut oder Hochmut, die zu solchen Worten führt?
Hat jemand, hat er selbst angenommen, er sei kein Mensch? Und wenn nicht, was dann? Ein Herr von einem anderen Stern? Ein Übermensch?
Der Zwischenfall in Hamburg hat viele erregt. Zur Erinnerung: Ein Grüppchen Zuschauer hat Beckenbauer beschimpft, den Kapitän der deutschen Mannschaft, und die salonfähigsten Ausdrücke, sagt Beckenbauer, waren „Bayernschwein“.
Daraufhin hat Franz Beckenbauer ausgespuckt. Die Flugparabel des Exkrementes war gegen das Publikum gerichtet. Doch Beckenbauer präzisierte hinterher, er habe ausschließlich auf eben jenes Grüppchen gezielt – ein schwieriges Vorhaben.
Der Tat kommt gewiß nur Symbolwert zu. Denn wer könnte so weit spucken, daß er bis in den Zuschauerrang träfe? Vielleicht ein Lama, ein Tier von hoher Begabung für diese Disziplin.
Ich habe mich ein wenig im Volk umgehört, was es von diesem Beschimpfungsduell hält. Ich fand kaum einen, der nicht ungefähr sagte: „Ich verstehe es, daß einer wild wird, wirft man ihm solche Brocken an den Kopf. Noch dazu in einem so schweren Kampf. Ich hätte nicht anders reagiert. Freilich, ich bin nicht der Beckenbauer.“
Sogar ein Fräulein, das für Herrn Beckenbauer und seinen Typ nichts übrig hat (er sei ihr zu seidig, und nur sein bayerischer Dialekt färbe ihn männlich), sogar das Fräulein nahm ihn energisch in Schutz: „Man hat ihn zum Äußersten getrieben. Was denn hätte er tun sollen? Eine Verbeugung zu den Kerlen im Publikum? Einen Kratzfuß? Oder sich taub stellen?“
Zum Äußersten wurde Beckenbauer nicht verführt, wie das Fräulein meinte. Das Volk sagt weise: „Da bleibt einem die Spucke weg!“ Das bedeutet, daß ein Ereignis so überwältigt, daß nicht einmal Munition für diesen emotionellen Pistolenschuß vorhanden ist. Das feuchte Patronenmagazin ist leer.
So weit ging es bei Beckenbauer denn doch nicht. Und da begreift man, wie beherrscht er eigentlich ist, und wie er sich stets eine letzte Reserve bewahrt, für den Notfall.
Gesetzt den Fall, Beckenbauer hätte seinen Zorn unterdrückt? Darüber sprach ich mit einem Psychologen. Er dozierte:

Interviewgewandt gibt sich Franz Beckenbauer. Hier „rechtfertigt“ er sich für seine „Publikumsbeschimpfung“ in Hamburg

„Einerseits wäre es ungünstig gewesen. In Herrn Beckenbauer hätte sich ein seelischer Stau ergeben, der ihn belastete. Seine Gedanken wären nicht beim Spiel gewesen, Vergeltungswünsche hätten in ihm rumort.“
Wie gut also, daß sich Beckenbauer ventiliert hat. Der Psychologe fuhr fort:
„Andererseits hätte ohne die seelische Entkrampfung in Herrn Beckenbauer eine Aggression aufgebaut werden können, die unter Umständen zu einer unvorstellbaren Überleistung geführt hätte. Aggression ist häufig eine der stärksten Motivationen.“
So oder so – ich schätze es, daß sich Franz Beckenbauer nicht in eine Ausrede geflüchtet hat. Nein, er stand zu seiner Tat.
Was aber, wenn ein Spieler tatsächlich einmal ausspucken muß? Es wird nützlich sein, an den vier Platzecken, neben den Eckfahnen, diskret Spucknäpfe zu postieren, um Mißverständnisse zu vermeiden.

Karl Günther Renz

...nicht mal faule Tomaten

Als Polens Deyna am 23. Juni das zweite Tor gegen Italien schoß, gab es in der Via Garbasso in Rom Bombenalarm. Aber was da mit ungeheurem Knall auf dem Pflaster zerplatzt war, entpuppte sich nach einigen bangen Minuten nur als ein Fernsehapparat. Ein entnervter Fußballfreund hatte ihn in der Stunde der Niederlage aus dem Fenster geworfen.

Nach dem Abpfiff des verlorenen Spiels jagte ein Krankenwagen mit heulender Sirene und Blaulicht zum Notarzt des Hospitals San Giovanni. Der eingelieferte Patient, Franco Pera, konnte gerettet, wenn vermutlich auch nicht geheilt werden. Er hatte sich aus Kummer über den Ausgang des Spiels in der Toilette seiner Stammkneipe die Pulsadern aufgeschnitten.

Ein Häufchen Fußballradikaler fuhr gar zur polnischen Botschaft und steinigte das unschuldige Gemäuer.

Bei sinkender Sonne sah man eine Schar besonders deprimierter Tifosi, wie man hierzulande in Italien die Fußballnarren zu nennen pflegt, mit Trauerflor an der Trikolore durch die Ewige Stadt fahren und das Ende eines schönen, aber nur kurzen Traums beweinen. Andere, die mittwochs zuvor noch ihre Fahnen mit Jubelgeschrei geschwenkt hatten, obwohl das 1 : 1 gegen Argentinien nur durch ein Eigentor der Südamerikaner zustandegekommen war, warfen ihre nutzlos gewordenen Feldzeichen auf einen Scheiterhaufen und zündeten ihn an, enttäuscht und verärgert.

Staatspräsident Giovanni Leone, der im Quirinale auch vor dem Fernseher gelitten hatte, sprach den denkwürdigen Satz: „Welch eine Blamage, arme Gastarbeiter in Deutschland. Ein Sieg hätte ihr Leben weniger bitter erscheinen lassen."

Eine Nacht lang versank das Land in Trauer. Am nächsten Morgen jedoch war Fußballitalien über den ersten lähmenden Schock hinweg und explodierte vor Zorn. Die azurblauen Götter der Nation hatten sich in den Augen ihrer enttäuschten Verehrer binnen wenger Stunden in verachtungswürdige Fußballopas verwandelt, denen junge Athleten eine längst fällige Lektion erteilt hatten.

Wann immer sonst diese Männer unter ähnlichen Umständen verloren hatten, waren die Gründe schnell erklärt: Schuld waren stets der Schiedsrichter, die Hitze, die Kälte, der Regen, die Trockenheit, der Boden, der unfaire Gegner und das Publikum. Frei nach Cassius Clay waren die Azzurri dennoch immer die Größten.

Nicht so diesmal. „Um so zu verlieren, braucht man nicht erst Millionen auszugeben. Nie wieder sollten wir mit einem Bartheken-Team an einer Weltmeisterschaft teilnehmen", fauchte die Turiner Stampa. In Cagliari, auf Sardinien, wo noch kürzlich eine Statue des (gegen Polen gar nicht mehr eingesetzen) Linksaußen Gigi Riva in einer Prozession spazierengetragen worden war, wollten die Fußballanhänger eigentlich eine Demonstration gegen die Azzurri veranstalten. Sie ließen dann mit der höhnischen Erklärung davon ab, man könne schließlich nicht gegen eine Mannschaft protestieren, die es gar nicht gibt. So himmelhoch jauchzend man 14 Tage zuvor in Hoffnungen geschwelgt hatte, so zu Tode betrübt war man jetzt und der Überzeugung, daß man wieder bei Null beginnen müsse.

„Die Lire-Milliardäre sind von gewissen polnischen Jungens nach Hause geschickt worden", so hieß es im Mailänder „Corriere Della Sera", „die den Fußball nur für wenige Groschen spielen und sich nicht einmal im Traum die Pfründe und die übertriebene Beachtung vorstellen können, die unsere Spieler genießen."

Was Wunder, daß sich die Zeitung zum Sprachrohr vieler machte und die Hoffnung aussprach, der italienische Fußball möge wieder zu sportlichen Grundsätzen zurückkehren. Man ging dabei aber nicht nur mit den Spielern und den Funktionären ins Gericht, sondern vor allen Dingen auch mit dem Publikum. Die Tifosi seien in erster Linie für die neurotische und hysterische Atmosphäre im italienischen Fußball verantwortlich – eine Atmosphäre, in der jeder Spieler von der Angst vor der Niederlage gepeinigt und nur darauf bedacht sei, selbst eine gute Figur zu machen. Nur so habe sich auch das System des Catenaccio entwickelt, eben jenes Riegels, den die quirligen Spieler Polens im Handumdrehen knackten.

Der „Corriere Della Sera" weiß, wovon er spricht. Als die Italiener nach der Weltmeisterschaft 1970 aus Mexiko zurückkehrten, wurden sie mit faulem Obst empfangen, weil sie nur zweiter geworden waren. Diesmal gab es bei der Begrüßung beinahe mehr Polizisten als Tifosi – aber auch sonst wäre wohl nichts passiert: Die gestürzten Götter waren ihren erzürnten Anbetern nicht einmal mehr faule Tomaten wert.

Karl Günther Renz ist Korrespondent des ZDF in Rom

Ferrucio Valcareggi, Italiens Trainer, schaut sorgenvoll in die Zukunft. Nach dem Ausscheiden seiner Mannschaft in der 1. Finalrunde muß ein völlig neues Team aufgebaut werden. Ob er es noch sein wird, der diese Aufgabe lösen soll?

Seine federnde Gangart ist allen Besuchern des Spieles DDR – Australien in Erinnerung: Schiedsrichter N'Djaye aus Senegal

2. Finalrunde

Gruppe A	Gruppe B
Niederlande Argentinien DDR Brasilien	BR Deutschland Jugoslawien Schweden Polen

Gruppe A

Brasilien – DDR 1:0 (0:0)

Tor durch Freistoß-Trick

Die DDR versuchte, die technischen Vorteile der Brasilianer durch Einsatz und Härte auszugleichen. Jairzinho (links) wird von Hamann gestoppt

Der Weltmeister gewann erst sein zweites Spiel: 3 : 0 gegen Zaire und nun 1 : 0 gegen die DDR. Ohne den wackeren Männern aus dem Kongo nahetreten zu wollen: gegen ernstzunehmende Gegner gelang den Brasilianern also erst ein einziges Tor. Daß es aus einem Freistoß resultierte, war bezeichnend. Brasilien verteidigt ohne Rücksicht auf jedwede Erwartungen seinen Titel.

Trainer Mario Zagalo reagierte verärgert, als er nach dem 1 : 0 von Hannover gefragt wurde, ob er denn seinen Spielern das Toreschießen verboten habe: „Andere Mannschaften, die mehr Tore erzielten, sind bereits wieder zu Hause." Recht hat er, der gute Mann, denn der Erfolg heiligt für ihn alle Mittel.

Brasiliens Sieg war Rivelinos Sieg, denn in der 60. Minute des Spiels hatte er das einzige Tor erzielt, und dies mit einem Freistoß, der nicht nur Torhüter Jürgen Croy überraschte. Jairzinho war an der Strafraumgrenze gefoult worden. So sah es zumindest Schiedsrichter Thomas aus Wales. In Wirklichkeit nämlich stolperte Jairzinho nur über die eigenen Beine. Doch das Urteil war gefällt und mußte vollstreckt werden.

Die DDR formierte sich zum Mauerbau. Dies hat sie immer wieder geübt, solche statischen Szenen eines Spiels hat Trainer Buschner oft genug am Taktikbrett aufgezeichnet. Doch diesmal geschah Unvorhergesehenes, wenn auch nicht Außergewöhnliches. Jairzinho drückte sich neben Wätzlich und Kische, und anstatt die Reihen dicht zu schließen, boten ihm die DDR-Spieler großzügig einen Platz an. Hier zeigte sich doch noch eine gewisse Naivität der Ostdeutschen, denn es wäre ihr gutes Recht gewesen, den Brasilianer abzublokken, und der Schiedsrichter hätte dies unterstützen müssen.

So aber zierte die Mauer ein brauner Farbtupfer. Rivelino, spezialisiert für Freistöße, legte sich den Ball zurecht. Die Entfernung zum Tor betrug 18 Meter. Rivelino zielte haarscharf auf Jairzinho, der sich blitzschnell auf den Bauch fallen ließ, und durch diese plötzlich entstandene Lücke flog der Ball unbehindert ins Tor. Jürgen Croy blieb nicht einmal die Chance zur Reaktion.

Rivelino, der Triumphator, rannte wie von Furien gehetzt über den Spielfeldrand hinaus zur Laufbahn, wo ihn die Meute einholte und zu Boden drückte.

Brasilien hatte ein Tor erzielt, welch ein Augenblick bei dieser Weltmeisterschaft! Oben unter dem Tribünendach brüllten 35

brasilianische Radioreporter die Nachricht in die Mikrofone, und das war wie eine Fernzündung, denn zehntausend Kilometer entfernt stiegen nun über der Copacabana Tausende von Raketen in den Himmel von Rio; in den Straßen wurde Samba getanzt. Vergessen waren vor allem die ersten 45 Minuten des Spiels, das die 60 000 Zuschauer im Niedersachsen-Stadion mit Sprechchören vorzeitig beendet sehen wollten. Doch Rufe wie „aufhören, aufhören", auch wenn sie im Chor angestimmt werden, sind eben kein Grund zur Abkürzung. Die Stimme des Volkes ist kein Votum. In der Tat strapazierten beide Mannschaften mit einem schrecklich langweiligen und nervtötendem Spiel die Geduld der Zuschauer, die Tore und nicht die Erfüllung taktischer Schachzüge sehen wollten.
Brasilien übte sich in der Defensive, und Ze Maria, der erstmals als rechter Außenverteidiger bei dieser WM im Team war, wurde zur überragenden Figur. „Meine Mannschaft war zu verklemmt, obwohl ich erwartet hatte, daß sie frei und ungehemmt aufspielen würde", sagte DDR-Trainer Georg Buschner. Der Respekt vor dem dreifachen Weltmeister lähmte die Initiative, die jedoch notwendig gewesen wären, um die stupiden Aktionen der Brasilianer zu stören. So war es ein Leichtes für die am Ball wendigeren Südamerikaner, den Rhythmus selbst zu bestimmen. Daß er um einige Takte langsamer war als die Buschtrommeln der brasilianischen Schlachtenbummler, mag nur die neutralen deutschen Zuschauer verärgert haben.
Brasiliens Trainer Zagalo jedenfalls war glücklich über den Sieg seiner Mannschaft, vor allem aus einem Grund: „. . . es hat sich gezeigt, daß wir auf dem Weg nach oben sind. Bisher haben wir uns in jedem Spiel gesteigert. Und ich erwarte noch eine weitere Steigerung."
Die DDR sah ihre Serie in Hannover beendet, sechzehnmal war sie hintereinander unbesiegt vom Platz gegangen, nun machte der Weltmeister dieser Dauerleistung ein Ende.

Spielort: Hannover
Zuschauer: 60 000
Brasilien: Leao, Ze Maria, Pereira, M. Marinho, F. Marinho, C. Paulo Cezar, Rivelino, Dirceu, Valdomiro, Jairzinho, L. Paulo Cezar
DDR: Croy, Kurbjuweit, Bransch, Weise, Streich, Wätzlich, Lauck (ab 46. Min. Irmscher), Sparwasser, Hamann (ab 64. Min. Löwe), Kische, Hoffmann
Tor: Rivelino (60. Min.)
Schiedsrichter: Thomas (Wales)

2

1

3

1 Ein verblüffender, raffinierter Freistoßtrick. Ein brasilianischer Spieler stellte sich in die Mauer der DDR und ließ sich zu Boden fallen; durch diese Lücke schoß Rivelino den Ball ins Tor. Reaktionslos schaut DDR-Torwart Croy dem Ball nach

2 Rivelino (Bildmitte) hat allen Grund zur Freude. So ein Tor schießt auch er nicht alle Tage

3 „Noch 5 Minuten“ signalisiert Trainer Mario Zagalo seinen Spielern; Brasilien konnte den 1 : 0-Vorsprung halten

1

Gruppe A

Niederlande – Argentinien 4 : 0 (2 : 0)

Holland-Expreß rollt weiter

1 Erst läßt er Torwart Carnevali aussteigen,
2 dann springt er über den am Boden liegenden Keeper . . .
3 und schießt überlegt ein: Weltstar Johan Cruyff

Für Ladislao Cap, Argentiniens Trainer, war dieses 0 : 4 nicht nur eine Niederlage, sondern auch ein Alarmzeichen. „Wir haben wieder einmal gesehen, wie weit der südamerikanische Fußball hinter den europäischen zurückgefallen ist. Wir müssen hart arbeiten, um bis in vier Jahren, wenn die Weltmeisterschaft auf unserem Kontinent stattfindet, diesen Rückstand aufzuholen!"
Für die wenigen argentinischen Zuschauer war es ernüchternd, mit welch geringer Anstrengung die Holländer ihre Mannschaft deklassierten. Während der Angriffsfußball zu diesem Zeitpunkt bei den anderen Teams in Ungnade gefallen war, entfesselten Cruyff und Co. erneut einen bedingungslosen Sturmlauf. Es drängte sich allerdings der Verdacht auf, Hollands System sei nur eine Flucht nach vorn, als solle der Ab-

3

wehr jeder Härtetest erspart bleiben. Torwart Jan Jongbloed, der zwölf Jahre vor dieser WM zum erstenmal in der Nationalelf zum Einsatz gekommen war, nur vier Minuten lang und dann nie mehr wieder, wurde selbst von Trainer Rinus Michels als Notlösung bezeichnet. Seine Mitspieler sorgten dafür, daß er gegen Argentinien nur einen einzigen Ball zu halten hatte, so sehr setzten sie den Gegner unter Druck. Cruyffs erste Aktion im Strafraum brachte bereits Gefahr, die zweite das 1 : 0. Zwischen der 11. und 90. Minute, in der er das 4 : 0 erzielte, konnte er es sich erlauben, oft minutenlang Pause zu machen, die Bälle aus dem Stand zu verteilen und, die Hände in die Hüften gestemmt, beobachten, ob seine Pässe die Empfänger auch erreichten. Ein Genie geht sparsam um mit seinen Talenten. Ladislao Cap verglich ihn mit Alfredo di Stefano: „Ich möchte es so ausdrücken: Di Stefano war sicher ein großer Spieler, Cruyff jedoch ist ein ganz, ganz großer!" Caps Kollege Rinus Michels reagierte, wie man es von Trainern kaum gewöhnt ist: „Nach einem solchen Sieg wäre es Unsinn zu behaupten, wir wären nicht Titelanwärter. Diese Rolle belastet zwar, aber wir müssen sie eben tragen!"

Spielort: Gelsenkirchen
Zuschauer: 56 000
Holland: Jongbloed, Suurbier (ab 84. Min. Israel), Krol, Jansen, Neeskens, van Hanegem, Rep, Haan, Cruyff, Rijsbergen, Rensenbrink
Argentinien: Carnevali, Perfumo, Sa, Wolff (ab 46. Min. Glaria), Telch, Heredia, Balbuena, Yazalde, Ayala, Squeo, Houseman (ab 63. Min. Kempes)
Schiedsrichter: Davidson (Schottland)
Tore: 1 : 0 Cruyff (11. Min.), 2 : 0 Krol (25. Min.), 3 : 0 Rep (73. Min.), 4 : 0 Cruyff (90. Min.)

Gruppe A DDR – Niederlande 0 : 2 (0 : 1)

Die DDR verteidigte um jeden Preis

Von Spiel zu Spiel wurde die Zahl der holländischen Schlachtenbummler größer. 40 000 waren es in Gelsenkirchen, schon lange vor Beginn sangen sie ihr Lied, in dem es hieß, Holland werde Weltmeister. Und durch nichts, was in den 90 Minuten passierte, ließen sie sich von ihrer Meinung abbringen. Es störte sie wenig, daß das Spielfeld an diesem Tag zum Experimentierfeld für zwei Trainer wurde.

„Nach realistischer Einschätzung der holländischen Spielstärke war es unsere Aufgabe, das Resultat möglichst niedrig zu halten“, sagte DDR-Trainer Georg Buschner.

Der Sieg stand nicht zur Diskussion, die Niederlage sollte so knapp wie möglich ausfallen. So bot sich Hollands Trainer Rinus Michels die Gelegenheit, gegen die DDR für das Spiel gegen Brasilien zu proben. „Wir müssen auch einmal mit wenig Toren zufrieden sein. Fußball spielt sich nicht nur im gegnerischen Strafraum ab“, erklärte er seiner Mannschaft. Die Zeit des Sturm-und-Drang-Fußballs war vorbei. Deutlich wurde es an der Rolle, die Johan Cruyff zu spielen hatte. Der Held wurde zum Helfer. Er vertrat den Vorstopper, wenn Rijsbergen aufgerückt war, er schirmte in der Position des Außenverteidigers ab, wenn Krol und Suurbier in der Offensive waren; er übergab Johan Neeskens die Aufgabe, die er in den vorangegangenen Spielen erfüllt hatte, Regisseur und Vollstrecker in einer Person zu sein.

Holland, das waren elf Spieler minus Cruyff. Doch der befand sich stets in Lauerstellung, ahnte den Augenblick, in dem sein Bewacher Weise die Konzentration verlor, und übernahm dann sofort das Kommando. So gelang es ihm, beide Tore einzuleiten, ohne sich in den Vordergrund zu drängen. Cruyff, das war in diesem Spiel eine Waffe, die Furcht einflößte, auch wenn sich die Mannschaft ihrer scheinbar nicht bediente, und die der Überraschungseffekt noch wirkungsvoller machte. Ein ideales Mittel gegen eine Mannschaft, die ihr Heil nur in der Defensive suchte.

Bei den wenigen Möglichkeiten, die sich der DDR boten, stand der Zufall Pate, von einer spielbestimmenden Persönlichkeit war nichts zu sehen.

„Ich habe mit Weise und Pommerenke wieder zwei junge Spieler eingesetzt, die Erfahrung sammeln sollten. Mit jungen Leuten kann man auch nicht höher verlieren als mit alten!“ Für Buschner hatte die Mannschaft mit dem Sieg gegen die Bundesrepublik ihr Soll erfüllt.

Das 2 : 0 der Niederländer durch Rensenbrink

Spielort: Gelsenkirchen
Zuschauer: 70 000
DDR: Croy, Kurbjuweit, Bransch, Weise, Schnuphase, Pommerenke, Löwe (ab 55. Min. Ducke), Lauck (ab 64. Min. Kreische), Sparwasser, Kische, Hoffmann
Niederlande: Jongbloed, Suurbier, Haan, Rijsbergen, Krol, Jansen, Neeskens, van Hanegem, Rep, Cruyff, Rensenbrink
Schiedsrichter: Scheurer (Schweiz)
Tore: 0 : 1 Neeskens (8. Min.), 0 : 2 Rensenbrink (60. Min.)

Mit Rosen begrüßen die Holländer

„ihr“ Publikum im Gelsenkirchener Parkstadion. 40 000 Landsleute machten das Spiel gegen die DDR wieder zu einem Heimspiel

Gruppe A

Brasilien – Argentinien 2:1 (1:1)

Endlich überzeugte Brasilien

1

2

1 Leao geschlagen! Sein erstes Tor bei dieser WM mußte der brasilianische Keeper gegen Argentinien hinnehmen – ausgerechnet durch einen Freistoß

2 Aus Freude schießt Ruben Oscar Glaria den Ball noch einmal ins Netz, nachdem Brindisi (nicht im Bild) eben mit seinem Freistoß für den argentinischen Ausgleichstreffer gesorgt hatte. Etwas ratlos löst sich die brasilianische Mauer auf

3 Der Weltmeister gibt sich die Ehre. Wie lange noch? Artig verbeugen sich die brasilianischen Spieler vor dem Match gegen Argentinien

4 Soeben hat Jairzinho (Mitte) per Kopf das zweite Tor für Brasilien erzielt. Paulo Cezar (links) und Francisco Marinho erdrücken ihn fast. Es sollte das entscheidende Tor sein

Eine halbe Stunde war im Hannoveraner Niedersachsenstadion gespielt, als Roberto Rivelino, der schnauzbärtige Brasilianer mit dem pechschwarzen Haar, nahe der Auslinie auf dem Rasen kniete, mit einer einzigen Handbewegung den Schuh vom linken Fuß streifte, ihn achtlos beiseite warf und in Windeseile den neuen Stiefel schnürte, den ihm Masseur Americo gereicht hatte. Kaum wieder auf dem Spielfeld, erhielt Rivelino den Ball von Stürmer Paulo Cezar zugespielt und hämmerte die Lederkugel aus etwa 20 Metern flach ins argentinische Tor. Mit dem linken Fuß und dem neuen Schuh. Der Weltmeister führte 1 : 0.

Freuen konnten sich die Brasilianer aber lediglich 180 Sekunden lang, dann glich Argentinien aus. Pereira hatte Balbuena knapp vor dem brasilianischen Strafraum die Beine weggezogen, und Schiedsrichter Loraux entschied auf Freistoß.

Bis zu dem Augenblick, da Miguel Angel Brindisi, Stürmer von Huracan Buenos Aires, anlief, um den Ball aufs brasilianische Tor zu treten, war Brasiliens Schlußmann Leao in 395 Spielminuten dieses Weltmeisterschaftsturniers unbezwungen geblieben. Doch als Brindisi schoß, da stand Leao zu weit vor seinem Tor, und der scharf und raffiniert geschossene Ball sprang von der Querlatte hinter ihm ins Netz.

Minuten waren erst wieder gespielt, die eingewechselten Spieler Houseman und Carrascosa hatten den Ball noch kein einziges Mal berührt, da köpfte Jairzinho zum entscheidenden 2 : 1 für Brasilien ein. Es war eines der geschicktesten Tore, die bei dieser Weltmeisterschaft „gemacht" wurden. Die Uhr zeigte erst die 48. Minute, doch bis zum Schlußpfiff änderte sich nichts mehr am Resultat, so daß die brasilianischen Radioreporter die Kunde vom Sieg des Weltmeisters schreiend und singend durchs Mikrofon jubeln konnten. Brasiliens Trainer Zagalo war mit seinem Team restlos zufrieden: „Heute haben wir gezeigt, was in uns steckt."

Spielort: Hannover
Zuschauer: 38 000
Brasilien: Leao, Ze Maria, Pereira, M. Marinho, F. Marinho, C. Paulo Cezar, Rivelino, Dirceu, Valdomiro, Jairzinho, L. Paulo Cezar
Argentinien: Carnevali, Glaria, Heredia, Bargas, Sa (ab 46. Min. Carrascosa), Brindisi, Squeo, Babington, Balbuena, Ayala, Kempes (ab 46. Min. Houseman)
Schiedsrichter: Loraux (Belgien)
Tore: 1 : 0 Rivelino (32. Min.), 1 : 1 Brindisi (35. Min.), 2 : 1 Jairzinho (48. Min.)

3

4

„Dieser Herr trägt die Verantwortung für das verlorene Spiel", meinte Brasilien-Coach Zagalo über Schiedsrichter Kurt Tschenscher, der hier Pereira die rote Karte zeigt. Wie gut es ist, einen Sündenbock zu haben

Gruppe A

Niederlande – Brasilien 2 : 0 (0 : 0)

Brasilien jetzt Exweltmeister

„Brasilien hat nicht nur den Weltmeistertitel verloren, sondern auch sein Gesicht!" Hollands Trainer Rinus Michels verließ nicht als strahlender, alle Zwischenfälle großzügig übersehender Sieger das Spiel. Er fand keine lobenden Worte für den Gegner, wie es Trainer üblicherweise tun, um den eigenen Triumph noch ein Stück aufzuwerten. Er stellte nüchtern fest: „Es war kein gutes Spiel. Die Brasilianer haben ihre Maske fallenlassen, sie haben, als alles längst entschieden war, nur mehr nach dem Gegner getreten und nicht nach dem Ball!" Die konträre Meinung vertrat Mario Zagalo. „Dieser Kampf war eines Endspiels würdig. Er hätte noch schöner sein können, hätte sich der Schiedsrichter immer auf der Höhe des Balles aufgehalten. Wenn ein Spiel wegen Fouls unterbrochen werden muß, dann ist das die Schuld des Schiedsrichters!" Der so heftig attackierte Mannheimer Kurt

„Meine Tore sind die besten!", behauptet Johan Cruyff selbstbewußt. Soweit er sein Traumtor meinte, mit dem er Brasilien endgültig zum Exweltmeister machte, hat er sicherlich recht. Unnachahmlich in Dynamik und Eleganz, wie er in Rensenbrinks Flanke hineinsprang. In diesem Augenblick sahen alle anderen Spieler nur noch wie Statisten aus

Tschenscher hatte zunächst wenig Mühe. Beide Mannschaften begannen vorsichtig, die Trainer hatten sie zu einem taktischen Schachspiel ausgeschickt. Die Brasilianer griffen die Holländer bereits in deren Abwehr an. C. Paulo Cezar war von Zagalo die Aufgabe zugeteilt worden, den Aktionsraum von Johan Cruyff einzuengen. Die scheinbare Passivität des Kapitäns der Holländer verführte Paulo Cezar dazu, diese Aufgabe nicht allzu ernst zu nehmen, was bereits in der sechsten Minute zur ersten Chance führte, die Cruyff jedoch vergab.

Danach trieben die Holländer ein Spiel, das als sinnlos zu bezeichnen gewesen wäre, hätte es nicht wie ein Trick gewirkt: sie spielten im Mittelfeld ihr ganzes technisches Repertoire aus, völlig unproduktiv, jedoch eine einzige Herausforderung für die Südamerikaner, die Perfektionisten der Ballbeherrschung, die nicht zurückstehen wollten und ebenfalls ihr ganzes Sortiment an artistischen Kunststücken produzierten. Es dauerte eine halbe Stunde, ehe die Brasilianer begriffen, daß sie um drei Tore zurücklagen (sie mußten schließlich gewinnen) und ihnen die Zeit davongelaufen war. Danach wurde es wieder ernst und so hart, daß Tschenscher viermal die gelbe Karte aus seiner Tasche kramen mußte.

„Die Abwehr war zu nervös, meine größte Aufgabe war es, die Spieler zu beruhigen", sagte Johan Cruyff über die ersten 45 Minuten. Nach der Pause konnte er sich dann ganz dem Angriff widmen. Paulo Cezar hatte sich inzwischen von dem häufig in die eigene Abwehr ausweichenden Holländer so bluffen lassen, daß er sich überhaupt nicht mehr um ihn kümmerte. Cruyff nütze das in der 50. Minute, stahl sich am rechten Flügel davon und zirkelte Neeskens den Ball auf das Schußbein.

Trainer Zagalo reagierte prompt auf das 1 : 0 und nahm Paulo Cezar vom Feld. Der Wechsel war das Eingeständnis eines taktischen Fehlgriffs. Paulo Cezar hatte die Gefahr Cruyff nicht bannen können, es drängte sich allerdings der Verdacht auf, daß er sie gar nicht erkannt hatte. Ehe der neue Mann, Mirandinha, sich auf seinen Gegenspieler einstellen konnte, hatte Cruyff zum zweitenmal zugeschlagen: er verwandelte eine Flanke von Rensenbrink zum 2 : 0.

Für die Brasilianer war das Endspiel damit nicht mehr erreichbar, sie verlagerten das Spiel auf die Ebene tätlicher Auseinandersetzungen und begannen das, was Rinus Michels später als „Krieg" bezeichnete. Luiz Pereira foulte in der 84. Minute Neeskens so schwer und unbeherrscht, daß die rote Karte fällig war.

Spielort: Dortmund
Zuschauer: 54 000
Niederlande: Jongbloed, Suurbier, Krol, Neeskens (ab 85. Min. Israel), Haan, Rijsbergen, Rep, van Hanegem, Cruyff, Jansen, Rensenbrink (ab 67. Min. de Jong)
Brasilien: Leao, Pereira, M. Marinho, Ze Maria, F. Marinho, C. Paulo Cezar, Jairzinho, L. Paulo Cezar (ab 61. Min. Mirandinha), Valdomiro, Dirceu
Schiedsrichter: Tschenscher (Deutschland)
Tore: 1 : 0 Neeskens (50. Min.), 2 : 0 Cruyff (65. Min.)
Platzverweis: Pereira

Schmähungen und Worte des Spotts verklangen ungehört, als Schiedsrichter Tschenscher Libero Luiz Pereira (links) vom Platz stellte

1

Gruppe A

DDR – Argentinien 1:1 (1:1)

Respektables 1:1 der DDR

„Wir gehören noch nicht zur Spitzenklasse und müssen noch viel lernen“, gab sich DDR-Trainer Georg Buschner nach dem 1:0-Sieg gegen die Bundesrepublik erstaunlich bescheiden. „Ein kleiner Tiefstapler“, dachte man damals. Doch der Verlauf der zweiten Finalrunde bestätigte, daß Buschner seine junge Mannschaft doch richtig eingeschätzt hatte. Nach den Niederlagen gegen Holland und Brasilien sahen seine Schüler auch gegen Argentinien wie Lehrlinge aus, die allerdings dem Meister ein Bein stellten: Das 1 : 1 reichte zum dritten und verwies Argentinien auf den letzten Platz der Finalrunde A.

„Harmlos und unbeholfen“, urteilten die 20 000 Zuschauer, die ihre Karten eigentlich für ein Spiel der Bundesrepublik erworben hatten – genau wie 30 000 andere Käufer, die ihre Tickets verfallen ließen. Den Spielern aus der DDR schien die Motivation zu fehlen, die sie gegen die Bundesrepublik zu verstärktem Einsatz angestachelt hatte. Vielleicht lastete auch das abwertende Urteil ihres Lehrherrn Buschner allzu schwer auf ihrem Gemüt . . .

Nur in der ersten Viertelstunde wirkte die DDR-Elf im Dauerregen frischer und schwungvoller. Belohnt wurde die Offensive in der 14. Minute durch das Führungstor, das Vorstopper Weise über den rechten Flügel einleitete und Mittelstürmer Streich per Kopfball erzielte.

Trotz aller Überlegenheit der Südamerikaner gelang ihnen nur ein Tor durch Houseman, der in der 22. Minute den Ball nach einer Flanke von Kempes direkt in die lange Torecke schoß. DDR-Torhüter Jürgen

2

1 *Boxer gegen Langläufer. Der Fausthieb Brindisis geht ins Leere. Kurbjuweit kann weiterlaufen*

2 *Nachdem die FIFA einer Spielverlegung nicht zugestimmt hatte, legten alle Spieler eine Gedenkminute für den verstorbenen Präsidenten von Argentinien, Juan Domingo Peron, ein. Hier: Kurbjuweit (DDR) und Ayala (Argentinien)*

Croy streckte sich diesmal vergeblich. Georg Buschner ist ein Taktiker und Theoretiker. „Ich plane schon für das nächste Weltturnier 1978 in Argentinien", rechtfertigte er den Verzicht auf seine Altstars Ducke und Kreische, die ihm die „Degradierung" allerdings übelnahmen, obwohl Ducke in den letzten Minuten noch einmal für Streich mitspielen durfte. Die Zukunft wird zeigen, ob Buschner richtig spekuliert. Doch auch seinen argentinischen Kollegen Ladislao Cap interessiert die Zukunft mehr als die Gegenwart. Im eigenen Land will Argentinien nachholen, was bisher versäumt wurde. Dann wird Cap nicht in fremden Ländern um Freigabe der besten Spieler betteln müssen und mehr Zeit haben, um aus einem Dutzend blutjunger Individualisten eine starke Mannschaft zu formen.

Cap: „Ich bin mit der Gesamtleistung meiner Mannschaft bei diesem WM-Turnier zufrieden. Unsere jungen Leute haben gezeigt, wie wir heute in Argentinien Fußball spielen. Die Mischung zwischen südamerikanischer Technik und europäischer Kondition und Taktik wird bis zur Weltmeisterschaft 1978 funktionieren."

Spielort: Gelsenkirchen
Zuschauer: 20 000
DDR: Croy, Kische, Weise, Bransch, Kurbjuweit, Sparwasser, Schnuphase, Pommerenke, Löwe (ab 66. Min. Vogel), Streich (ab 81. Min. Ducke), Hoffmann
Argentinien: Fillol, Wolff, Heredia, Bargas, Carrascosa, Telch, Brindisi, Babington, Houseman, Ayala, Kempes
Schiedsrichter: Taylor (England)
Tore: 1 : 0 Streich (14. Min.), 1 : 1 Houseman (22. Min.)

Gruppe B

Jugoslawien – BR Deutschland 0 : 2 (0 : 1)

Mut, Ideen, Kampf und Selbstvertrauen

„Wenn wir gegen Jugoslawien verlieren, ist alles aus." Gerd Müller sprach aus, was alle dachten, was jeder wußte. Und Franz Beckenbauer, der Kapitän, fügte hinzu: „Jetzt müßen wir beweisen, daß wir eine Mannschaft sind."

Sie bewiesen es. Bundestrainer Helmut Schön pokerte hoch, was nicht seinem Naturell entspricht, und er hatte nicht einmal einen Trumpf in der Hand. Aber er gewann. Sein Team der letzten Hoffnung, entgegen dem Rat der Experten nicht nur auf beiden Flügeln durch den Frankfurter Hölzenbein und Herzog von der Düsseldorfer Fortuna neu beschwingt, sondern auch im Mittelfeld durch Bonhof und Wimmer statt Cullmann und Hoeness umgekrempelt, kämpfte die Jugoslawen nieder.

Die neue Taktik, bei deren Verwirklichung Kapitän Beckenbauer seinem Trainer Schön öffentlich den Rücken gestärkt hatte, trug Früchte: Grundlage Decken und Kämpfen, dann erst das Spielerische. Dabei erwies sich, daß Schön doch noch einen Trumpf ausgespielt hatte, ohne zu ahnen, daß er stechen würde. Rainer Bonhof (22) von Borussia Mönchengladbach, jüngster Spieler im WM-Kader der 22, war einer der Garanten des Erfolgs. Der Mittelfeldspieler fightete seinen Widerpart Oblak nieder, zerstörte so den gefürchteten Sturmwirbel der Jugoslawen schon im Ansatz und schuf in zwei Szenen noch Gefahr für den Gegner. Schon nach vier Minuten schoß er links am Tor vorbei, und später köpfte er den von Overath getretenen Ball über das Tor.

Die Leistung der Abwehr und der Einsatz aller, wenn es galt, den Gegner zu stören, waren Grundlagen des Erfolges. Das fing an bei dem fehlerlos haltenden Torhüter Sepp Maier, spann sich fort über die beiden Außenverteidiger Breitner, diesmal gegen Jugoslawiens erstmals eingesetzten Torjäger Popivoda zurückhaltender und trotzdem wirkungsvoll, und Vogts, der Dribbelkünstler Dzajic zur Aufgabe zwang.

Diese konzertierte Aktion steuerte Franz Beckenbauer mit Übersicht und Entschlußkraft. Da war nichts geblieben von dem, was ihm oft als Arroganz ausgelegt wird und doch nur die bewußt lässige Haltung des Überlegenen ist. Der Kapitän trug nicht nur die Verantwortung, er verrichtete selbst harte Arbeit. Da sein Vorstopper Georg Schwarzenbeck dem weit zurückweichenden Surjak folgen mußte, fiel es Beckenbauer nicht schwer, sich so zurückzuhalten, wie er es selbst gefordert hatte.

Daß darunter das Spiel im Mittelfeld und im Angriff litt, blieb nicht verborgen. Wolfgang Overath bekam es nicht in den Griff, wie er sich das vorgestellt hatte, erwies sich aber doch als Anspielstation. Herbert Wimmer befolgte die Order, den rechten Flügel stark zu machen, Gerd Müller die Anweisung, durch viel Bewegung den Gegner in Unruhe zu halten. Dieter Herzog, angefeuert von seinen Fortuna-Fans, mühte sich auf der linken Flanke nach Kräften, versuchte auch, mit Paul Breitner ins Spiel zu kommen.

Innerhalb von fünf Minuten fiel die Entscheidung in dieser Begegnung, für die bundesdeutsche Mannschaft vielleicht der Wendepunkt im ganzen WM-Turnier. Wolfgang Overath, wegen Reklamierens schon mit der gelben Karte verwarnt, wurde umgerannt, trat um sich, schrie und fauchte, riskierte einen Platzverweis. Berti Vogts ließ sich von der Hektik anstecken, rammte Dzajic, und auch ihm hielt der brasilianische Schiedsrichter Marques die gelbe Karte vor die Nase. Es schien, als würde die Mannschaft die Geduld nicht aufbringen können, auf ihre Chance zu warten, hielten die Nerven der Anspannung nicht stand. Da schoß Paul Breitner den Führungstreffer. Aus rund 18 Metern Entfernung erzielt, war er eine Kopie seines Siegestors im ersten Spiel gegen Chile. Die auf ihn zustürmenden Kameraden im Slalom umkurvend, eilte er Franz Beckenbauer entgegen, dem Initiator des Angriffs, um seinen Dank abzustatten, und das nicht nur für diesen Spielzug.

Es war der Beweis, die Bestätigung, den Weg zum Erfolg eingeschlagen zu haben. Das verlieh neue Kräfte, die jedoch nicht leichtfertig und riskant verschwendet wurden. Die bundesdeutsche Elf ging weiterhin vorsichtig zu Werke, stets darauf bedacht, den einmal gewonnenen Vorteil nicht wieder preiszugeben. Statt dessen konterte sie den zum Angriff gezwungenen Gegner. Dabei tat sich Wimmer hervor, auch Vogts stürmte mit schier unglaublicher Energie immer wieder nach vorn. Sogar Schwarzenbeck, der als Held gefeierte Torschütze des ersten Europacup-Finalspiels von Brüssel, sah sich dem Erfolg nahe, als ihm Surjak im Strafraum die Beine wegzog, ohne daß Marques Strafstoß pfiff.

Allerdings zeigten sich in dieser Phase bei Wimmer Erschöpfungserscheinungen, und Hölzenbein humpelte nach einem Tritt in die Wade. Da gab Bundestrainer Helmut

Diese Elf sollte das gegen die DDR verlorengegangene Selbstvertrauen zurückgewinnen und Jugoslawien schlagen; von links: Beckenbauer, Maier, Schwarzenbeck, Bonhof, Hölzenbein, Wimmer, Müller, Overath, Herzog, Breitner, Vogts

Schön das Signal zum Einsatz von Uli Hoeness, dem auf die Ersatzbank Verbannten, und für Flohe.
Beide brachten neuen Schwung. Auch Gerd Müller, im Kampf mit Katalinski und seinen Helfern meist auf sich allein gestellt, schien wieder munter. Wie sehr Hoeness ihm gefehlt hatte, zeigte sich sofort, spätestens aber in der 82. Minute.
Da sauste Hoeness, von Overath angespielt, über die rechte Flanke davon, geriet in den Rücken der jugoslawischen Abwehr, zog den Rückpaß zu Müller, der fiel und auf dem Boden liegend die Lederkugel ins Netz zum 2 : 0 lenkte.
Was sich im Düsseldorfer Rheinstadion an diesem Mittwochnachmittag abspielte, ist aus verschiedenen Gründen von Bedeutung. Einmal wurde der Nachweis für etwas erbracht, was Berti Vogts tags darauf so formulierte: „Wir haben gezeigt, daß wir keine Profis sind, sondern 22 Kerle." Jeder weiß, was der kleine Mann aus Mönchengladbach damit sagen wollte. Zum anderen bestätigte sich der Verdacht, daß unerheblich ist, ob Grabowski oder Hölzenbein, Heynckes oder Herzog als Außenstürmer benannt werden. Entscheidend bleibt, daß sie dort Raum schaffen für die Nachstoßenden: Wimmer, Hoeness, Breitner und Vogts. Selbst Franz Beckenbauer preschte einmal über die rechte Flanke vor und wies so den Weg, der zum Erfolg führte. Jugoslawiens Trainer Miljanic bestätigte: „Das war das Spiel des FC Bayern."
Und schließlich zeigte sich erneut, daß im entscheidenden Augenblick eine Mannschaft den Erfolg erzwingt, deren Formation in der Phase der Vorbereitung die meisten als untragbar bezeichnet hätten. Das war vor vier Jahren in Mexiko so und vor zwei Jahren erst recht. Das Europameisterschaftsteam, das 1972 das Finale gegen die Sowjetunion gewann, wurde auch aus der Not geboren.

Spielort: Düsseldorf
Zuschauer: 68 000
Jugoslawien: Maric, Buljan, Katalinski, Oblak (ab 84. Min. Petrovic), Muzinic, E. Hadziabdic, Popivoda, Acimovic, Surjak, Karasi, Dzajic (ab 84. Min. Jerkovic)
BR Deutschland: Maier, Vogts, Schwarzenbeck, Beckenbauer, Breitner, Bonhof, Wimmer (ab 73. Min. Hoeness), Overath, Hölzenbein (ab 78. Min. Flohe), Müller, Herzog
Tore: 0 : 1 Breitner (39. Min.), 0 : 2 Müller (82. Min.)
Schiedsrichter: Marques (Brasilien)

1

2

3

Spiel gegen Jugoslawien

1 Aufgestützt ist halb gewonnen; Vorstopper Schwarzenbeck eine Etage höher

2 Neuer Schwung im Mittelfeld: Rainer Bonhof brannte auf seinen ersten WM-Einsatz. Er könnte vor einer großen Karriere stehen

3 Paul Breitner hat wieder zugeschlagen, Torhüter Enver Maric hatte gegen den knallharten 18-m-Schuß keine Chance

Das 2 : 0 gegen Jugoslawien; Analyse eines Müller-Tores in vier Bildern:

Erst im Liegen konnte er den Ball über die Torlinie bugsieren

Er hat es noch nicht verlernt, das Jubeln nach seinen Treffern: Gerd Müller. Uli Hoeness (Nr. 14), der dem Mittelstürmer den Ball vorgelegt

hatte, spielte sich wieder in die Mannschaft

Auch hart im Nehmen: Weltklasseverteidiger Berti Vogts, der Dzajic verzweifeln ließ

Günther Wolfbauer

Ein Sieg und seine Folgen

Auch abgehärtete Fußball-Profis pflegen zumindest halblaut zu murren, wenn man sie ausgerechnet mitten im schönsten Platzregen auf den Trainingsplatz jagt. Derlei Proteste seiner neuerdings wieder zu Musterschülern avancierten Schützlinge brauchte Helmut Schön am Tag nach dem 2 : 0 gegen Jugoslawien nicht zu befürchten. Denn in Kaiserau war die deutsche Fußballwelt plötzlich wieder in Ordnung.
Der Sieg von Düsseldorf hatte viele Beigaben: die beiden ersten Punkte in der zweiten Finalrunde, einen Bundestrainerstuhl, an dem nicht mehr gesägt wurde, vor allem aber die Stärkung des Selbstvertrauens im Team um Franz Beckenbauer. Um einen Franz Beckenbauer, der energisch das Ruder an sich gerissen hatte, als das deutsche Fußballschiff im Strudel zu vieler Strömungen zu kentern drohte.
Der Kapitän der Nationalmannschaft ist kein Freund von überlauter Fröhlichkeit. Also bedurfte es in Kaiserau gar nicht des strömenden Regens, um übertriebenen Überschwang abzukühlen. „Zunächst einmal haben wir unser kämpferisches Leistungsvermögen hundertprozentig gebracht, weniger aber unser spielerisches Können“, rechnete Kaiser Franz nüchtern vor. „Da ist noch eine Steigerung drin.“
Zwei Tage zuvor hatte „Kaiser Franz“ bei einer Pressekonferenz aufhorchen lassen. Kam es einer Entmachtung des Bundestrainers gleich, als Beckenbauer in aller Deutlichkeit aussprach, was Helmut Schön lieber mit vorsichtigen Formulierungen umschreibt? Wer so kalkulierte, hatte den Fußball-Star aus München scheinbar überschätzt, in Wirklichkeit aber unterschätzt. Denn er hatte sich nur in den Dienst der Sache gestellt, sicherlich auch seiner eigenen, denn allenthalben war ja das Turnier ’74 als die „Weltmeisterschaft des Franz Beckenbauer“ deklariert worden. „Der Bundestrainer entscheidet, auch wenn er sich mit einigen erfahrenen Spielern bespricht“, dämpfte der Münchner alle sensationellen Spekulationen über die Rolle Helmut Schöns.

Fußballfieber: Befreiender Torschrei auf der Trainerbank

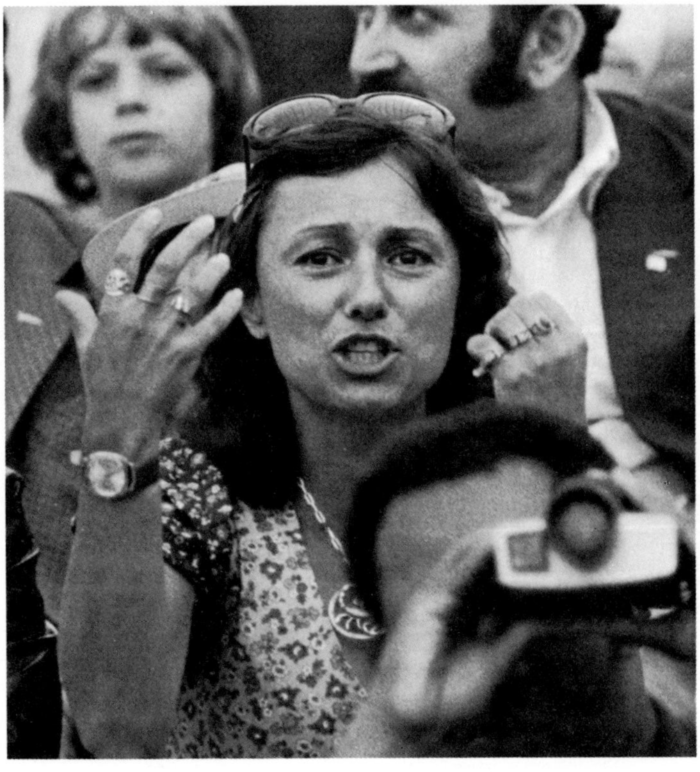

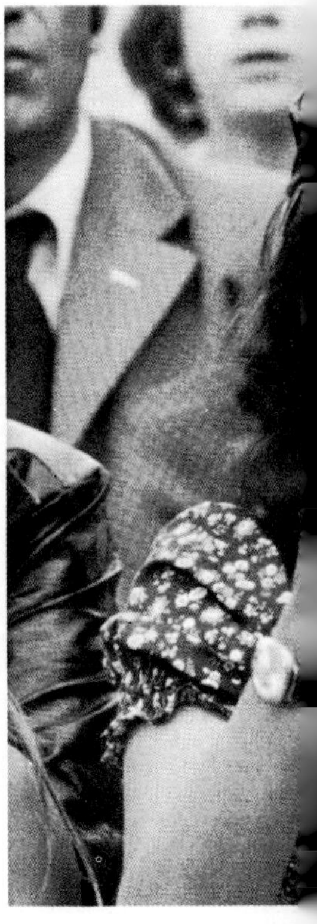

Gestenreiche Anteilnahme einer Unbekannten

Trotzdem gibt es an der Hauptrolle Beckenbauers auch außerhalb des Spielfeldes längst keine Zweifel mehr.

Wer mit Franz Beckenbauer in einer Gruppe trainiert, hat gute Chancen, beim nächsten Spiel dabei zu sein.

Am Tag nach dem Jugoslawien-Spiel genossen Rainer Bonhof und Dieter Herzog solche Ehre und nahmen dabei die Plätze von Horst Höttges und Uli Hoeness ein. Der blonde Münchner Jungstar war der einzige, der sich nur ein etwas süßsaures Lächeln abzuringen vermochte. Schmollend hielt er Distanz zu Bundestrainer und Kapitän und klagte seinem olympischen Betreuer Jupp Derwall sein Leid, seit dem DDR-Spiel in Ungnade gefallen zu sein.

Derweilen aber brach Franz Beckenbauer bereits wieder eine Lanze für den spurtgewaltigen Uli Hoeness.

An anderer Stelle verkündete Berti Vogts, der kleine Gladbacher mit dem großen Kämpferherzen: „Die Schuld für schlechte Spiele muß man immer erst einmal bei sich selbst suchen." Ganz so gründlich war also am Abend des Erfolgs gegen Jugoslawien die etwas verkorkste erste Finalrunde mit Sekt und Bier doch nicht hinuntergespült worden. Der Kampf um den Weg ins Finale prägte Gesichter, Stimmung und Gespräche in der Sportschule Kaiserau.

Diesem Kampf hatte Beckenbauer sogar seinen Vereinskameraden Uli Hoeness geopfert. „Es war an der Zeit, daß der Franz einmal richtig auf den Tisch gehauen hat", erkannte Gerd Müller an, selbst von der neuen Welle seines Kapitäns im Jugoslawien-Spiel beflügelt. Dieser erläuterte seine offenen Worte recht einleuchtend: „Es hat doch keinen Sinn, wenn ich sage, daß wir gut gespielt haben. Millionen haben es in der Vorrunde anders gesehen. Sowas kann man behaupten, wenn man im Kongo spielt und keiner zu Hause zuschaut."

Daß dies einigen DFB-Funktionären nicht paßte, stört einen Franz Beckenbauer überhaupt nicht. Denn er schoß gleich noch eine Breitseite hinterher: „Ich weiß, was ich von diesen Leuten zu halten habe . . ."

So sorgte der Star dafür, daß aus einem Star-Ensemble plötzlich eine Mannschaft wurde.

„Wir haben ganz ohne Regisseur gespielt und trotzdem gewonnen", staunte darob DFB-Trainer Jupp Derwall. Diese Entwicklung aber kennzeichnet das ganze Turnier. Die Zeit der großen Dirigenten, die nur im Mittelfeld ihren Taktstock schwingen, war schon am 13. Juni zu Ende gegangen.

Gruppe B

Schweden – Polen
0 : 1 (0 : 1)

Glücklicher Polensieg

Gegen Schweden, den „Prügelknaben" der Halbfinal-Gruppe B, hatte Polens Trainer Gorski seiner Elf eine Krise verordnet. Bewußt ließ er vorher im Training die Zügel schleifen. Gegen Schweden, so Gorskis Rechnung, würden auch schlappe Polen gewinnen können.
Rein rechnerisch gab Gorski der 1 : 0-Sieg recht. Dennoch mußte Polen, das mittels einer „Datenbank" und einer umfangreichen „Spionage"-Abteilung Siege am Reißbrett zu planen pflegt, seine Quellen um eine wichtige Information bereichern: nämlich um die, daß sich im Fußball Siege nicht programmieren lassen.
Denn das 1 : 0 verdankten die Polen nur großem Glück. Die Schweden hätten genauso gut gewinnen können. Der Foulelfmeter von Tapper, den Torwart Tomaszewski fabelhaft meisterte, war nur eine von vielen schwedischen Torchancen. Die braven Skandinavier brachten die Polen erheblich mehr in Schwierigkeit als vorher Argentinien und Italien.
Besonders verblüfft waren die Polen, die von dem Gegner nur bei Konterattacken Gefahr erwartet hatten, als Polens Abwehr auch bei einer schwedischen Großoffensive zwischen der 45. und 60. Minute peinlich durcheinander geriet.

Spielerversammlung im schwedischen Strafraum. – Die Skandinavier, mit einer Durchschnittsgröße von mehr als 1,80 m, spielen hier ihre Stärke aus. Ronnie Hellström im schwedischen Tor hat aufgepaßt. – Dennoch verloren die Schweden etwas unglücklich mit 0 : 1 gegen die Polen

Doch meistens beschränkten sich die Schweden auf ihre Konter über die Spitzen Sandberg und Edström und über Torstensson, der sich von hinten über den rechten Flügel in den Rücken des Gegners schlich. Das schwedische Konterspiel klappte nur deshalb so gut, weil das polnische Mittelfeld Schwedens Spielmacher Grahn und Larsson frei schalten und walten ließ. Der zweite Fehler des polnischen Mittelfeldes: Es setzte nicht nach, als Schwedens Abwehr aufgrund technischer Mängel nach abgefangenen Polenangriffen den Ball erst immer im zweiten und dritten Versuch unter Kontrolle bekam.

Weil aber auch die schwedischen Stürmer ihre Chancen nicht mit Toren abschließen konnten, blieb es schließlich bei dem für Polen glücklichen 1 : 0 durch einen Kopfball von Lato.

Spielort: Stuttgart
Zuschauer: 40 000
Schweden: Hellström, Andersson (ab 60. Min. Augustsson), Karlsson, Nordqvist, Grip, Larsson, Tapper (ab 77. Min. Ahlström), Grahn, Torstensson, Edström, Sandberg
Polen: Tomaszewski, Gut, Zmuda, Gorgen, Szymanowski, Kasperczak, Deyna, Maszczyk, Lato, Szarmach (ab 60. Min. Cmikiewicz), Gadocha
Schiedsrichter: Ruiz (Uruguay)
Tor: Lato (16. Min.)

Gruppe B

Jugoslawien – Polen
1 : 2 (1 : 1)

Ärger um Polens Elfmeter

Polens überragendes Flügelstürmerpaar: Rechtsaußen Grzegorz Lato (links), Linksaußen Robert Gadocha (rechts)

Fünf Spiele, fünf Siege – keiner anderen Mannschaft gelang bis zu diesem Zeitpunkt eine solche Zwischenbilanz. Fünfzehn Tore in der ersten und den beiden ersten Spielen in der zweiten Finalrunde – im Angriff lag ihre Stärke.
Und dennoch: Im Spiel gegen die Jugoslawen, für die es um alles oder nichts ging, offenbarten sich die ersten Schwächen. Die Kräfte schwanden, der Schwung stockte auffällig, die ersten Verletzungen waren nach dem Spiel zu beklagen.
Jugoslawien stürmte wieder mit Rechtsaußen Petkovic und Mittelstürmer Bajevic, bekam die Polen schnell in den Griff, aber das erste Tor schoß Deyna. Er tat dies vom Elfmeterpunkt aus, auf den überraschend Schiedsrichter Rudi Glöckner aus der DDR gewiesen hatte. In der 24. Minute trat Karasi dem polnischen Mittelstürmer Szarmach im Strafraum an das Schienbein. Obwohl der Ball bereits wieder in Richtung Mittellinie getrieben wurde, sah Glöckner noch aus dem Augenwinkel diese unfaire Tat. Deyna ließ dem jugoslawischen Torhüter Maric mit einer Täuschung keine Abwehrchance. Jugoslawiens Spieler sprachen von „Betrug".
Erst zwei Minuten vor dem Halbzeitpfiff gelang den Jugoslawen, die ab der 18. Minute ohne ihren Mittelfeldmotor Oblak auskommen mußten, der Ausgleich. Karasi, der schon mehrere entscheidende Tore für sein Team machte, leitete einen Paß von Jerkovic direkt ins polnische Tor weiter.
Bis zur 64. Minute durften die 30 000 jugoslawischen Zuschauer unter den 54 000 Zuschauern im Waldstadion noch mit gutem Grund mit ihrer Mannschaft hoffen. Wie besessen stürmten die Jugoslawen, doch mit mangelndem Konzept und ohne einen Mann, der aus den vielen Möglichkeiten eine Veränderung des Resultats hätte schaffen können. Dies gelang dann überraschend Lato, der einen Eckball von Gadocha blitzschnell und stark angeschnitten mit dem Kopf an Maric vorbeileitete.

Spielort: Frankfurt
Zuschauer: 54 000
Polen: Tomaszewski, Szymanowski, Zmuda, Gorgen, Musial, Kasperczak, Deyna (ab 81. Min. Domarski), Masczyk, Lato, Szarmach (ab 57. Min. Cmikiewicz), Gadocha
Jugoslawien: Maric, Buljan, Bogicevic, Katalinski, E. Hadziabdic, Oblak (ab 18. Min. Jerkovic), Karasi, Acimovic, Petkovic (ab 81. Min. Petrovic), Bajevic, Surjak
Tore: 1 : 0 Deyna (27. Min., Foulelfmeter), 1 : 1 Karasi (44. Min.), 2 : 1 Lato (64. Min.)
Schiedsrichter: Glöckner (DDR)

Gruppe B BR Deutschland – Schweden 4 : 2 (0 : 1)

Erneute Steigerung im Schwedenspiel

Der Regen klatschte gegen die Scheiben des Omnibusses, mit dem die bundesdeutsche Mannschaft am Sonntagnachmittag von Kaiserau ins Düsseldorfer Rheinstadion fuhr. Er weckte in Bundestrainer Helmut Schön und einem Teil der Mannschaft keine guten Erinnerungen. Fast genau drei Jahre zuvor hatte Schwedens Elf die „Wasserballschlacht" von Göteborg 1 : 0 gewonnen, jener Gegner also, den es im zweiten Spiel der zweiten Finalrunde auf dem Weg nach München nun zu bezwingen galt.

Die bösen Ahnungen schienen nicht zu trügen. In der 24. Spielminute schoß Ralf Edström, der lange Schwede, seine Mannschaft 1 : 0 in Führung, mit einem gewaltigen Schlag nach einem Fehler von Schwarzenbeck.

Das wirkte wie eine zusätzliche kalte Dusche für die bundesdeutsche Elf, die das Spielgeschehen von Anfang an bestimmt und doch nichts erreicht hatte. Overath und Bonhof waren mit strammen Schüssen gescheitert, vergeblich war Hoeness gerannt, um Gerd Müller Chancen zu verschaffen. Doch der traf an diesem Regentag einfach nicht, so sehr er sich auch mühte. Als er, der Mann mit der Nummer 13, in der 13. Spielminute nach einem Fehler der schwedischen Abwehr ganz allein dem Tor zustürmte, schien der Erfolg unvermeidlich. Aber Ronnie Hellström, einer der besten Torhüter in diesem Turnier, warf sich Müller entgegen, und der Nachschuß von Uli Hoeness flitzte am Tor vorbei. „Zwei Tore hätte ich schießen müssen", bekannte der Torjäger aus München später.

In der 32. Minute geschah, was Schwedens Trainer Georg Ericsson als spielentscheidendes Ereignis wertete. Bo Larsson, ehemals beim VfB Stuttgart in der Bundesliga tätiger Mittelfeldspieler, erlitt eine Muskelverletzung und mußte aufgeben. Ejderstedt kam, ein Stürmer. Conny Torstensson, beim Europacup-Sieger Bayern München unter Vertrag, wechselte als Bewacher von einem Vereinskameraden zum anderen, verließ Breitner und übernahm Hoeness. „Wenn Larsson dringeblieben wäre, hätte das nach der Pause nicht passieren können", versicherte Ericsson.

Doch ohne Larsson gerieten die geschickt spielenden und im Angriff durch Sandberg und Edström gefährlichen Schweden innerhalb von zwei Minuten in Rückstand. Die eine Szene glich dabei der anderen. Beide Male kam Hoeness angestürmt, verlor Müller den Kampf mit drei Gegnern, riß aber eine Lücke, durch die aus dem Hinterhalt Overath und Bonhof ins Tor trafen.

Wieder eine Minute später dämpfte Sandberg die Begeisterung der Zuschauer und die Siegeshoffnungen des Gegners mit dem Ausgleichstreffer zum 2 : 2. Vorstopper Schwarzenbeck, der beim ersten schwedischen Tor Sandberg den Ball vor die Füße geköpft hatte, war wieder beteiligt, freilich diesmal schuldlos, denn der nasse Ball war an ihm abgeprallt.

Einen schreckte das nicht. Franz Beckenbauer, der Kapitän, meinte nach dem Kampf: „Ich habe nie das Gefühl gehabt, daß wir verlieren könnten. Die Gegentore waren glücklich, andere Chancen haben die Schweden nicht gehabt. Wir wußten, daß wir noch etwas zusetzen konnten."

Einige seiner Mitspieler mußte Beckenbauer auf dem Weg zum Sieg vorwärts zwingen. Zweimal winkte er mit einer unmißverständlichen Handbewegung ab, als er den Ball vorantrieb und keine Möglichkeit sah, ihn abzuspielen. „Das kommt schon mal vor, wenn man etwas anders sieht als die Mitspieler", räumte der Kapitän ein.

Am wenigsten Freude hatte Beckenbauer in dieser Phase an Dieter Herzog von Fortuna Düsseldorf. Der ließ sich ein ums andere Mal abdrängen, verlor den Ball, der ihm ins Seitenaus rutschte. So ertönten nur wenige Pfiffe, als Bundestrainer Schön ihn gegen Grabowski auswechselte, der auf der rechten Seite angriff, während Hölzenbein nach links wechselte.

Jürgen Grabowski, vor vier Jahren in Mexiko über den Titel „bester Auswechselspieler" nicht gerade erbaut, erwies sich

1

1 *Eine typische Müller-Situation;*

2

reaktionsschnell konnte Hellström den Schuß parieren   2 *Uli Hoeness' verwandelter Elfmeter aus der Perspektive der Torkamera*

erneut als Trumpf. Eine Viertelstunde vor Schluß erzielte er mit einem Schrägschuß die 3:2-Führung. Bernd Hölzenbein, sein Vereinskamerad bei der Frankfurter Eintracht, traf noch den Pfosten, ehe Uli Hoeness nach Foul an Gerd Müller per Strafstoß auf 4:2 erhöhte, Sekunden vor dem Abpfiff.
Die bundesdeutsche Mannschaft hatte den Sprung unter die letzten Vier geschafft. „Das ist schon einmal ein Erfolg", meinte Bundestrainer Helmut Schön. „Wir haben damit erreicht, was wir uns vorgenommen hatten. Jetzt wollen wir gegen Polen weitersehen."
Oft ist Helmut Schön nachgesagt worden, das Glück laufe ihm nach. Ein ernsthafter Vorwurf kann das nicht gewesen sein, denn Fußball ist ein Spiel, und im Spiel braucht man Glück. Diesmal entstand es aus dem Pech des Mönchengladbachers Herbert Wimmer, noch verletzt zu sein. Uli Hoeness rückte an seine Stelle und spielte groß auf. „Wenn Wimmer gesund gewesen wäre, hätte ich ihn anfangen lassen", gab Schön zu. Und auch: „Rückwirkend betrachtet bin ich natürlich nicht böse, daß es so gekommen ist."
Bemerkenswert war die Darbietung des Kölners Wolfgang Overath. Längst ist er nicht mehr der große Regisseur im Mittelfeld, ohne dadurch an Wirkung und Wert eingebüßt zu haben. Er hat gelernt, sich unterzuordnen, zu kämpfen ohne viel zu streiten.

Eine Wandlung hat auch Gerd Müller durchgemacht in diesem Turnier. Vor vier Jahren in Mexiko noch mit zehn Treffern in sechs Spielen erfolgreichster Torjäger, mußte er sich diesmal weitgehend damit begnügen, Breschen in die Abwehrbollwerke zu schlagen: für andere.
Der Sieg über Schweden, der den Weg nach München ebnete, wurde errungen in einem Spiel, das zu den spannendsten und besten des ganzen Turniers zu rechnen ist. Daran kommt dem geschlagenen Gegner ein nicht geringes Verdienst zu. Er bestätigte seine Rolle als große Überraschungsmannschaft, begnügte sich nicht mit dem Versuch, glimpflich davonzukommen, sondern stritt um den Sieg, wobei Ove Grahn im Mittelfeld als Widerpart von Overath glänzend Regie führte und die beiden schnellen Stürmer Sandberg und Edström angesichts ihrer Körpergröße beachtliche spielerische Eigenschaften offenbarten.

Spielort: Düsseldorf
Zuschauer: 66 500
Deutschland: Maier, Vogts, Schwarzenbeck, Beckenbauer, Breitner, Bonhof, Overath, Hoeness, Hölzenbein (ab 83. Min. Flohe), Müller, Herzog (ab 64. Min. Grabowski)
Schweden: Hellström, Olsson, Karlsson, Nordqvist, Augustsson, Larsson (ab 32. Min. Ejderstedt), Tapper, Grahn, Torstensson, Edström, Sandberg
Tore: 0:1 Edström (24. Min.), 1:1 Overath (51. Min.), 2:1 Bonhof (52. Min.), 2:2 Sandberg (53. Min.), 3:2 Grabowski (76. Min.), 4:2 Hoeness (89. Min., Foulelfmeter)
Schiedsrichter: Kasakov (UdSSR)

Der Kapitän: „Wo soll ich nur hinspielen?"

Bei Sepp Maier hat es eingeschlagen; Tor Nr. 2

Die erbarmungslose Härte des Regen-

spiels gegen die Schweden spiegelt sich im Gesicht von Paul Breitner wider. Der Münchner rutschte über die Torauslinie in die Fotografen

Nach dem Spiel: Jupp Derwall umarmt den „halbnackten" Gerd Müller. Freudig gibt Overath ein Interview – im Schwedentrikot. Auch im nächsten Spiel ist er dabei

Mannschaftskapitän Franz Beckenbauer bedankt sich beim Publikum; trotz der Niederlage verläßt Schwedens Spielmacher Ove Grahn das Spielfeld nicht enttäuscht

Glückwunsch der Spieler an Rainer Bonhof nach seinem 2 : 1. Irgendwo unter der Spieler-

traube muß der Torschütze sein. Er schoß sein erstes Tor in einem Länderspiel

Das Spiel ist aus, man tauscht die Trikots, ein Brauch, der sich auf allen Fußballfeldern der Welt eingebürgert hat. Nur die Funktionäre der FIFA sahen den Strip-tease ungern

Co-Trainer Derwall wird ein besonders kameradschaftliches Verhältnis zu den Spielern nachgesagt; hier legt er Uli Hoeness anerkennend den Arm um die Schulter

Keinen Staffelwechsel proben hier Ove Grahn und Hans-Georg Schwarzenbeck. Nachdem der Schwede kein anderes Mittel kannte,

den Sololauf des Deutschen zu stoppen, griff er nach dessen Hose. Für diese Textilbremse gab's zu Recht die gelbe Karte

Gruppe B Polen – BR Deutschland 0 : 1 (0 : 0)

Die „Wasserschlacht von Frankfurt"

Die großen Kämpfe haben immer ihre Namen, auch die des Fußballs. Nun wird man in den Geschichtsbüchern des Weltcups von der „Frankfurter Wasserschlacht" sprechen. Ein Gewitterregen setzte den Rasen des Waldstadions unter Wasser, ideales Terrain für Mark Spitz, aber nicht für Franz Beckenbauer.

Um vier Uhr, als das große Spiel beginnen sollte, wurde von Schiedsrichter Linemayer aus Österreich das Baden vorerst untersagt. Mit zwei Wasserwalzen bemühte sich die drittstärkste Industriemacht der Welt, die Pfützen auf dem Spielfeld auszutrocknen. Doch eher hätte es gelingen können, den Main mit einer Schöpfkelle zu leeren. Der Mann in Schwarz überprüfte den Wasserstand, befand ihn für zu hoch und ließ das Spiel um 30 Minuten verschieben. „Es war meine alleinige Entscheidung", sagte er nachher.

Die Feuerwehr war schließlich auch noch alarmiert worden, rückte mit einem, dann mit zwei Spritzenwagen an. Saugnäpfe wurden in die Pfützen gestellt, Kommando: Wasser rückwärts – marsch! Das Publikum blieb bei Laune, verkroch sich unter Regenschirmen und gelben Kapuzen. Anfeuerung für die Querpässe der Wasserschlucker, die die Schuhe ausgezogen hatten und barfüßig zur Sache gingen.

Um halb fünf Uhr kam die Sonne, und mit ihr die Mannschaften. Das Wasserballspiel konnte beginnen. „Nach einer halben Stunde", so sagte Herr Linemayer, „war der Platz durchaus bespielbar." Die Frage, ob er ein Meisterschaftsspiel der österreichischen Verbandsliga bei diesen Bedingungen angepfiffen hätte, wollte der Gute nicht beantworten. Im Grunde war ihm gar keine Wahl geblieben, denn eine Verschiebung des Spiels von Mittwoch auf Donnerstag hätte die Organisation vor eine fast unlösbare Aufgabe gestellt: Finale am Montag, anstatt am Sonntagnachmittag.

Irreguläres war möglich bei diesem Schlammbad, das Ergebnis, der 1 : 0-Sieg der Deutschen, war jedoch korrekt. Daß man hinterher den Gastgebern ein bißchen Glück bescheinigte, hatte andere Ursachen. Zum Beispiel die Polen, die Überraschungsmannschaft dieses Turniers, wurde bis dahin zum stärksten Gegner der deutschen Elf. Wäre sie ins Endspiel geschlittert, hätte man den Deutschen keinen Vorwurf machen können.

Daß es dazu nicht kam, ist ein Verdienst von Torhüter Sepp Maier und dessen Clubkameraden Gerd Müller. Der eine verhinderte drei Möglichkeiten der Polen, die in der Sprache der Branche als „todsichere Chancen" beurteilt werden müßten. Und Gerd Müller schließlich war in der 76. Minute des Spiels nervenstark genug, aus seiner einzigen Chance auch ein Tor zu machen.

In der ersten Halbzeit hatte es nicht gut ausgesehen für die Deutschen. Der Nachteil lag wasserklar in ihrer Hälfte, die Aktionen der Abwehr glichen lediglich Noteinsätzen. Die Polen fanden schneller die richtigen Mittel, um auf diesem Untergrund die Aktionen mehr als nur dem Zufall zu überlassen. Lange Pässe, mit denen das schlammige Mittelfeld überbrückt wurde, angeliftete Bälle, die nicht gleich unter die Wasseroberfläche tauchten. Technisches Geschick brachte die Polen in Vorteil, wenngleich auch sie nicht zu jenem außergewöhnlichen System finden konnten, das sie bislang so auszeichnete. Das lag auch daran, daß Rainer Bohnhof die zentrale Figur im Mittelfeld, Kazimierz Deyna, an die kurze Leine nahm. Damit fehlte den Polen der Inspirator, die Flügelstürmer mußten ohne seine Initiative auskommen. So brachte nicht eine Kombination, sondern ein Freistoß in der 19. Minute Sepp Maier in ernste Gefahr. Gadochas Scharfschuß wurde jedoch von dem Münchner bravourös bewältigt. Sieben Minuten später setzte

Am Tag, als der Regen kam . . . mußte

Deutschland gegen Polen um den Eintritt ins Finale kämpfen. Die Bemühungen der Platzarbeiter konnten eine Drainage nicht ersetzen

er sich selbst den Sockel, auf den man ihm nach dem Spiel ein Denkmal errichten sollte. Grzegorz Lato, der erfolgreichste Stürmer bei dieser Weltmeisterschaft, stand völlig allein vor Maier. Doch er zögerte einen Augenblick zu lange, Maier hetzte mit zwei Sätzen von der Linie hinaus in den Strafraum und warf sich in die Flugbahn des Balles. Der Ball prallte ihm von der Brust ab, genau vor die Füße von Gadocha. Die Reaktionszeit Maiers stimmte wiederum, auf dem Boden liegend schnellte er sich nach oben und verhinderte so die größte Chance der Polen.

Eine solche Möglichkeit bot sich Gerd Müller in der 41. Minute, allerdings nicht so brisant. Allein überlief er die polnische Abwehrlinie, doch kurz vor der Strafraumgrenze hatte ihn Zmuda eingeholt und angelte sich den Ball von Müllers Füßen. Das war auch alles, was es von Torchancen in der ersten Halbzeit zu vermelden gab. Daß es nicht mehr wurden, war mit den Sicherheitsvorkehrungen beider Teams zu erklären. Franz Beckenbauer, der glorreiche Libero, schlüpfte in die Rolle eines altdeutschen Ausputzers. Und die polnischen Außenstürmer Gadocha und Lato mußten zwangsläufig ihre ansonsten so gefährlichen Dribblings auf ein Minimum reduzieren. Den Polen fehlte zudem Mittelstürmer Szarmach wegen Verletzung, wenngleich er von Domarski gut vertreten wurde.

In der zweiten Halbzeit konnten die Deutschen in der wesentlich trockeneren Hälfte verteidigen. Dadurch bekam vor allem Georg Schwarzenbeck mehr Sicherheit, obgleich seine Wendigkeit auch schon in den ersten 45 Minuten zu bewundern war. Jedenfalls gewann er eindeutig das Duell der schweren Männer gegen den polnischen Libero Gorgen, der mitunter wie ein Schiffbrüchiger unter die Wasseroberfläche tauchte.

Innerhalb von zwei Minuten erspielten sich die Deutschen zwei spektakuläre Szenen im polnischen Strafraum. Der Frankfurter Hölzenbein, der effektvollste Stürmer an diesem Nachmittag, überlief zuerst Gorgen und dann Zmuda. Doch letzterer wollte sich dies nicht bieten lassen und zielte mit einem ausgestreckten Bein auf Hölzenbeins Unterschenkel. Der Frankfurter segelte kopfüber ins nasse Gras, und der Schiedsrichter erkannte, wenige Meter vom Tatort entfernt, den Regelverstoß.

Der Münchner Uli Hoeness, gegen Schweden als Elfmeterschütze bewährt, war an

Sepp Maiers mutiges Herauslaufen machte Gadochas (Nr. 18) große Chance auf den

Führungstreffer zunichte. Der deutsche Torhüter war an diesem Tage unüberwindlich

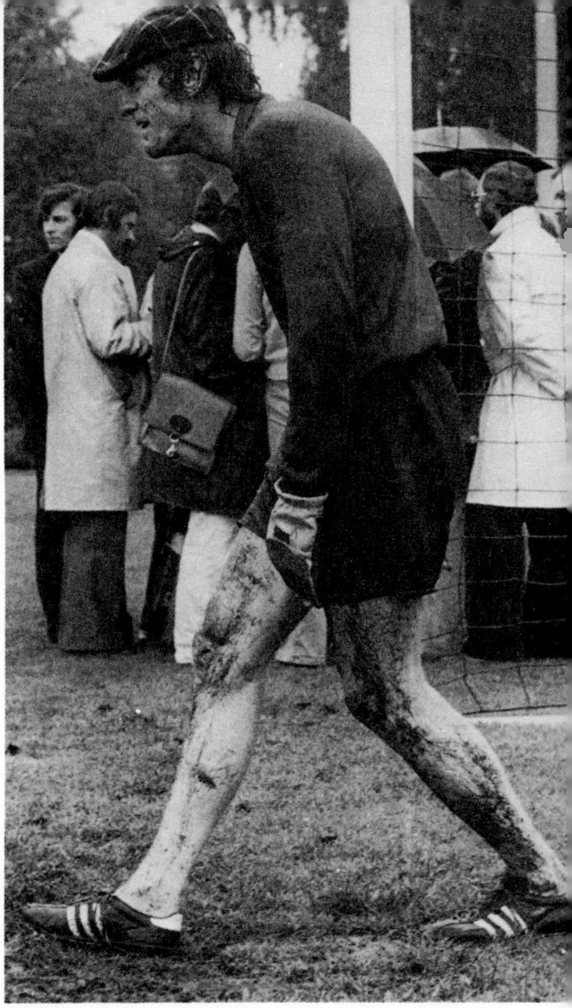

„Ich bin immer gut bei schlechtem Boden und nassem Rasen. Da können sie mir meine Fehler nicht ankreiden; das macht mich ruhiger"

diesem Tag erste Wahl. Doch diesmal verunglückte die Ausführung. „Ich dachte mir", so verriet er später, „der Tomaszewski hat gesehen, daß ich gegen den jugoslawischen Torhüter Maric in die rechte Ecke schoß, und deshalb zielte ich nun nach links." Doch Hoeness dachte zuviel, hinter seinem Schuß saß keine Kraft. Der polnische Torhüter hatte sich wohl auch etwas überlegt, und da sich seine Überlegungen mit denen von Hoeness deckten, flog er folgerichtig in die richtige Ecke. Und dahin kam ja dann auch der Ball.
Doch nach diesem vergebenen Strafstoß bewies die deutsche Mannschaft ihre derzeitige Stärke: Gegentore oder derartig verunglückte Aktionen deprimieren sie nicht. Gerade Hoeness versuchte nun seinen Fehler wiedergutzumachen, rannte noch energischer und effektvoller. Zwei Minuten nach dem verpaßten Führungstor bediente er glänzend Linksaußen Hölzenbein. Doch der junge Linskaußen schoß überhastet über das Tor.

Szymanowski und Hölzenbein beim Wasserballett

Beim Fußball gibt es keine Unterwasserfouls . . .

Jedes Sliding-Tackling war mit einer Rutschpartie verbunden

Obwohl nicht er, sondern Gerd Müller das Tor geschossen hat, war

Sepp Maier auch bei der Gratulationskur für den Torschützen obenauf. Rechts freuen sich Overath und Hoeness

Solche Fehlschüsse waren auf der gegenüberliegenden Seite nicht zu registrieren. Der vorzügliche Gadocha brachte seinen Bewacher Berti Vogts in immense Schwierigkeiten, aber Sepp Maier verhinderte durch seine spektakulären Paraden eine durchaus mögliche Führung der Polen.
Die Entscheidung fiel schließlich in der 76. Minute. Wieder war Hölzenbein der Ausgangspunkt, er öffnete die polnische Abwehr, schob den Ball zu Bonhoff weiter, und der Mönchengladbacher sah Gerd Müller in günstiger Position. Mit einer geschickten Körpertäuschung bluffte er einen polnischen Verteidiger, animierte auch noch Tomaszewski zu einem Schritt nach rechts und schlug dann den Ball blitzschnell in die linke Ecke. Deutschland führte 1 : 0. Die Polen mußten also noch zwei Tore schießen, um das erklärte Ziel, die Teilnahme am Finale, zu erreichen. Sepp Maier verhinderte schließlich kurz vor dem Ende noch den Ausgleich, als er einen aus acht Meter Entfernung zum Tor abgegebenen Schuß von Cmikiewicz im Sprung neben den Pfosten lenkte.

„Ich habe sicherlich nicht zu den ruhigsten im Stadion gezählt“, gestand Bundestrainer Helmut Schön nach dem Spiel, in dem er zum 100. Mal die deutsche Nationalmannschaft betreut hatte. Völlig erschöpft klappten ihm bei der Pressekonferenz mehrmals die Augen zu. Vor vier Jahren noch, bei der 3 : 4-Niederlage im Halbfinale von Mexiko, da hatte er seinen Mannen nicht mehr als ein „O Gott, o Gott“ als taktische Order mit in die zweite Halbzeit mitgegeben. Diesmal spornte er seine Truppe zum Kampf an. Das war die einzig richtige Maßnahme gewesen. Deutschland hatte sich damit zum dritten Mal für ein Endspiel qualifiziert.

Spielort: Frankfurt
Zuschauer: 62 000
Polen: Tomaszewski, Szymanowski, Gorgen, Zmuda, Musial, Maszcyk (ab 79. Min. Kmiecik), Deyna, Kasperczak (ab 79. Min. Cmikiewicz), Lato, Domarski, Gadocha
Deutschland: Maier, Vogts, Beckenbauer, Schwarzenbeck, Breitner, Bonhof, Hoeness, Overath, Grabowski, Müller, Hölzenbein
Schiedsrichter: Linemayer (Österreich)
Tor: 1 : 0 Müller (76. Min.)

1

2

1 Helmut Schön jubelt. Nur das Fernsehen fing die Szene ein, als Müller das 1 : 0 erzielt hatte. Im 100. Spiel unter Schöns Leitung blieb die Nationalmannschaft zum 66. Mal ungeschlagen. Ein stilles Jubiläum nach einem wichtigen Sieg

2 Wenn's darauf ankommt, sei Gerd Müller immer da, ist die Meinung vieler über den Münchner Mittelstürmer. – Die Anzeigetafel im Frankfurter Waldstadion dokumentiert die Richtigkeit dieser Ansicht auch an diesem Tage

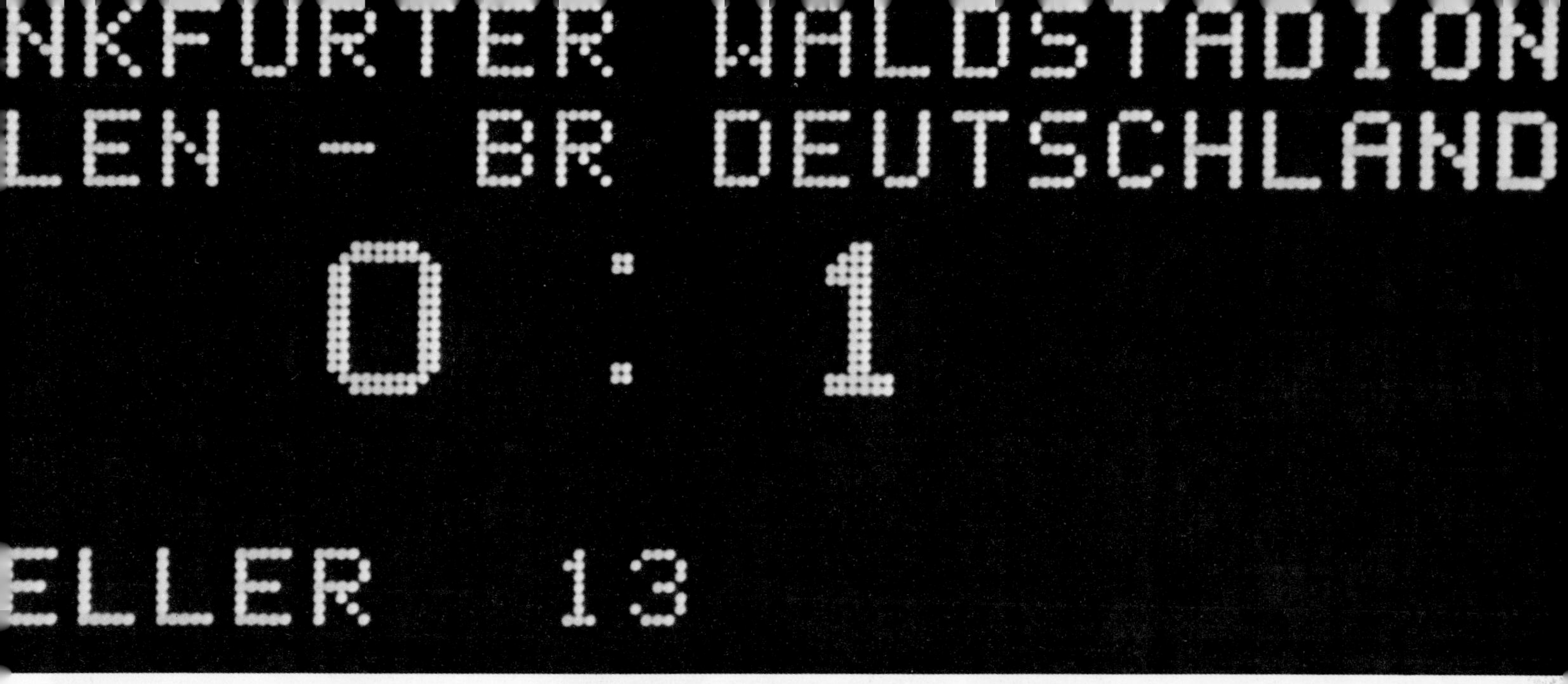
NKFURTER WALDSTADION
LEN - BR DEUTSCHLAND
0 : 1
ELLER 13

Möbel-Weiss
C&A

1

Gruppe B

Schweden – Jugoslawien 2:1 (1:1)

Größter Erfolg der Schweden

Die Nervenbelastung fehlte, die Kräfte ließen nach, Stimmung herrschte natürlich auch nicht mehr im Düsseldorfer Rheinstadion, in dem sich 15 000 Zuschauer verloren, obwohl 40 000 Karten im Vorverkauf abgesetzt worden waren. Doch das Spiel stand auf hohem Niveau!

Sowohl Schweden als auch Jugoslawien ließen erkennen, daß sie nicht Letzter in der Finalrunde B sein wollten. Am Ende freuten sich die Schweden über einen verdienten 2 : 1-Sieg.

Die schwedische Mannschaft besaß die größeren Kraftreserven. Obwohl neben Kindvall auch der verletzte Kapitän Bo Larsson fehlte, wirkte Georg „Aaby" Ericssons „Söldnertruppe" geschlossener als die mehr auf Einzelaktionen spezialisierte jugoslawische Auswahl. Die Abwehrspieler deckten genauer, im Mittelfeld verzichtete man auf die „Schnörkel", die den Jugoslawen so viel Spaß machen und so viel Zeit kosten, und an vorderster Front bewiesen Edström und Sandberg noch einmal, daß sie zu den torgefährlichsten Stürmern dieser Weltmeisterschaft gezählt werden müssen. Allerdings profitierte Edström bei seinem Tor, mit dem er schon 60 Sekunden später Jugoslawiens Führungstreffer von Surjak ausglich, von einem kapitalen Fehler des Torhüters Maric.

Jugoslawien hielt in der zweiten Finalrunde nicht, was es in der ersten Runde versprochen hatte. Der technischen Brillanz aller Spieler steht eine Schwäche gegenüber, die sich seit Generationen zu vererben scheint: Sie haben Angst vor dem Torschuß. „Wir haben mehr erreicht, als wir zu hoffen wagten", freute sich Schwedens Trainer Ericsson. Sein umstrittenster Spieler, Conny Torstensson, bereitete ihm vier Minuten vor dem Schlußpfiff des elfmeterscheuen Argentiniers Pestarino noch eine zusätzliche Freude: Er zielte wie ein Scharfschütze, traf die Innenkante des Torpfostens und verhinderte mit seinem Tor, daß Schweden bei Punkt- und Torgleichheit den dritten Gruppenplatz mit Jugoslawien teilen mußte.

1 Übergroß steht Jan Tomaszewski vor dem Elfmeterschützen Hoeness. „Ich habe mich durch die Oberkörperbewegung des Polen irritieren lassen", meinte der Pechvogel hinterher. – Der Keeper hielt bereits seinen zweiten Elfmeter bei diesem Turnier

2 Edströms viertes Tor bei dieser Weltmeisterschaft brachte Schweden den Ausgleich gegen Jugoslawien

Spielort: Düsseldorf
Zuschauer: 15 000
Schweden: Hellström, Olsson, Karlsson, Nordqvist, Augustsson, Tapper, Grahn, Persson, Torstensson, Edström, Sandberg
Jugoslawien: Maric, Buljan, Katalinski, Hadziabdic, Pavlovic (ab 77. Min. Peruzovic), Bogicevic, Acimovic, Jerkovic, Petrovic (ab 68. Min. Karasi), Surjak, Dzajic
Schiedsrichter: Pestarino (Argentinien)
Tore: 0 : 1 Surjak (28. Min.), 1 : 1 Edström (29. Min.), 2 : 1 Torstensson (86. Min.)

2

1

Edgar Fuchs

Das Geheimnis der Männer in Schwarz

Schiedsrichter gehören nicht zu den Teilnehmern einer Weltmeisterschaft, deren Namen man lange in Erinnerung behält. Wer wird später noch darüber reden, daß 1974 ein Mann namens Youssou N'Diaye aus Senegal am Werke war und wie ein Marathonläufer in der Savanne 90 Minuten zwischen den Spielern aus der DDR und Australien herumtrabte; oder daß ein Govindasamy Suppiah aus Singapur die Brasilianer im Spiel gegen Holland zur Verzweiflung brachte, weil er immer dann Abseits anzeigte, wenn sie sich tatsächlich dort befanden – eine Regelkenntnis, die sie einem Exoten offenbar nicht zugetraut hatten.
Früher oder später wird man sie alle vergessen haben, und das ist gut so. Denn: „Der beste Schiedsrichter ist der, über den nach den 90 Minuten kein Wort mehr verloren wird", sagt FIFA-Generalsekretär Dr. Helmut Käser.
Während dieser Weltmeisterschaft machte sich vor allem ein Schiedsrichter einen Namen: Dogan Babacan aus der Türkei, der den Chilenen Carlos Caszely im Spiel gegen Deutschland des Feldes verwies. Er wartete ab, bis der Sünder und sein Opfer, Berti Vogts, sich genügend lange am Boden gekrümmt hatten, bis der Ball zum Freistoß zurecht gelegt worden und zwischen den beiden Mannschaften ein „Niemandsland" entstanden war. Dann erst, als alle sich wieder beruhigt hatten, zückte er die rote Karte.
Wie Babacan diese Situation bewältigt hatte, ohne daß auch nur die Andeutung eines Protestes aufgekommen war, das wurde als psychologische Meisterleistung gewürdigt. Das Schiedsrichter-Komitee sah es offensichtlich anders: Dogan Babacan hatte das „Raus" etwas zu theatralisch vorgetragen, deshalb war es das letzte Wort, das er bei dieser WM mitzureden hatte. Er wurde nicht mehr eingesetzt.
Der Rest der 30 aufgebotenen Männer in Schwarz arbeitete so konsequent und unauffällig, daß sich dieses Turnier von seinen Vorgängern äußerst positiv unter-

2

schied. Zwar gab es eine Unzahl von Verwarnungen und eine Reihe von Platzverweisen – doch Skandale auf dem Spielfeld blieben diesmal aus. Dabei arbeiteten die Schiedsrichter diesmal unter erschwerten Bedingungen. Sie waren angetreten, ein Ärgernis auszurotten, das bisher stets als Kavaliersdelikt eingestuft worden war und das nur die Zuschauer mit Pfiffen quittiert hatten: das Spiel auf Zeit.

Es war in mehr als einem Dutzend Variationen zu besichtigen. Der Ball wurde beim Abschlag oder Freistoß vor- und zurückgerollt, lange Diskussionen, wer einen Einwurf ausführen sollte, die Mauer-Bildung nach dem Prinzip der Echternacher Springprozession, zwei Schritte vor und einen zurück. Die Liste ließe sich beliebig erweitern. Das alles schien keinen direkten Einfluß auf das Spiel zu haben. Es nahm der geschädigten Mannschaft keine direkte Chance. Aber es verminderte ihre zeitliche Chance auf den Erfolg. Und deshalb war das Spiel auf Zeit als Kavaliersdelikt immer falsch eingestuft. Es war eine Unsportlichkeit, mit einem Foul in der Wirkung gleichzusetzen. Und ehe die Schiedsrichter gelegentlich den Daumen nach oben hielten, um anzuzeigen, daß sie eine Minute nachspielen lassen würden, mußte ihre Geduld schon arg strapaziert worden sein.

Bei dieser Weltmeisterschaft wurde dem Ärgernis des Zeitgewinns auf Kosten des Gegners und der Zuschauer der Kampf angesagt. Ehe die Spieler das richtig begriffen hatten, war der Australier Ray Richards, im Spiel gegen Chile, bereits vom Platz geflogen. Die Verhältnismäßigkeit zwischen Tat und Strafmaß schien auf den ersten Blick, auch wenn Richards in diesem Spiel vorher schon verwarnt worden war, nicht gewahrt. Aber Richards Beispiel wirkte Wunder: Nie zuvor hatten die Spieler soviel Respekt vor den Schiedsrichtern wie bei dieser WM. Die stramme Haltung mancher Spieler bei Ermahnungen und Verwarnungen war ein Indiz dafür. Das war das Erfolgsgeheimnis der Männer in Schwarz.

Die Männer in Schwarz sind neben den Trainern die bestgehaßten Leute, wenn eine Mannschaft ein Spiel verliert

1 Zaire-Spieler Kakoko scheint die Augen vor der Schiedsrichterentscheidung zu verschließen

*2 Stillgestanden!
Der Italiener Capello bei einer Ermahnung durch Schiedsrichter Kasakow*

Fans, Tifosi, Schlachtenbummler aus aller Herren Länder, begeistert, verrückt, übermütig

Nationale Weihestunde, Gesangsvereinsausflug, Karneval

Hans Blickensdörfer

Des Kaisers neue Kleider

Der Trainer und sein Kapitän. Helmut Schön und Franz Beckenbauer wurden zu einem Gespann, das sich gegenseitig ergänzte. Der Franz sorgte dafür, nachdem er einmal kräftig auf den Tisch gehauen hatte

Mitunter werden Fußballweisheiten umgedreht. Nehmen wir jene, die besagt, daß es immer von Vorteil sei, ein Tor mehr zu schießen als der Gegner. Nach dem Schlußpfiff des Spiels DDR – Bundesrepublik war dem bundesdeutschen Stolz zwar durch Jürgen Sparwassers Dolchstoß eine schmerzende Wunde zugefügt, aber sie heilte nicht nur schnell, sondern erwies sich überhaupt als heilsam in vieler Hinsicht.

Der große Prestigeerfolg im Bruderkampf hat Prügel in den Weg der DDR geworfen, weil die zweite Finalrunde schon das „Aus" bedeutete, und Prügel aus dem der Bundesrepublik geräumt.

Und er hat Franz Beckenbauer zu der Sorte von Kapitän gemacht, die die Lage der bundesdeutschen Mannschaft erforderte. Denn das Tief, das sich in der Abgeschlossenheit von Malente zusammengezogen hatte, war unter den Nullpunkt gesunken, und Helmut Schön geriet in das Kreuzfeuer einer Kritik, das seine Berechtigung hatte, auch wenn seine Schärfe durchaus nicht immer gerechtfertigt war.

Mit einer Klarheit, die im Gegensatz zu vielem anderen, was durch die Zäune der Sportschulen sickerte, von kristallener Schärfe war, erkannte man, daß Franz Beckenbauer von der Rolle des diskreten Kapitäns, dem seine Ruhe lieber als hartes Kommandieren war, in eine andere schlüpfte.

Es war kein Aufstand gegen den Bundestrainer. Vielmehr war es der Selbsterhaltungstrieb eines Superstars, der nicht im Sumpf der Ratlosigkeit ersticken, sondern Weltmeister werden wollte.

Nachdem der Kapitän, auch auf dem Spielfeld stets auf Eleganz und tadellosen Habitus bedacht, gegen die DDR schon die Strümpfe hinuntergekrempelt hatte, weil er merkte, daß das Aufkrempeln der Ärmel nicht mehr genügte, zog er auch noch die Samthandschuhe aus. Als seine Faust auf den Tisch krachte, purzelten einige Figuren von Helmut Schöns Schachbrett, und gegen Jugoslawien wurde der Mut zu einem für die verwöhnte deutsche Galerie unpopulären Sicherheitsspiel geboten. Man kann die Renaissance des deutschen Spiels zu Beginn der zweiten Finalrunde freilich auch losgelöst vom heiligen Ernst der Berichterstattung jener Tage sehen. Beispielsweise so, wenn es erlaubt ist, den geneigten Leser mit einer weniger martialischen Sprache zu inkommodieren:

„Was ist nur mit Jung-Uli los?" fragte Opa Helmut den Onkel Franz und kratzte sich besorgt da, wo er früher einmal einen Scheitel hatte.

„Jung-Uli", sagte er und spielte gedankenverloren mit seinen dunkelbraunen Locken, „ist arg schnell groß geworden. Er redet altklug daher und denkt zuviel an das Bilderbuch, das er mit dem Paul und dem Udo machen darf. Und zuviel Taschengeld hat er auch gekriegt. Wenn ich denke, wie knapp man mich in seinem Alter gehalten hat!"

„Und mich erst", seufzte Opa Helmut und wartete mit zitternder Spannung, was der Onkel Franz vorschlagen würde, um aus dem zornig stampfenden Jung-Uli wieder ein nützliches Glied der Gemeinschaft zu machen.

„Ich wüßte schon was", sagte der Onkel Franz mit einem dünnen, aber bestimmten Lächeln. „Wir lassen ihn einfach nicht mitspielen."

Da erschrak Opa Helmut zutiefst, weil Jung-Uli zwar vorlaut, aber auch ein starker Bayer ist, den man nicht so ohne weiteres ungestraft auf die Strafbank setzt. Aber schnell erhellte sich seine sorgenvolle Miene, als Onkel Franz, der größte aller Bayern und kaiserlicher Kapitän, versprach, die Sache in die Hand zu nehmen.

„Jung-Uli", sagte Onkel Franz schelmisch, „wird auf die Strafbank gesetzt. Das wird ihm sowohl weh als auch gut tun, denn er bekommt das Gefühl, daß wir ihn nicht brauchen."

„Aber eigentlich brauchen wir ihn doch", wagte Opa Helmut einzuwerfen.

Wieder grinste Onkel Franz mit der kaiserlichen Überlegenheit, um die ihn Opa Helmut gelegentlich so beneidet: „Natürlich brauchen wir ihn, doch wir müssen eben so tun, als ob wir ihn nicht bräuchten. Zu den anderen aber werden wir sagen: ‚Seht, dort sitzt der starke Uli, weil er unartig war. Aber gleich wird er mitspielen dürfen, wenn wir einen sehen, der nicht laufen will!'" Da klatschte Opa Helmut vor Begeisterung in die Hände und ernannte den Onkel Franz zum Reserve-Feldherrn.

Und als dann der Herbert wimmerte, weil er mehr gelaufen war, als er vertrug, schickte Opa Helmut mit dem augenzwinkernden Einverständnis von Onkel Franz Jung-Uli auf die Spielwiese. Vor lauter Begeisterung rannte er schneller als alle anderen und verhalf Klein-Gerd unverzüglich zum 2:0. Opa Helmut und Onkel Franz aber zwinkerten einander zu und beschlossen, keinem zu verraten, wie geschickt sie das Ding eingefädelt hatten.

DEUTSCHER FUSSBALL BUND

Wen soll Günter Netzer anspielen? Der Spielmacher der Europameisterelf findet keinen. Bei seiner ersten WM wurde er zum Edelreservisten. DDR-Trainer über Netzer: „Muster eines falsch geführten Stars." Schön über Netzer: „Ich bin von seiner Entwicklung überrollt worden"

Peter Bizer

Günter Netzer – ein Genie nahm seinen Abschied

Ein Star verglühte bei dieser Weltmeisterschaft, obwohl er nur 20 Minuten im Feuer gelegen hatte: Günter Netzer, 30 Jahre alt, angestellter Millionär von Real Madrid, wurde zum Bettelmann in der deutschen Nationalmannschaft.

20 Minuten im Spiel gegen die DDR genügten seinen Kritikern, um über dem kühlen Blonden den Stab zu brechen. Und seine Freunde sagten, diese zweimal zehn Minuten wären zu einem unrechtmäßigen Tribunal geworden, man hätte von ihm Wunderdinge erwartet in einem Spiel, in dem den Zauberkünstlern um Franz Beckenbauer kein Kaninchen aus dem Zylinder sprang.

Die internationale Karriere des Günter Netzer begann am 9. Oktober 1965 in Stuttgart beim Länderspiel gegen Österreich. Ab diesem Tag spielte er immer sein letztes Spiel, während sich ein Franz Beckenbauer umgehend im Kreis der Besten etablierte, blieb Netzer stets ein Außenseiter.

Im Grunde spielte er nur einen Sommer, und das war 1972. Aber diese drei Monate genügten ihm, um sich für immer einen Platz in der Ahnengalerie des deutschen Fußballs zu sichern. In Wembley und Brüssel, da war er das Genie, und der Flitter des Stars rieselte auf die gesamte Mannschaft. Zwei Jahre später hockte er auf der Ersatzbank, und auch das nur zweimal, es war während der Spiele gegen Australien und die DDR in Hamburg.

Der Mann, der sich zu den Großen dieser Fußballwelt zählen durfte, fristete ein ärmliches Mauerblümchendasein.

Die Musen, so schrieb ein Berichterstatter, hatten ihn oftmals auf Kommando geküßt. Zum letzten Mal geschah dies im Pokalfinale von Borussia Mönchengladbach und dem 1. FC Köln in Düsseldorf, als er mit seinem Tor die Fans in Entzücken versetzte. Doch dann ging er den Weg nach Madrid, der mit Rosen gepflastert schien. Doch bald bohrten sich die Stacheln in seine Füße. Die Gastrollen, die er in der Nationalelf gab, fielen spärlich und ungenügend aus.

Doch auf der Welle der Nostalgie schwamm er hinein in das letzte Aufgebot des Bundestrainers, der seinen Günter nicht verkommen lassen wollte. Doch die Uhr war bereits abgelaufen, die Zeit war um für Günter Netzer. Und jene, die lange Zeit zu ihm gehalten hatten, wandten sich von ihm ab. Die Spieler des FC Bayern München, die ihn protektionierten, suchten wieder nach Wolfgang Overath. Die Ursache war bezeichnend: Nach dem letzten Testspiel der deutschen Nationalmannschaft gegen Schweden, da fühlte sich Netzer verschaukelt, erklärte er: „Der Hoeness will wohl alleine Weltmeister werden." Dies war zwar richtig erkannt, doch der Fußball bietet keine objektiven Kriterien für derartige Urteile. Günter Netzer mußte erkennen, daß sich während seiner Abwesenheit die Machtpositionen zu seinen Ungunsten verschoben hatten. Jene, die 1972 für ihn gelaufen waren, wollten nun selbst diktieren.

Doch im Trainingscamp der Deutschen bewies er Charakter. Das Gerücht, er wolle aus Verärgerung frühzeitig abreisen, wurde nicht in seiner Küche gekocht. Er, der Einfluß verloren hatte, versuchte diesen Verlust nicht mit hinterlistigen Intrigen wettzumachen. Er fügte sich in seine Rolle, ließ zu, daß man ihn nur noch als Requisit einer einstigen Prunkvorstellung behandelte.

Der Rebell am Ball resignierte. Nie mehr, so sagte er, würde er wieder in der Nationalmannschaft spielen. Er weiß, daß nach dieser Weltmeisterschaft einem 30jährigen keine Zukunft mehr gehört. Er wird sie nur mehr in Spanien haben, aber selbst da zogen schon die ersten Wolken auf.

Ein Genie nahm seinen Abschied. Und weil die deutsche Elf ins Endspiel kam, konnte es kein Adieu mit Tränen werden. Nun kann ihn nur noch die Angst plagen, daß er nämlich vollends vergessen ist. Doch dies sollte man ihm nicht antun, auch wenn Günter Netzer letztlich jenen Gesetzen zum Opfer fiel, die er stets akzeptiert hat: Das Geschäft mit dem Fußball überläßt den Verlierern nur die Tragik.

Edgar Fuchs

Einer wollte sogar seine Haare verkaufen

Reklame ist unser Leben! Die Geschäfte rund um den Fußball blühten bei dieser Weltmeisterschaft

Der König war zwar nicht tot, aber er regierte nicht mehr, er kassierte nur noch. Edson Arantes do Nascimento, genannt Pelé, kam nicht als Teilnehmer, sondern als stiller Teilhaber zur Weltmeisterschaft. Und mit ihm kam der erste Krach. Ein wenig Fußball wollten die Organisatoren unter viel Folklore mischen, mit der die Spiele eröffnet wurden. Pelé sollte mit Uwe Seeler den alten und den neuen Pokal austauschen. Was nicht nur hübsch war für die Kameras, sondern auch eine hübsche Summe in die Kasse brachte. 500 000 Mark bezahlte der amerikanische Getränke-Konzern „Pepsi Cola" dafür, daß er mit Pelé ein wenig Schleichwerbung betreiben konnte. Vertragspartner war OK-Präsident Hermann Neuberger, ein Profi im Geschäft mit dem Fußball.

Die Spieler, die dieses Geschäft ebenfalls betreiben, schien Neuberger wenige Tage vorher jedoch für eine Gruppe von Pfadfindern zu halten. Jedenfalls reagierte er so. Er sprach von Erpressung, als die langwierigen Verhandlungen mit den Spielern vorüber waren.

Der DFB setzte den Preis für den Titel mit 30 000 Mark an, die Spieler setzten ihre ultimative Forderung wenige Stunden vor Ablauf der Frist durch, in der die 22 Namen des WM-Aufgebotes bei der FIFA abgegeben werden mußten: 60 000 Mark, auch für jene, die noch nicht einmal auf der Ersatzbank Platz nehmen durften.

Die DFB-Funktionäre hatten sogar den Plan erwogen, auf den nicht in Malente versammelten Rest der ursprünglichen 40-Mann-Auswahl zurückzugreifen und Beckenbauer, Overath, Müller, Hoeness und den Rest in den Urlaub zu entlassen. Bundestrainer Schön hatte die Koffer ohnehin schon gepackt. Schließlich setzte sich jedoch die Erkenntnis durch, daß es die anderen vielleicht billiger, aber sicher nicht besser machen würden.

Der Schreck des DFB war verständlich: er saß zu diesem Zeitpunkt noch auf einem Berg von 900 000 Karten. Die WM schien sich zum Verlustgeschäft auszuwachsen, was sie mit einer Ersatz-Nationalelf sicher geworden wäre. Überraschend waren die Forderungen, die Franz Beckenbauer im Namen seiner Kollegen präsentiert hatte, keineswegs. Sie hielten sich sogar im Rahmen, zieht man andere Länder zum Vergleich heran. Holland versprach seinen Kickern 110 000 Mark für den Gewinn der Weltmeisterschaft. Selbst Zaires Präsident Mobutu bot 60 000 Mark für den WM-Titel, was allerdings eine ebenso risikolose Offerte darstellte wie die 300 000 Dollar, die Haitis Jung-Diktator Jean-Claude Duvalier seiner Elf für einen Sieg gegen Italien versprochen hatte.

Für die Schotten stand das Thema einer Titelprämie zunächst nicht zur Debatte. Sie begannen das Turnier, ihrem Naturell entsprechend, mit der Erkenntnis, daß Kleinvieh auch Mist macht. Sie hielten sich erst einmal an die Journalisten. Als ein Fotograf des „Daily Record" in den Taunus reiste, um ein farbiges Gruppenbild zu schießen, forderte Billy Bremner fürs Stillhalten 35 000 Mark. Man einigte sich auf 7000 Mark.

6000 Mark mußte die Fernsehgesellschaft BBC für das Recht bezahlen, dem britischen Publikum demonstrieren zu dürfen, daß die Schotten sich nicht nur Whisky durch die Kehle rinnen ließen, sondern beim Training viel Schweiß vergossen.

Das alles fand noch vor der Eröffnung der WM statt. Zum großen Schlag holte Billy Bremner jedoch erst vor dem ersten Spiel aus. Dazu mußte er zunächst einmal selbst in die Taschen greifen und einen Topf schwarzer Farbe besorgen. Damit übermalte er auf 44 Stiefeln 132 weiße Streifen. Denn das Tragen von Schuhen ist im Fußball nicht nur eine Notwendigkeit, sondern mit einem Nutzungseffekt verbunden. Daß die Schotten ihre Tore mit Schuhwerk aus Herzogenaurach schießen, sollte dem Hersteller etwas mehr wert sein als nur 1700 Mark pro Mann, fand Bremner. Nach der 1. Finalrunde hatte sich das Problem von selbst gelöst. Die Schotten schieden aus dem Turnier aus – die Firma „adidas" hatte 22mal 1700 Mark gespart.

Fortan beschäftigte die Schuhfirma sich damit, der deutschen Mannschaft die Daumen zu halten und Geschenke im Wert von 20 000 Mark zu suchen. So wollte man den Titel honorieren, nicht mit Bargeld. Das schuf Probleme. Ratlos fragte der Sprecher des Werkes: „Was schenkt man Franz Bekkenbauer? Der hat doch alles!" Nur den WM-Titel hatte er noch nicht. Der Endsieg geriet in Gefahr, denn zu diesem Zeitpunkt schoben sich die Holländer in den Vordergrund, und ausgerechnet der Star dieser Mannschaft war mit den Produkten der Konkurrenz „Puma" ausgerüstet. Cruyffs Konsequenz als Werbeträger ging sogar so weit, daß für ihn ein Extra-Trikot angefertigt werden mußte. Statt dreier Streifen wie bei all seinen Mannschaftskameraden liefen bei ihm nur zwei von Achsel bis zum Handgelenk hinunter.

Dafür zeigte sich der Holländer sonst konziliant. Während er im Fußball-Alltag nicht einmal „piep“ sagt, wenn kein Honorar geboten wird, gab es bei der WM Interviews umsonst. Und das war ein gewaltiges Entgegenkommen. Denn andere Spieler wollten sich jedes Wort mit Gold aufwiegen lassen. Chiles Mannschaft ließ gar einen Katalog veröffentlichen, aus dem jeder Journalist errechnen konnte, wieviel Geld er mitzubringen hatte. 130 Mark für Zeitungs-, 160 für ein Rundfunk- und 520 für Fernseh-Interviews. Die Spieler Uruguays vereinfachten das Verfahren erheblich: Sie setzten pauschal 200 Dollar für Rede und Antwort an.

Wer seine Haut zu Markte trägt, versucht sie so teuer wie möglich zu verkaufen. Einer bot sogar seine Haare an. Ruben Hugo Ayala wehte ein Schopf von 35 Zentimetern Länge hinterher, trotz der 1974 ausgegebenen Modedevise: Man trägt wieder kürzer. Drei Wochen brauchten die Fotografen, um den 24jährigen auf den neuen Trend zu bringen. Als sie mit Messer und Schere anrückten, stellte Ayala seine Forderungen: 50 Dollar für jeden Zentimeter. Ayala war bereit, für 1750 Dollar Haare zu lassen. Denn: „Auch ein Kahlkopf ist eine Frisur, seit es Yul Brynner gibt“, sagte der Argentinier. Das Geschäft mit der Platte wurde jedoch zur Pleite: keiner wollte bezahlen.

Auch wenn manches Geschäft nicht zustande kam, 1974 brachte die total vermarktete Weltmeisterschaft. Nicht nur die Spieler, auch die Organisatoren baten kräftig zur Kasse. Fußballer und Funktionäre machten das Turnier zum gigantischsten Werbefeldzug des Jahrzehnts.

Während die Spieler mit ihrem Porträt, mit dem Stiefel oder der Brust Reklame betrieben, ließ das Organisationskomitee in allen Stadien zusätzliche Banden installieren, die als Werbeflächen an die Markenartikel-Industrie vermietet wurden. Zehn Meter kosteten 960 000 Mark, plus Mehrwertsteuer. Für diesen Betrag konnten die Partner des DFB verlangen, möglichst gut ins Bild gebracht zu werden.

Deswegen bekamen körperbehinderte Rollstuhlfahrer in Hamburg von der WM nicht viel zu sehen. In dem für 15 Millionen Mark umgebauten Stadion würden sie, so ließen die Organisatoren wissen, den Blick auf die Reklameflächen teilweise behindern. Aus Protest gab der Hamburger Kommunalpolitiker Ulrich Hartmann seine Ehrenkarten zurück. Das war noch vor dem ersten Spiel. Der Skandal ging im Torgeschrei unter . . .

1

2

3

6

7

WM-Stadien 1974

1
Neckarstadion Stuttgart
Fassungsvermögen 72 200
Sitzplätze 34 400
8 Laufbahnen (Kunststoff)
Umbaukosten 22 Millionen DM

2
Westfalenstadion Dortmund
Fassungsvermögen 53 600
Sitzplätze 16 500
keine Laufbahnen
Baukosten 33 Millionen DM

3
Rheinstadion Düsseldorf
Fassungsvermögen 70 100
Sitzplätze 31 800
8 Laufbahnen (Asche)
Umbaukosten 24 Millionen DM

4
Waldstadion Frankfurt
Fassungsvermögen 62 200
Sitzplätze 29 200
8 Laufbahnen (Kunststoff)
Umbaukosten 27 Millionen DM

4

5

8

9

5

Parkstadion Gelsenkirchen

Fassungsvermögen 70 000
Sitzplätze 36 000
8 Laufbahnen (Kunststoff)
Baukosten 55 Millionen DM

6

Niedersachsenstadion Hannover

Fassungsvermögen 60 400
Sitzplätze 40 850
8 Laufbahnen (Kunststoff)
Umbaukosten 26 Millionen DM

7

Olympiastadion München

Fassungsvermögen 76 000
Sitzplätze 44 200
8 Laufbahnen (Kunststoff)
Baukosten (o. Dach) 85 Millionen DM

8

Volksparkstadion Hamburg

Fassungsvermögen 60 600
Sitzplätze 28 000
8 Laufbahnen (Kunststoff)
Umbaukosten 17 Millionen DM

9

Olympiastadion Berlin

Fassungsvermögen 85 000
Sitzplätze 61 800
8 Laufbahnen (Kunststoff)
Umbaukosten 25 Millionen DM

Edgar Fuchs

Ein Polizist für 40 Zuschauer

An Drohungen hatte es nicht gefehlt! Die „Rote Armee Fraktion“ hatte einen Raketenanschlag auf das Hamburger Volksparkstadion angekündigt, angebliche Mitglieder der Irisch-Republikanischen Armee hatten mitgeteilt, sie würden einen Mordanschlag auf schottische Nationalspieler durchführen. Es fiel schließlich jedoch nur ein einziger Schuß aus einer Handfeuerwaffe. Ein Polizist setzte mit einem Volltreffer im Düsseldorfer Rheinstadion ein Bildfunkgerät einer deutschen Tageszeitung außer Gefecht. Der Mann hatte den in Leder verpackten Apparat für eine Bombe gehalten. Was allerdings passiert wäre, wenn es sich tatsächlich um einen explosiven Inhalt gehandelt hätte, darüber wurde nicht diskutiert. Das ganze wurde als Betriebsunfall registriert. Immerhin, es hätte ja sein können, daß . . .

Die Polizei, dein Freund und Helfer

„Wir sind auf allen Ebenen im Geschäft drin“, hatte Kriminaldirektor Hans-Joachim Budde aus Hannover die Vorbereitungen der Polizei auf die Weltmeisterschaft beschrieben. „Das Massaker von München hat das Bewußtsein verändert, es gibt jetzt nichts mehr, was nicht für möglich gehalten wird.“ Deshalb wurde ein Polizei-Ausschuß AK II bei der ständigen Konferenz der Innenminister gegründet, für den die Weltmeisterschaft ein Planspiel war. Er ließ 20 Alarmfälle proben. In erster Linie wurde durchexerziert, was zu tun sei bei Anschlägen von Extremisten, Geiselnahme von Angehörigen bundesdeutscher Nationalspieler, Krawallen in den Stadien.

Besonderen Schrecken jagten der Polizei die Drohungen der Terroristen ein, denn: „Wenn Stadien mit Raketen beschossen oder bombardiert werden sollten, dann wären wir machtlos. Das wäre bereits Krieg“, klagte der Münchner Polizeidirektor Franz Haimerl, Vorsitzender des Sicherheitsausschusses AK II.

Für das Heer der Ordnungshüter fiel fast nur Routinearbeit an. In erster Linie war das die „Verhinderung des Einbringens von Gegenständen in das Innere, die angriffsweise verwendet werden können“, wie der Frankfurter Polizeidirektor Vogel in schönstem Amtsdeutsch die stichprobenartige Leibesvisitation von Stadionbesuchern beschrieb. Ihr fielen nicht nur Hieb-, Schlag- und Stichwaffen zum Opfer, sondern auch Tausende von Schnapsfläschchen, wie sie beispielsweise die Holländer mit sich führten. Allerdings nicht, um sie auf den Schiedsrichter zu schleudern, sondern, wie der Sport-Feuilletonist Horst Vetten schrieb, um festzustellen, „ob man von altem oder jungem Genever schneller betrunken wird!“

In den Stadien selbst, deren Ränge mit Kameraaugen überwacht wurden, um die Schützen von Feuerwerkskörpern ausfindig zu machen, hatte die Polizei Fachleute unter die Fans gemischt. 900 Ordner und 600 Beamte sollten in Hannover Krawalle verhindern. Bei einem ausverkauften Spiel

Im gepanzerten Wagen fährt „US-Außen“ Kissinger vor; Maschinenpistolen sorgten nicht nur für seine Sicherheit

Das Bild der heiteren Spiele in München prägten nicht zuletzt auch die buntgekleideten Polizisten. Bei der WM bewachten sie das Spielgeschehen wieder in voller Uniform wie hier im Stuttgarter Neckarstadion. Der „5. September 1972" sollte sich nicht wiederholen

(60 400 Plätze) wäre immer noch ein Wächter auf 40 Zuschauer gekommen.

„Bei den Olympischen Spielen haben wir unsere Leute in babyblaue Anzüge gesteckt, um das Bild der heiteren Spiele nicht zu stören. Für die Weltmeisterschaft galten andere Maßstäbe. Hermann Neuberger, der Präsident des Organisationskomitees hat uns mit dem Hinweis auf die zunehmende Verrohung der Sitten beim Fußball aufgefordert, die Überwachung sichtbar zu machen", erklärte Polizeidirektor Franz Haimerl die Tatsache, daß es während der WM so viele Uniformen zu sehen gab, daß ausländische Berichterstatter die Vermutung äußerten, sie hätten sich auf ein Polizeisportfest verirrt.

Wie waffenstarrende Festungen sahen auch die Quartiere der 16 Mannschaften aus. Den meisten Schutz genoß, nach einer Bombendrohung, die Mannschaft der DDR, als sie während der zweiten Finalrunde nach Ratingen bei Düsseldorf umgezogen war. 20 Beamte wachten rund um die Uhr, selbst Angestellte der Stadtverwaltung konnten, wenn sie mit der Delegationsleitung Organisationsfragen besprechen wollten, nicht in das Hotel.

Trainingszeiten und Sonderwünsche wurden über Polizeifunk ausgehandelt. Unter den Sicherheitsvorkehrungen, die für die bundesdeutsche Mannschaft getroffen wurden, hatten 120 in Münchens Sportschule Grünwald zu einem Lehrgang versammelte Sportler zu leiden. Zwar war jeder einzelne von ihnen vorher von der Polizei durchleuchtet worden, keiner stellte ein Sicherheitsrisiko dar, aber auf Geheiß von OK-Präsident Neuberger mußten sie ausziehen. „Wir haben die optimale Vorsorge getroffen", sagte Polizeidirektor Haimerl, „hundertprozentige Sicherheit kann jedoch niemand garantieren."

Einmal erschien den Beteiligten das Risiko zu groß: Jugoslawiens Staatschef Tito wollte das Spiel seiner Landsleute gegen die Bundesrepublik sehen. Er mußte sich mit dem Fernsehapparat begnügen. Für US-Außenminister Henry Kissinger, Fürst Rainier von Monaco, Bundeskanzler Schmidt und ein ihnen folgendes Heer von Prominenz erschien die Gefährdung geringer. Daß sie jedoch stets bestand, wurde schon am Eröffnungstag deutlich. Der am 14. Juni noch amtierende Bundespräsident Gustav Heinemann fuhr mit einem Mercedes 600 ins Frankfurter Waldstadion ein. Stoßstange an Stoßstange folgte ein fahrbarer Operationssaal.

Fußball auf Briefmarken

Fast alle Sportarten haben auf den Briefmarken der Welt ihre Darstellung gefunden. Das Fußballspiel ist dabei das beliebteste Motiv. In rund 100 Ländern wurden über 900 Werte „König Fußball“ gewidmet. Ein Ruhmesblatt für den Weltsport Nr. 1 und ein eindeutiger Beweis, daß Fußball und Philatelie eng verbunden sind. Europa und Südamerika, die im Fußball dominierenden Kontinente, bestimmen auch das philatelistische Geschehen.

In weltweiter Sicht sind es in erster Linie die Fußball-Weltmeisterschaften und die olympischen Turniere, die zur Ausgabe von Sondermarken angeregt haben. Aber auch die internationalen Pokalwettbewerbe, kontinentale und nationale Spiele, Jubiläen von FIFA, Verbänden und Vereinen waren Anlässe, um den Fußball mit der Philatelie zu verbinden. Die brasilianische Post feierte sogar das 1000. Tor des berühmten Pelé mit einem bunten Markenbild.

Die Marken zeigen alles, was zum Wettkampf gehört: Zweikämpfe, Dribblings, diverse Schuß- und Abwehrhaltungen, Torwartparaden, Trophäen, Embleme und Fahnen, Schiedsrichter und – Fouls (u. a. auf den englischen WM-Marken von 1966). Der Kenner aller Motive kann einen ganzen Spielverlauf oder einige zusammengehörende Spielszenen bis zum krönenden Torschuß darstellen. In diesem Zusammenhang muß eine Nation hervorgehoben werden: Ungarn, das die meisten und schönsten Fußballmotive herausgegeben hat. Sie sind voller Inhaltsreichtum und Lebendigkeit und in der Regel Produkte gelungener Drucktechnik und Farbgebung.

Leider versuchen in den letzten Jahren verschiedene Nationen (Paraguay, Panama, arabische Scheichtümer) mit Spekulationsausgaben den Marken- und Fußballfreunden das Geld aus der Tasche zu locken. Hier muß jeder selbst entscheiden, ob er diese Marken sammelt oder nicht.

Jedenfalls sind die Marken stets ein umfassendes Dokument des Fußballsports.

ČESKOSLOVENSKO
40 h
MEXICO 70
IX. MAJSTROVSTVÁ SVETA VO FUTBALE

БЪЛГАРИЯ
2 СТ
МЕКСИКО 1970

MEXIC 70
55 B
posta romana

MEXIC 70
40 B
posta romana

BRASIL · DETENTOR DEFINITIVO DA TAÇA JULES RIMET · 1970 · CORREIO
3 CRUZEIROS

weltmeisterschaft 1974
fussball
80
FUERSTENTUM LIECHTENSTEIN

НР БЪЛГАРИЯ
ст 13 поща
МЮНХЕН '74

НР БЪЛГАРИЯ
ст 28 поща
МЮНХЕН '74

НР БЪЛГАРИЯ
ст 40 поща
МЮНХЕН '74

НР БЪЛГАРИЯ
ст 1 поща
МЮНХЕН '74

НР БЪЛГАРИЯ
ст 2 поща
МЮНХЕН '74

НР БЪЛГАРИЯ
ст 3 поща
МЮНХЕН '74

HOMENAJE A LOS CAMPEONES DE 1930
CAMPEONATO MUNDIAL DE FUTBOL ALEMANIA
WM 74
CORREOS
URUGUAY 50 $

CAMPEONATO MUNDIAL DE FUTBOL ALEMANIA 1974
WM 74
URUGUAY CORREOS
$75
HOMENAJE A LOS CAMPEONES 1950

WM 74
Deutsche Bundespost
30

WM 74
Deutsche Bundespost
40

Edgar Fuchs
Reinhold Dörrzapf

Die Trainer der letzten Vier

Die erfolgreichsten Trainer gelten als Taktiker, Psychologen oder Schlachtenlenker, der Bogen reicht von Sklaventreiber und Schinder bis zum Vater des Erfolgs. Sie stehen im Rampenlicht der Öffentlichkeit

Helmut Schön

Selbst aus seinem Geburtstag hat man ihm einen Vorwurf gemacht: Helmut Schön ist ein Sonntagskind. Seitdem, so sagen seine Kritiker, habe ihn das Glück nicht mehr verlassen. Was es im Leben des Helmut Schön wirklich wert war, dafür gibt es eine fast exakte Zahl: etwas mehr als 11 Mark. Soviel gewann der Bundestrainer, als er einmal 12 Richtige im Toto hatte.

Was nicht auf Mark und Pfennig auszurechnen war, summierte sich in zehn Jahren zu einer großartigen Bilanz: zweiter Platz in Wembley, dritter Platz in Mexiko, Europameisterschaft 1972, Weltmeister 1974. Eine Bilanz, zu der mehr gehört als nur Glück.

Daß daran stets Abstriche gemacht wurden, hat der 59jährige Sachse selbst herausgefordert. Schön lebt nach der Erkenntnis, daß der kürzeste Weg zu einer heilen Umwelt immer über den Kompromiß führt, deshalb bedenkt er immer erst die Reaktion, bevor er agiert. Was sich für Kritiker so darstellt, als schiebe er Probleme der Nationalelf immer gerade so lange vor sich her, bis sie sich von selbst gelöst hätten.

Das ist die oberflächliche Charakterisierung eines Mannes, der nie mit dem Kopf durch die Wand will, sondern stets durch die Tür, die er sich immer offen läßt, wenn andere sie längst mit lautem Knall hätten ins Schloß fallen lassen. Das war so, als Günter Netzer überhaupt nicht mehr und Gerd Müller nicht mehr mit Uwe Seeler in der Nationalelf spielen wollten.

Helmut Schön zaudert oft, doch er zaudert mit Methode. Daß ihm das als Mangel an Entscheidungsfreude ausgelegt wird, daß überhaupt Millionen sich seinen Kopf zerbrechen, das hat er nie verstehen und akzeptieren können. Es leitet ja auch nicht jeder, der einmal in der Schule einen Aufsatz geschrieben hat, daraus das Recht ab, Heinrich Böll bei der Abfassung des nächsten Romans behilflich sein zu müssen.

Er wäre viel lieber Chirurg als Trainer geworden, wiewohl beide Tätigkeiten ähnliche Effekte erreichen lassen: Mit einem Sieg befreit Schön eine ganze Nation von Bauchschmerzen. Was sich jedoch fast ausschließlich als Heilerfolg Gerd Müllers darstellt, da Tore die beste Therapie sind.

Über die ungerechte Verteilung der Verdienste hat sich Helmut Schön nie beschwert; er versteht sich stets nur als Handlanger des Erfolgs.

Rinus Michels

Rinus Michels weiß seine Worte an den Mann zu bringen. Nachdem er bei dieser Weltmeisterschaft erkannt hatte, daß selbst bemerkenswerte Sätze auf dem Umweg über Dolmetscher oft nur mehr als Banalitäten beim Empfänger ankommen, gab er seine Meinung nach Spielen in vier Sprachen kund: in Holländisch, Spanisch, Englisch und Deutsch. Die Sprache wurde zum Multiplikator, vervierfachte das Gewicht seiner Meinung. Denn es macht schon einen Unterschied, ob einer nur Spieler sagt oder auch „players", „jugadores" und „speeler". Außerdem brachte die Zungenfertigkeit Michels den Vorteil, als besonders höflicher Trainer bezeichnet zu werden, weil er alle Frager zufriedenstellte. Daß er dabei oft die Naivität der Frage entlarvte, fiel wegen der Eleganz der Methode meist nicht auf.

„Warum hat Cruyff heute so wenig getan", wurde er nach dem 2 : 0 gegen die DDR gefragt, nach einem Spiel, in dem sich der Star der Mannschaft auf eine neue taktische Rolle, auf das Dirigieren ohne Ball vorbereitet hatte. Bis Michels bei der deutschen Formulierung angelangt war, hatte sich das Schmunzeln über sein Gesicht ausgebreitet, als wäre es zwischen beiden Ohren festmontiert. Und kaum einer kam auf die Idee, die Antwort, „ich werde ihn dafür bestrafen", sei etwas anderes als ein Scherz. Dabei hatte Michels auf einfachste Weise den Wert der Frage charakterisiert.

Auch Ironisches gab der 46jährige stets nur lächelnd zum besten. Das Lächeln wurde ihm freilich auch leicht gemacht. Dem Mann war das Glück, als er 1967 bei Ajax Amsterdam Trainer wurde, in der Gestalt von Johan Cruyff in den Schoß gefallen. Mit ihm kletterte er die Stufenleiter des Erfolgs im Gleichschritt hinauf, bei Ajax Amsterdam, in Barcelona und mit der Nationalelf.

Michels ist das Musterbeispiel der Abhängigkeit des Trainers vom Star, Nachfolger von Sepp Herberger, Sir Alf Ramsey und Mario Zagalo, deren Erfolge so lange währten, wie sich die Jugend von Fritz Walter, Bobby Charlton und Pelé verlängern ließ.

Michels hat diesen Zusammenhang erkannt, deshalb spricht er nie von sich, oft von der Mannschaft, immer von Cruyff.

Michels ist der Weggenosse von Cruyff; sein einziges Problem besteht darin, sich stets so zu bewegen, daß der Star sein Licht auf ihn wirft und nicht den Schatten.

Helmut Schön: der Glückliche

Rinus Michels: der Wendige

Kazimierz Gorski: der Listige

Mario Zagalo: der Sündenbock

Kazimierz Gorski

An dem Tag, an dem Polen seinen ersten Sieg bei dieser Weltmeisterschaft errang, das war nach dem 3:2 des einstigen Außenseiters über Argentinien, da hatte Kazimierz Gorski noch rote Flecken im Gesicht, und bei der Pressekonferenz wäre er am liebsten vom Mikrofon weggerannt, um die polnischen Journalisten einzeln zu umarmen. So sehr hatte ihn die Erregung über den ersten Erfolg gepackt.

Einige Wochen später war das ganz anders. Am Ende des Turniers verstand es der polnische Trainer schon wie ein mit allen Schminken des Showgeschäfts gesalbter Profi, immer dann seinen geheimnisvollsten Gesichtsausdruck aufzulegen, wenn gerade eine Fernsehkamera auf seine eindrucksvollen Falten hielt.

Gorski, den selbst der Olympiasieg 1972 im internationalen Fußball nicht populär gemacht hat, weiß nach den sensationellen Erfolgen seiner polnischen Mannschaft, daß er jetzt zu den ganz großen Trainern der Fußballgeschichte gehört. Er hatte Italiens Valcareggi austaktiert und Jugoslawiens Miljanic, die vor der WM in seinem Ansehen am höchsten standen.

Nicht nur das verwitterte Gesicht des Kazimierz Gorski legt einem da einen Vergleich mit Sepp Herberger nahe. Vielleicht ist Gorski der Trainer, der den „Guerilla-Fußball" des Sepp Herberger am konsequentesten weiterentwickelt hat.

Wie Herberger so ist auch Gorski der Meinung, daß nicht die Mannschaft gewinnt, die die besseren Kräfte hat, sondern daß es gilt, die bestmöglichen Gegenmittel gegen die besonderen Stärken des Gegners zu finden und am heftigsten an der Stelle zuzuschlagen, an der der Gegner am empfindlichsten ist.

Natürlich hatte Gorski außergewöhnliche Klassespieler in seiner Elf, aber das allein hätte nicht genügt, die technisch noch vollkommeneren Argentinier und die ausgekochten Italiener zu schlagen. Er gewann aber, weil er der argentinischen Improvisation eine überlegene Organisation und der Erfahrung der Italiener ein zermürbendes Tempospiel entgegensetzte.

Geholfen hat dabei Gorski die „Datenbank" seines Assistenztrainers Gmoch, der von allen Gegnern umfangreiches Informationsmaterial beschafft und damit Gorski die richtige Munition liefert.

Mario Zagalo

Von allen Trainern, die zu dieser Weltmeisterschaft angetreten waren, hatte wohl Mario Zagalo den härtesten Job. Er war als Trainer nach Europa mitgenommen worden, damit man zu Hause den Fans einen Sündenbock abliefern konnte, wenn es mit der Titelverteidigung Brasiliens schief ging.

Zagalo wußte das schon seit einem Jahr. Denn nach der Europareise im Sommer '73 konnte er in einem Interview einer seriösen brasilianischen Zeitschrift seine Chefs zitiert sehen. Und da sagte Joao Havelange, der Präsident des brasilianischen Sportverbands (CBD) und jetzt neuer FIFA-Präsident: „Zagalo war nur ein guter Verwalter, sein Nachfolger muß ein Mann mit mehr schöpferischen Gaben sein." Und Vizepräsident Sylvio Pacheco sagte in einem anderen Interview: „Wir wollten Zagalo schon vor der Europareise durch Oto Gloria ersetzen. Wir wollten aber den neuen Trainer nicht mit dieser schwachen Mannschaft losschicken."

Aber eine bessere Mannschaft konnte Brasilien bis zur WM nicht finden. Für Gerson, Pelé, Tostao und Carlos Alberto gab es einfach keine geeigneten Nachfolger. Und so schickte man noch einmal Zagalo an die Front, der bereit war, eine Blamage auf sich zu nehmen. Und sicherlich hätte man für diesen undankbaren Job keinen besseren finden können. Zagalo konnte bei seiner Aufgabe Neigung und Notwendigkeit miteinander verbinden: Er gilt im brasilianischen Fußball als der eifrigste Verfechter des totalen Sicherheitsfußballs. Und Abwehrfußball war wichtig für die an Persönlichkeiten arme brasilianische Elf.

So gewann die Elf, die zu Unrecht immer wieder an der Elle der 70er Mannschaft gemessen wurde, wenigstens Sicherheit. Und Zagalo stärkte das Selbstbewußtsein seiner Männer, indem er ihnen immer wieder sagte, sie hätten durchaus das Zeug zum Weltmeister. Zagalo wußte selbst am besten, daß dies vermessen war, aber es half. 1970 wurde eine brasilianische Mannschaft Weltmeister, die stark genug war, um sich über Zagalos damalige Forderungen nach Sicherheit hinwegzusetzen. Dieser Sieg hatte Zagalo zwar Ruhm, aber keine Selbstbestätigung geben können. Das Turnier 1974 brachte Zagalo wenig Ruhm, aber um so mehr Selbstbestätigung.

Rotbraunes Vollblut: Jair Ventura Filho, genannt Jairzinho, von Botafogo Rio de Janeiro (Brasilien)

Finalspiele

Spiel um den 3. Platz

Brasilien – Polen

Endspiel

Niederlande – BR Deutschland

3. Platz

Brasilien – Polen
0 : 1 (0 : 0)

Nach schwachem Spiel ein Polensieg

Jan Tomaszewski riß jubelnd die Arme in die Höhe und es schien, als wollte der 1,92 m große Kerl im Überschwang des Glücks die dunklen Wolken über dem Münchner Olympiastadion zu sich herunterziehen. Torwart Tomaszewski aus Lodz umarmte seinen Trainer, die Mitspieler, Gegner, Funktionäre, Ordner, Fremde und Wildfremde.
Es war Samstag, der 6. Juli 1974, 17.45 Uhr, und Jan Tomaszewski freute sich, freute sich unendlich. Der italienische Schiedsrichter Aurelio Angonese hatte nämlich vor wenigen Augenblicken das Spiel um Platz 3 der X. Fußball-Weltmeisterschaft beendet und Polen den Titelverteidiger Brasilien 1 : 0 besiegt.
Die 79 000 Zuschauer, abgesehen von den wenigen polnischen Schlachtenbummlern, scherten sich um Tomaszewskis Jubel aber keinen Deut, sondern machten ihrem Ärger mit Pfiffen Luft. Polen, die Überraschung des Turniers, mit dem entthronten Weltmeister Brasilien im Kampf um Platz 3, an dieses Duell wurden Erwartungen geknüpft, die in keiner Weise erfüllt wurden. Dabei war das Münchner Publikum „olympisch“ eingestimmt, bedachte beide Mannschaften in der Anfangsphase mit Beifall, freute sich über jede gelungene Kombination, über jeden Torschuß. Egal, ob ihn die Polen abfeuerten oder die Brasilianer.
Das war in den Minuten, als Roberto Rivelino, der schnauzbärtige Brasilianer, trickreich und eifrig aufspielte, als ginge es für die Südamerikaner noch um den Gewinn des Worldcups. Und auch den Polen gelangen in diesem Spielabschnitt noch Kombinationen, die verdeutlichten, warum diese Mannschaft zu den absolut besten dieses Turniers gehörte. Je länger jedoch das Spiel dauerte, desto seltener spielte sich auf dem Rasenrechteck Nennenswertes ab,

geschweige denn etwas, das die Herzen der Fußballfreunde hätte höher schlagen lassen.
„Wir waren einfach müde", gestand Kazimierz Deyna hinterher und bedauerte es, daß die Zuschauer nicht auf ihre Kosten gekommen waren. Nicht Müdigkeit, sondern Mangel an Motivation war es, den hingegen Brasiliens Trainer Mario Zagalo für die insgesamt lasche Vorstellung seiner Truppe als Begründung ins Feld führte.
Das Finale hatten sie verpaßt und die Bronzemedaillen für den dritten Platz schienen im Vergleich zum Goldcup wertlos wie Gießkannenblech.
So registrierten die Zuschauer in den ersten 45 Minuten lediglich zwei torgefährliche Szenen. Nach einer Flanke von Rechtsaußen Lato scheiterte Polens Mittelstürmer Szarmach aber an Brasiliens Torwart Leao, und zwei Minuten später traf auf der Gegenseite Brasiliens Offensivverteidiger, der blonde Francisco Marinho, den Ball nicht richtig und das Tor überhaupt nicht.
Ein Kopfball von Deyna, der über die Latte hinwegflog, und ein Schuß des agilsten brasilianischen Stürmers, Valdomiro, der zur Ecke abgelenkt wurde, waren zu wenig, um die 79 000 nach der Pause zufriedenzustellen. Nach einer Stunde riß den Leuten endgültig der Geduldsfaden, sie forderten das vorzeitige Ende der Begegnung, brüllten in Sprechchören: „Aufhören!"
Farbiger wurde das triste Spiel erst, als Mario Zagalo, Brasiliens Trainer, fünf Minuten später für den blonden und blassen Ademir den dunkelhäutigen Mirandinha einwechselte und Kasperczak die gelbe Karte zu sehen bekam, als er den bulligen Stürmer mit einem Klammergriff bremste und am Alleingang auf Tomaszewskis Tor regelwidrig begleitete. Es war das – an

Vor dem „kleinen" Finale: Mannschaften und Schiedsrichter beim Abspielen der Nationalhymnen; v. l.: Maszczyk, Gadocha, Musial, Lato, Szarmach, Kasperczak, Szymanowski, Zmuda, Gorgon, Tomaszewski, Deyna; M. Marinho, Leao, Alfredo, F. Marinho, Jairzinho Ze Maria, L. Paulo Cezar, Dirceu, Ademir, Valdomiro, Rivelino

Hier wird Lato von Alfredo gebremst

Die wehende Mähne erinnert an Günter Netzer: Francisco Marinho.

Obwohl Verteidiger, war er der druckvollste Spieler der Brasilianer – eine der ganz großen Entdeckungen dieses Turniers

Metern gemessen – längste Foul dieser Weltmeisterschaft. Wie eine Zecke hing der Pole am gelben Trikot Mirandinhas, ließ sich vom kraftstrotzenden Brasilianer 30 Meter weit mitschleppen, mit dem Resultat, daß Kasperczak verwarnt wurde.
Für den ersten Knalleffekt hatte kurz zuvor Roberto Rivelino gesorgt, als er den Ball an den rechten Pfosten des polnischen Tores gedonnert hatte, daß Freund, Feind und Zuschauer aus ihrem Dämmerdasein hochschreckten. Hellwach war bis dorthin ohnehin nur einer gewesen: Grzegorz Lato, der polnische Rechtsaußen.
Grzegorz Lato war an diesem Samstagnachmittag nicht zu fassen. So war es auch kein Zufall, daß der 24jährige Pole mit dem schütteren Haar das Spiel entschied, in der 76. Minute allen auf und davon lief, um dann Aug in Aug mit Torwart Leao den Ball am Brasilianer vorbei zum 1 : 0 ins Tor zu setzen. „Es war mein wichtigstes Tor", freute sich Lato über seinen siebten WM-Treffer.
Als Lückenbüßer für den verletzt gewesenen und außer Form geratenen Star Wlodzimierz Lubanski war er in die Mannschaft gekommen, als Schützenkönig des Turniers kehrte er nach Polen zurück.
Während Grzegorz Latos Stern bei dieser Weltmeisterschaft zu strahlen begann, verblaßte der von Brasiliens Rechtsaußen Jairzinho im selben Maße. Beim Weltmeisterschaftsturnier vor vier Jahren huldigten ihm die brasilianischen Journalisten noch in spaltenlangen Artikeln als bestem Außenstürmer, diesmal warfen sie die Frage auf, warum Trainer Zagalo den schwachen Jairzinho gegen Polen nicht vorzeitig aus dem Spiel genommen hatte.
Doch wie Jairzinho nicht mehr derselbe war wie 1970, so hatten sich im gleichen Maße Gesicht und Spiel der ganzen Mannschaft geändert. „Die brasilianische Fußballschule ist überholt. Polen hat bei dieser Weltmeisterschaft neue Akzente gesetzt", zeichnete das Warschauer Fachblatt „Sport Kattowitz" treffend den Standort beider Mannschaften zum Abschluß der X. Weltmeisterschaft auf.

Spielort: München
Zuschauer: 79 000
Brasilien: Leao, M. Marinho, Alfredo, Ze Maria, F. Marinho, L. Paulo Cezar, Rivelino, Valdomiro, Ademir (ab 65. Min. Mirandinha), Dirceu, Jairzinho
Polen: Tomaszewski, Szymanowski, Gorgen, Zmuda, Maszczyk, Kasperczak (ab 72. Min. Cmikiewicz), Deyna, Lato, Szarmach (ab 71. Min. Kapka), Gadocha
Schiedsrichter: Angonese (Italien)
Tor: 1 : 0 Lato (76. Min.)

1

2

3

Fritz Hack

Warum die Süd-amerikaner versagten

1 Das längste Foul der Weltmeisterschaft beging Henryk Kasperczak (Nr. 13) an Mirandinha (Nr. 19). Irgendwo vor der Mittellinie zog er ihn am Trikot . . .

2 . . . dann hakten sich beide unter, um sich erst im Strafraum zu trennen; sicherlich eine der spektakulärsten Szenen des „kleinen Finales"

3 Ausgerechnet der einzige Fehler des F. Marinho leitete den polnischen Siegtreffer ein. Der schnelle Lato zog auf und davon. Während Kapka noch die Arme hochreißt, rennt der Torschütze bereits wieder jubelnd davon. M. Marinho (Nr. 3) und Alfredo (Nr. 15) konnten daran nichts mehr ändern

Übertriebene Hoffnungen schaden immer! Der dreifache Weltmeister Brasilien kam nach Deutschland mit dem festen Willen und der immer wieder herausgekehrten Gewißheit, den Titel sicher zu verteidigen.

Die Argentinier mit ihren ausgezeichneten Individualisten und Solisten hatten sich auch weit mehr als nur die Erreichung der zweiten Runde erhofft, obwohl sie in der europäischen Kritik relativ gut weggekommen sind. Die Chilenen haben gehalten, was man von ihnen erwarten durfte. Die ganz große Enttäuschung aber waren die Fußballkönige aus Uruguay, dem kleinen Land am Südatlantik, mit seinen knapp drei Millionen Einwohnern, das seit einem halben Jahrhundert im Konzert der Großen entscheidend mitmischte.

Haben die südamerikanischen Mannschaften also gesamt gesehen versagt? Sind ihr Fußballstil und ihre Spielweise mit den kurzen Pässen, ihre Raumdeckung überholt?

Hat der europäische Kraftfußball mit seinen schnellen und weiten Pässen die lateinamerikanischen Techniker überrollt? Auf den ersten Blick scheint es so. Die Resultate liefern doch den Beweis? So einfach, in Schwarz und Weiß ist das nun aber wieder nicht, wenngleich man international mit bloßer Technik, die immer die Grundlage bilden wird, keine großen Erfolge mehr erzielen kann. Doch den größten Fehler, den die Südamerikaner nach ihrem „Waterloo" in Deutschland machen könnten, wäre mentalitätsfremde Methoden zu kopieren.

Sicher können die Südamerikaner eine kleine Dosis europäischer Trainings- und Spiel-Methoden anwenden, doch nie mit derselben Intensität, wie sie in Europa praktiziert werden. Ich bin überzeugt, daß südamerikanische Spieler in Europa dasselbe leisten können wie zu Hause, wenn man ihnen genügend Zeit einräumt, sich zu akklimatisieren und an die veränderten Arbeitsmethoden zu gewöhnen.

Derselbe Spieler wird aber in Brasilien sehr viel weniger leisten, wenn man unter brasilianischen Bedingungen europäische Trainingsverhältnisse anwenden will. Eine Adaption an europäische Verhältnisse in Südamerika wäre vielleicht in Argentinien möglich, wo das Klima den europäischen Regionen ähnlich ist.

Der Südamerikaner lebt mit der Sonne, die ihm praktisch jeden Tag auf den Kopf scheint. Sie wirkt auf den gesamten Organismus ein und erhöht die Effekte jedwelcher Anstrengungen. Damit soll in ganz kurzen Zügen aufgezeigt sein, mit welchem Handikap südamerikanische Teams bei dieser X. Weltmeisterschaft leben mußten.

Man sprach und schrieb soviel vom deutschen Lagerkoller in Malente. Wie ungleich schwieriger ist das Leben des sensiblen südamerikanischen Spielers erst in der Konzentration.

Wenn dann auch noch einige Tage keine Sonne scheint, dann sind eine Reihe Spieler für Depressionen anfällig, die kein Arzt oder Psychologe verscheuchen kann.

Die südamerikanischen Mannschaften trafen bei einigen Spielen Witterungs- und Platzverhältnisse an, die sie bisher ganz einfach nicht kannten.

Spiele wie Niederlande – Argentinien oder Chile – Australien, ja das Eröffnungsspiel Brasilien – Jugoslawien hätten in Südamerika nicht gespielt werden können.

Wie sehr den Lateinamerikanern auch noch die Stimulation ihrer „Hinchas" fehlte, sei an dem Beispiel des Spielers Houseman aus Argentinien deutlich gemacht.

Nur der 20jährige „Huracan"-Spieler steigerte sich in einen Spielrausch, ja er spielte wie im Trancezustand und wurde zum Liebling der neutralen Stuttgarter Zuschauer. Selbst seine Landsleute staunten über ihren „Garrincha", den sie vorher nie in ähnlicher Spiellaune erlebt hatten.

Werden also die Südamerikaner nach ihrer Niederlage bei diesem Turnier ihre Blicke nach der „Alten Welt" richten, werden sie vor allem ihre Spielweise reformieren, umdenken und umlernen?

Mit Sicherheit nicht. Sie könnten es gar nicht, auch wenn sie es wollten. Der europäische Kraft- und Schnelligkeits-Fußball kommt in Rio oder Buenos Aires nicht an. Die Stadien wären in Kürze leer. Das lateinamerikanische Publikum will kein Sicherheitssystem, das in Deutschland auch von Brasilien in den ersten Spielen praktiziert worden war. Es will das „Espectaculo", das Fußball-Schauspiel.

Nach lateinamerikanischer Auffassung bestimmt die „Picardia", die Schelmenhaftigkeit, die Intuition den modernen Fußball.

So werden sich die beiden mentalitätsbedingten Auffassungen immer konträr gegenüberstehen. Das gegenseitige Voneinanderlernen kann und wird nur allmählich und teilweise erfolgen können.

So werden sich auch 1978 in Argentinien die beiden Spielarten messen, und vermutlich werden Brasilien oder Argentinien mit demselben Fußball, der in Deutschland versagte, den Weltmeister stellen.

Scheinbar schwerelos segelt Jan Tomaszewski durch die Lüfte. Der Pole gehörte neben Ronnie Hellström und Sepp Maier zu den besten Torhütern des Turniers

Reinhold Dörrzapf

Deyna – der neue Rivera

Mitten im Training der polnischen Mannschaft im Frankfurter Waldstadion unterbrach Kazimierz Deyna das Spielchen, nahm den Ball in die Hände und guckte offenen Mundes in den Himmel. Dort oben schwebte gerade ein Jumbo in die Einflugschneise des Rhein-Main-Flughafens, und Deyna aus Warschau konnte die Augen nicht lösen von diesem Wundervogel. Er staunte wie ein kleiner Junge – der Duft der großen, weiten Welt ist für den neuen Superstar aus dem Osten noch nicht abgestanden.
Und tollpatschig waren seine ersten Versuche, den neuen Ruhm in klingende Münze zu verwandeln: Für Interviews wollte er nach den ersten Triumphen in der Vorrunde Honorar sehen. Da wäre Kazimierz Deyna wohl besser nach dem Prinzip des Johan Cruyff verfahren, der während der Weltmeisterschaft kostenlos plauderte, damit seine Popularität weiter erhöhte, um nun nach der WM diese Popularität um so teurer verkaufen zu können.
Aber wie soll dies ein Mann wissen, der in Warschau keinerlei Kontakt mit dem Showbusiness des westlichen Profifußballs hat? Daß sich Kazimierz Deyna dennoch als der überragende Mittelfeld-Stratege dieses Turniers profilieren konnte, das konnte er aufgrund der mangelnden Zahlungsmoral der Journalisten also nicht den Presseberichten verdanken, sondern allein seiner Klasse. Die Welt wird sich daran gewöhnen müssen, daß der neue Rivera, der neue Gerson, der neue Netzer aus einem Land kommen, das bisher als langweilige östliche Fußballprovinz verschrien war. Und die Welt wird die Fotos dieses Spielers betrachten und wissen wollen: Was ist mit diesem Mann mit dem träge-melancholischen Blick, den hängenden Augenlidern und dem großen Mund, der so wenig sagen will.

Deyna gratuliert Lato zu einem Torerfolg. Beim olympischen Fußballturnier war er

Torschützenkönig, bei der WM wurde er zum besten Mittelfeldspieler

Nun denn: er ist Jahrgang 1947, 178 cm groß, 70 Kilo schwer, verheiratet, sein Sohn ist erst kurz vor der WM geboren. Er spielte zehn Jahre beim Armeeclub Legia Warschau, hat aufgrund seiner spielerischen Klasse einen Offiziersrang, verschweigt ihn aber lieber, weil er sich nicht fühlt wie ein Militär. Er gibt als erlernten Beruf lieber „Modellkonstrukteur“ an.

Schon mehr über sein Wesen verriet die Antwort auf die Frage nach seinem eindrucksvollsten Erlebnis bei dieser WM. „Das war meine geistige Niederlage gegen den italienischen Torwart Dino Zoff. Ich hatte eine gute Schußposition und wollte flach in die Ecke schießen. Dann provozierte mich Zoff zu einem Bogenschuß, indem er herauslief. Ich fiel darauf herein und schoß im Bogen. Darauf hatte Zoff nur gewartet, er lief blitzschnell zurück, hielt den Ball. Zoff grinste mich an, ich war beschämt, er hatte mich besiegt.“

Diese Aussage zeigt, wie ernsthaft der Unbekannte aus dem Osten die Herausforderung mit den Großen dieses Sports gesucht hat. Dieses Duell mit Zoff hatte Deyna verloren, er schoß in diesem Spiel dennoch sein Tor, und am Ende des Turniers war Deyna der wohl beste Mittelfeldspieler der Welt.

Seine Art zu spielen ist nicht der laufstarke, kämpferische Stil von Gerson oder Netzer. Deyna ist mehr ein Künstler wie Gianni Rivera; mit dem Unterschied aber, daß Rivera der Mann des plötzlichen, unerwarteten Geniestreichs war und Deyna ein Mann ist, der eine ganze Angriffsorganisation leitet, der selbst mit unglaublicher Wucht und Präzision aufs Tor zu schießen vermag, darüber hinaus aber nicht nur seine drei Stürmer Lato, Szarmach und Gadocha führt, sondern auch seine Nebenleute im Mittelfeld, Maszczyk und Kasperczak, in Bewegung hält.

Deyna ist kein Ballvorleger, der immer nur den Paß schlägt, den der Stürmer aufgrund seiner Fertigkeiten wünscht. Deyna ist ein Spieler, der seine Stürmer zwingt, diesen oder jenen Ball so zu nehmen und nicht anders, der das Tempo bestimmt.

Erst die WM hat Deyna, den Torschützenkönig des olympischen Fußball-Turniers 1972, ins Rampenlicht gerückt. Und dort wollte er gern bleiben. Er war sehr glücklich, als er hörte, daß der FC Bayern München den polnischen Verband um seine Freigabe anging: „Bei Bayern München zu spielen – das wäre ein Traum . . .“

Die Schlußfeier hielt, was die Eröffnungsfeier versprochen hatte; 1500 Sänger und Sängerinnen

der Fischerchöre, die weißen Alberta All Girls aus Kanada, Schäffler und Blumenkinder

1

2

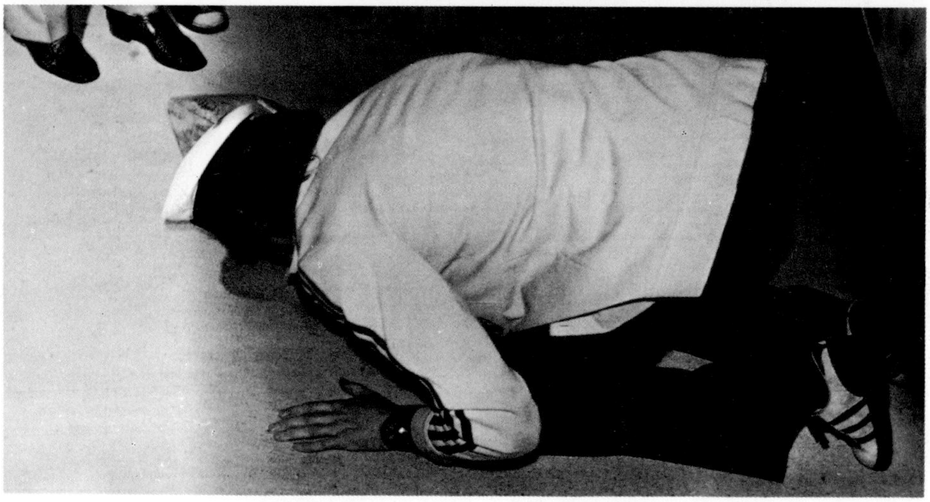
3

Günther Wolfbauer

Die 72 Stunden vor dem großen Spiel

Sepp Maier griff zum Bord-Mikrofon. Die Boeing 737 der Lufthansa war auf dem Anflug nach München. „Meine Damen und Herren", verkündete Maier über die Lautsprecher, „Sie betreten jetzt gleich den Freistaat Bayern. Alle Preußen werden daher zur Paßkontrolle gebeten ..."
Die deutschen Fußballer schwammen auf einer Woge des Glücks. Beim Frankfurter Sieg gegen die Polen patschnaß geworden, saßen sie auch beim Abendessen auf dem Rhein-Main-Flughafen und später im Jet nicht auf dem Trockenen. „Ein Gläschen Sekt" habe man sich genehmigt, lautete die offizielle Version. Aber wer wollte sich schon daran stoßen, daß diesmal auch bei den Nationalspielern der Durst einmal schlimmer als Heimweh geworden war?
Nach den Sportschulen in Malente und Kaiserau sowie dem kurzen Aufenthalt im Taunus, war München-Grünwald die letzte Trainingsstation vor dem Finale. Aber Training wurde in diesen Tagen so klein wie möglich geschrieben. Aktive Erholung war das Motto, vor allem für die Stammspieler, die ihre Kräfte bei den „Wasserschlachten" mit Schweden und Polen schon weit über Gebühr beanspruchen mußten.
Da sprang die Delegationsleitung gar einmal über den eigenen Schatten und genehmigte einen Kaffeebesuch in Franz Beckenbauers naher Villa. Die sonst verrammelten Tore und Türen der Sportschule standen den Frauen und Kindern der Starkicker für einige Stunden offen.
Doch weiterhin blieben die Bräuche streng. Damenbesuch in des Wortes anderer Bedeutung, wie ihn die lebensfrohen Holländer von Anfang an für normal gehalten hatten, wollte der Bundestrainer auch in Grünwald nicht zulassen: „Sie sollen halt noch bis zum Sonntagabend warten, ehe sie ihren Männern – hm, äh – in die Arme fallen."
Natürlich war auch Beckenbauers Villengrundstück von einer Hundertschaft Polizei umstellt und abgesichert. Gartenfest unter Polizeiaufsicht: „Mag sein, daß dies wirklich alles nötig ist, aber wir können die Wachmannschaften langsam wirklich nicht

4

mehr sehen", meinten einige Nationalspieler, die nach fünf Wochen Trainingslager sowieso nur mehr an Urlaub und Privatleben dachten.
Die Holländer sorgten dafür, daß die letzte Fußball-Aufgabe bis zur Abfahrt ins Olympiastadion am Sonntagmittag um 14.15 Uhr ausreichend Gesprächsstoff bot. Helmut Schön konnte frohlocken, als seine Schützlinge die abfälligen Bemerkungen der holländischen Asse in allen Zeitungen studierten. „Die sollen was erleben, wenn die so aufs Blech hauen", versprach Gerd Müller, dem sein direkter Widersacher Wim Rijsbergen angekündigt hatte, er werde ihn kaltstellen.
Schon lange kaltgestellt war Günter Netzer. Über ihn brauchten die Holländer keine Sprüche mehr zu klopfen. Mit gespielter Heiterkeit trainierte der große Star des deutschen Europameister-Teams auch in Grünwald im Kreise der Ersatzleute, nicht einmal mehr für wert befunden, das Endspiel auf der Reservebank mitzuerleben.
„Ich bin nicht verbittert", behauptete der langmähnige Spanien-Profi, und niemand konnte ihm das glauben. Brigitte Beckenbauer spürte, daß Netzer in diesen Tagen viel Trost brauchte. Sie begrüßte den Günter beim Fest in ihrem Hause besonders freundlich und herzlich.
Dann Ruhe vor dem letzten großen Sturm. Im Filmsaal der Sportschule sah man sich den Streifen „Der Hofnarr" an. Man verzichtete auf eine zusätzliche Fahrt ins Olympiastadion und beobachtete die Polen und Brasilianer bei ihrem Spiel um den dritten Platz nur auf den Bildschirmen. Ganz genau studiert wurden auch noch einmal Hollands Asse in ihren bisherigen WM-Spielen. „Die sind auch noch zu packen", stellte Gerd Müller, von Natur aus ein Optimist, befriedigt fest.
Er hatte im übrigen streng geheimgehalten, was am Sonntagabend dann auf die Öffentlichkeit wie eine kleine Bombe wirkte: Müller sagte, er wolle nach der Weltmeisterschaft nur noch ein Abschiedsspiel in der Nationalelf bestreiten, und zwar gegen die Schweiz. Dann sei endgültig Schluß.

1 Das heiß ersehnte Ziel ist erreicht, die Sportschule Grünwald. Das Ende der fünfwöchigen Reise steht unmittelbar bevor

2 Noch einmal steht Helmut Schön den Journalisten Rede und Antwort. Eine Mannschaftsaufstellung wollte er noch nicht nennen

3 Sepp Maier ist nicht etwa zum Halbmond übergetreten; in München-Riem küßte er seine bayerische Heimaterde

4 Käse aus Holland für Helmut, sicherlich eine freundliche Empfehlung. Die kernigen Sätze der holländischen Spieler reizten den Trainer und seine Mannen wesentlich mehr

Endspiel

Niederlande – BR Deutschland 1:2 (1:2)

Kampf, Glück und Willenskraft

Vorhergehende Seite

Sie bestritten das Endspiel: v. l.: Neeskens, Krol, van Hanegem, Jansen, Suurbier, Rep, Rijsbergen, Rensenbrink, Haan, Jongbloed, Cruyff – Beckenbauer, Maier, Schwarzenbeck, Bonhof, Hölzenbein, Grabowski, Müller, Overath, Vogts, Breitner, Hoeness

Da schritten sie also hinaus auf das Spielfeld des Münchner Olympiastadions, die Mannschaften aus Holland und der Bundesrepublik Deutschland. Daß sie das Finale der X. Fußball-Weltmeisterschaft am Sonntag, dem 7. Juli, bestritten, kam nicht überraschend. Die Niederländer zählten schon vor Turnierbeginn zu den Favoriten und bestätigten mit ihren Leistungen die Vermutungen. Die bundesdeutsche Mannschaft, Europameister 1972, war aufgrund des Heimvorteils ganz vorne zu erwarten, hatte sich zudem nach der Niederlage gegen die DDR gewaltig gesteigert.

Ein letztes Mal bei dieser WM erklangen die Nationalhymnen, Platzwahl und Wimpeltausch zwischen den Spielführern Franz Beckenbauer und Johan Cruyff. Dann formierten sich die beiden Teams. Und noch ehe der Ball rollte, war zu erkennen, daß der als Innenverteidiger postierte Berti Vogts gegen Cruyff würde ankämpfen müssen, während Schwarzenbeck als rechter Außenverteidiger auf die Angriffe von Rensenbrink wartete.

Dann ging alles sehr schnell. Cruyff hatte abwartend am Mittelkreis verharrt, startete unvermittelt, bekam den Ball zugespielt, huschte an Vogts vorbei. Hoeness brachte den Holländer zum Stolpern, doch das geschah schon im Strafraum. Schiedsrichter John Keith Taylor aus England zögerte keinen Augenblick, pfiff, zeigte auf den Elfmeterpunkt. Lähmendes Entsetzen breitete sich unter den deutschen Spielern aus, griff über auf die Tribünen und hinein in die Massen der Zuschauer. Neeskens schoß den Strafstoß, täuschend, fast genau in die Tormitte, Maier sprang nach rechts, die Lederkugel rotierte im Netz. In der zweiten Spielminute führte Holland 1 : 0.

Es war, als sei ein Blitz aus den schwarzen Wolken über dem Stadion niedergefahren. Verschreckt irrten die Spieler der deutschen Elf auf dem Rasen umher. Vogts bekam nach einem Foul an Cruyff die gelbe Karte unter die Nase gehalten.

Doch die Sorge, vom beflügelten Gegner überrannt zu werden, erwies sich als unbegründet. Die Holländer stießen nicht nach, begnügten sich damit, den Ball in schier endlosen Passagen durch die eigenen Reihen rollen zu lassen, verließen sich bei Gegenstößen auf die Funktionsfähigkeit ihrer fast perfekten Abseitsfalle.

Dieses Bild änderte sich rasch. Die deutschen Spieler begannen die gemächlichen Kreise des Gegners zu stören. Das galt

Die Spielführer Cruyff und Beckenbauer beim

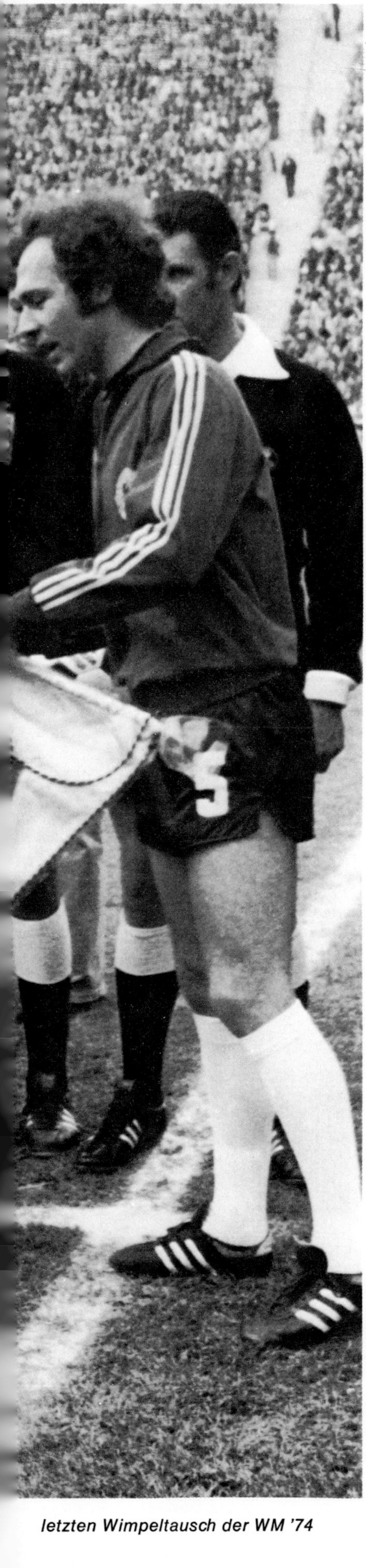

letzten Wimpeltausch der WM '74

nicht mehr allein für Vogts und die anderen Abwehrrecken, sondern vor allem für Bonhof, dem Neeskens als Rivale zugefallen war, und den linken Flügelflitzer Hölzenbein, der den offensiven Suurbier ständig attackierte. Das paßte den Holländern offensichtlich nicht, denn sie begannen, Härte mit Unfairneß zu vergelten. Als der Schiedsrichter nach einem Zweikampf für Rijsbergen und gegen Müller entschied, der aufbegehrte, schubste ihn van Hanegem von hinten zu Boden. Taylor befragte seinen Linienrichter und zog die gelbe Karte.
Wolfgang Overath, selbst schon im Treffen mit Jugoslawien mit Glück einem Feldverweis entgangen, oft unbeherrscht in Worten und Taten, hielt sich im Zaum. Er brachte Ruhe ins Spiel, hielt den Ball ein bißchen länger, als normalerweise gut gewesen wäre. In der 25. Minute schlenzte er den Ball hinüber auf die rechte Seite, wo ihn Hölzenbein nahe der Mittellinie erwischte und sofort steil nach vorn trieb. Der Frankfurter stürmte hinein in den Strafraum der Holländer, umkurvte zwei Gegner, da streckte ihn Jansen zu Boden.
Hölzenbein wand sich am Boden, die Menge aber tobte vor Begeisterung. Schiedsrichter Taylor hatte sofort auf den Elfmeterpunkt gezeigt. Strafstoß, diesmal für die deutsche Elf. Breitner lief an, provozierend langsam an, dann schoß er flach und unhaltbar für Jongbloed in die Torecke: 1 : 1.
Später bestätigte der Schütze, aus eigenem Entschluß gehandelt zu haben. „Ich war gar nicht vorgesehen. Aber beim Elfmeter-Pfiff habe ich sofort gewußt: den hau' ich 'rein." Gerd Müller, ausgewählter Strafstoß-Vollstrecker: „Der Paul hat sich den Ball geschnappt. Er war richtig bös. Ich hab ihm angesehen, daß er's schafft."
Jetzt griff die deutsche Mannschaft an. Vogts zwang Jongbloed zu einem gewaltigen Hechtsprung. Hoeness kam über die rechte Flanke dahergeprescht und spielte Müller an, der an Rijsbergen scheiterte. Franz Beckenbauer, an diesem Tag wieder nicht nur Künstler, sondern vor allem Kämpfer, hätte nach einem geschickten Freistoßmanöver den holländischen Torhüter beinahe mit einem Bogenschuß überlistet. Gleich darauf verhinderten Beckenbauer und Maier gegen Rep und Cruyff das mögliche 2 : 1.
Statt dessen fiel das 1 : 2, von Bonhof mit kraftvollem Einsatz vorbereitet, erzielt durch Gerd Müller mit einer seiner blitzschnellen Drehungen, mit dem rechten Fuß in die linke Torecke geschossen, zwei Minuten vor der Pause.
Niemand mochte zu diesem Zeitpunkt annehmen, daß damit die Entscheidung schon gefallen war, der Welttitel vergeben, der Goldpokal darauf wartete, von Franz Beckenbauer für seine Mannschaftskameraden in Besitz genommen zu werden.
Keiner kam wenig später auf diesen Gedanken, als nach Bonhofs Kopfball knapp neben den Torpfosten die Holländer wieder entschlossen angriffen. Breitner köpfelte den Ball von der Torlinie, als der bedrängte Maier ihn nicht wegfausten konnte. Aber ein paar Minuten danach kam Rep zum Schuß, er traf jedoch nicht. Franz Beckenbauer sorgte mit mächtigen Kopfbällen für Ordnung und Verschnaufpausen. Sepp Maier griff jeden Ball sicher. Wolfgang Overath mußte sich verletzt behandeln lassen. Das Publikum forderte ihn in Sprechchören zum Weitermachen auf. Nahm er es wahr, Anfeuerung für ihn, den sie sonst auszupfeifen pflegen? Er wurde gebraucht. Der Druck der Holländer verstärkte sich mit den eingewechselten und frischen van de Kerkhof und de Jong.
Die Dribblings des an seinem 30. Geburtstag in Hochform spielenden Frankfurters Jürgen Grabowski schufen Luft, Konter brachten die Holländer in Gefahr. Maier riskierte weite Abschläge, sein Kollege Jongbloed rettete vor Müller per Kopfball. Beckenbauer schlug einen langen Paß für Hölzenbein, den Haan im Strafraum spektakulär zu Fall brachte. Noch ein Elfmeter? Taylor winkte ab. Ein paar Minuten später pfiff er ab.
Sie hatten die Holländer niedergekämpft, zum Schluß auch ein bißchen vom Glück begünstigt. Eine Mannschaft, gewachsen erst während des Turniers mit Spielern wie Bonhof und Hölzenbein, die zuvor nicht erste Wahl gewesen waren, mit Overath statt Netzer, mit einem Kapitän Franz Beckenbauer, der noch nie so gekämpft hat in seinem Leben, gewann den Welttitel.

Spielort: München
Zuschauer: 76 000
Niederlande: Jongbloed, Suurbier, Haan, Rijsbergen (ab 68. Min. de Jong), Krol, Jansen, Neeskens, van Hanegem, Rep, Cruyff, Rensenbrink (ab 46. Min. van de Kerkhof)
BR Deutschland: Maier, Schwarzenbeck, Vogts, Beckenbauer, Breitner, Bonhof, Hoeness, Overath, Grabowski, Müller, Hölzenbein
Schiedsrichter: Taylor (England)
Tore: 0 : 1 Neeskens (2. Min., Foulelfmeter), 1 : 1 Breitner (25. Min., Foulelfmeter), 2 : 1 Müller (43. Min.)

Das Endspiel war noch keine 60 Sekunden alt, als Hoeness (am Boden) Cruyff im Strafraum foulte

Neeskens Elfmeter war unhaltbar. Die deutsche Mannschaft war in einen frühen Rückstand geraten

„Wir werden den Deutschen das Maul stopfen"

tönte Libero Adrianus Haan, und Cruyff meinte: „Helmut Schön wird sich nach uns richten müssen, nicht wir nach ihm!" Der Elfmeter in der ersten Minute bestätigte dies zunächst. Rep und Jansen (Bild Mitte) laufen jubelnd auf Neeskens zu. – Helmut Schön nach dem Sieg: „Die holländischen Sprüche waren das größte Doping für uns"

Hans Eiberle

Der große Johan und der kleine Berti

Die Kraft begann über die Technik zu triumphieren. David bereitete seinen Sieg über Goliath vor, der Riese begann zu wanken

Er stand nahe der Mittellinie, hinter sich nur noch seinen Torhüter Jongbloed, und schaute seinen angreifenden Mannschaftskameraden zu, als wolle er sich erst einmal einen Überblick verschaffen. Berti Vogts, sein Bewacher, beobachtete den unberechenbaren Johan Cruyff kampfbereit und mißtrauisch. Da rannte der fliegende Holländer plötzlich los, vorbei an Vogts, hinein in den Strafraum. Hoeness erwischte ihn noch, Cruyff stürzte, Elfmeter, Tor, 1 : 0 für Holland. Als Schiedsrichter John Keith Taylor Strafstoß pfiff, währte das WM-Finale gerade 57 Sekunden.

Der ungleiche Kampf schien entschieden, noch ehe er recht begonnen hatte: Johan Cruyff (27), Superstar des FC Barcelona und Kapitän der holländischen Nationalmannschaft, eine Art Solotänzer auf dem Fußballfeld, Millionär, Zigarettenraucher und alles andere als ein Asket. Auf der anderen Seite Hans-Hubert Vogts (27), genannt Berti, von Borussia Mönchengladbach, Typ Terrier, klein und bissig, blond und schon ein bißchen kahl am Hinterkopf. Schiere Verzweiflung und Einsicht der Aussichtslosigkeit seiner Bemühungen überfielen Berti Vogts, und er trat zweimal hintereinander zu, erst ermahnt, dann verwarnt mit der gelben Karte. Da waren erst vier Minuten um und der kleine Mann schon eingeschränkt in der Wahl seiner bescheidenen Mittel; ihm drohte ein Feldverweis. Dies alles bestätigte den Eindruck der Generalprobe vom Tag zuvor im Trainingsquartier Grünwald. Dabei hatte Günter Netzer als Cruyff-Double den meist zu spät angreifenden Vogts überrannt.

Doch plötzlich, wohl in Erinnerung dieses Vorgangs, änderte Vogts die Taktik. Er folgte dem Heros wie ein Schatten. Wohin sich Cruyff auch wandte, ob er ging, trabte oder sprintete, ob mit oder ohne Ball: Vogts hielt sich hinter ihm, in zwei Schritte Abstand, fast synchron in den Bewegungen. Wenn der große Star stehenblieb und gar nichts tat, dann verharrte auch der kleine Mann und fixierte seinen Widerpart, wenn der sein Ensemble dirigierte.

Gelegentlich siegte in diesem Duell die Nervenkraft des Holländers. Da ertrug Vogts die Untätigkeit nicht länger, weil er gewohnt ist, stets und überall seine Kampfkraft zu erproben. Er griff mit an, schoß einmal auch aufs Tor. Doch gleich darauf entwischte ihm Cruyff und Torhüter Maier verhinderte im letzten Augenblick einen zweiten Treffer.

Es folgten Zweikämpfe der beiden ungleichen Kontrahenten, die Vogts siegreich beendete, weil er seinen Körper schonungslos einsetzte. Die Kraft begann über die Technik zu triumphieren. David bereitete seinen Sieg über Goliath vor, der Riese begann zu wanken.

Das Ausgleichstor nahm Johan Cruyff noch gelassen zur Kenntnis. Müllers Führungstreffer kommentierte er kopfschüttelnd, die Hände in die Hüfte gestützt, klatschte dann laut, forderte seine Mannschaftskameraden zum Gegenschlag auf.

Er selbst vermochte ihn nicht mehr zu führen, hatte die Führungsgewalt über sein Team verloren. Nervosität kennzeichnete sein Verhalten. Nach dem Halbzeitpfiff zeigte ihm Schiedsrichter Taylor wegen unpassender Anmerkungen die gelbe Karte zum Zeichen der Verwarnung. Cruyff spricht außer Holländisch auch Französisch, Spanisch sowie Englisch. Das erwies sich im Falle des Engländers Taylor als Nachteil. Die Niederlage begann sich abzuzeichnen – die der Holländer und jene ganz persönliche des Johan Cruyff. Er trat nach Maier, und der Schiedsrichter ermahnte ihn ein letztes Mal. Es unterlief ihm ein falscher Einwurf, ihm, dem der Ball sonst gehorcht, als sei es eine Zauberkugel. Und hinter allem stand Berti Vogts wie ein böser Geist, stieß immer wieder in dem Augenblick zu, da Cruyff versuchte, des Balles habhaft zu werden. Schoß der Holländer einen Eckball, stellte sich Vogts mit dem geringstmöglichen Abstand in den Weg. Schließlich versuchte Johan Cruyff, Torhüter Maier beim Abschlag zu behindern. Dem großen Denker und Lenker fiel nichts Besseres mehr ein.

Als das Spiel für die Holländer und ihren Feldherrn verloren war, da rief Cruyff seine Mannen am Anspielkreis zusammen, und sie verabschiedeten sich winkend vom Publikum, das in seinem Freudentaumel diese Geste kaum noch wahrgenommen hat. Dann traten sie ab, zuletzt Johan Cruyff, der Held, der dem kleinen Vogts unterlegen war.

Der kleine Hans-Hubert Vogts aber, genannt Berti, für den Fußball Kampf ist, nicht Hintergrund für Werbung und in der Tat sein Leben, schleppte auf der Ehrenrunde ein paar Schritte weit den Goldpokal. Am Abend, Stunden nach dem Spiel, ging er dann glückstrahlend beim Bankett von Tisch zu Tisch und wiederholte immer wieder fast ungläubig: „Ich kann zwar den Ball nicht dreimal hintereinander hochhalten, aber ich bin Weltmeister . . ."

Müller und Rijsbergen am Boden. Der blonde Vorstopper, für den vor der WM verletzten Barry Hulshoff in die Mannschaft gekommen, konnte den Münchner später doch nicht am alles entscheidenden Tor hindern

1

Harte Zweikämpfe

und das Ringen um die Vorherrschaft im Mittelfeld charakterisierten das Endspiel, besonders in der ersten Halbzeit

3

1 Rainer Bonhof wird durch Ruud Krol vom Ball getrennt

2 Wolfgang Overaths Bauchlandung dürfte Verteidiger Wim Suurbier auf dem Gewissen haben

3 Gleich wird Cruyff stürzen; Overath, zum zähen Kämpfer geworden, wollte ihn bremsen

4 Kein Durchkommen gab's hier für Jürgen Grabowski, der an seinem 30. Geburtstag eine große Leistung zeigte

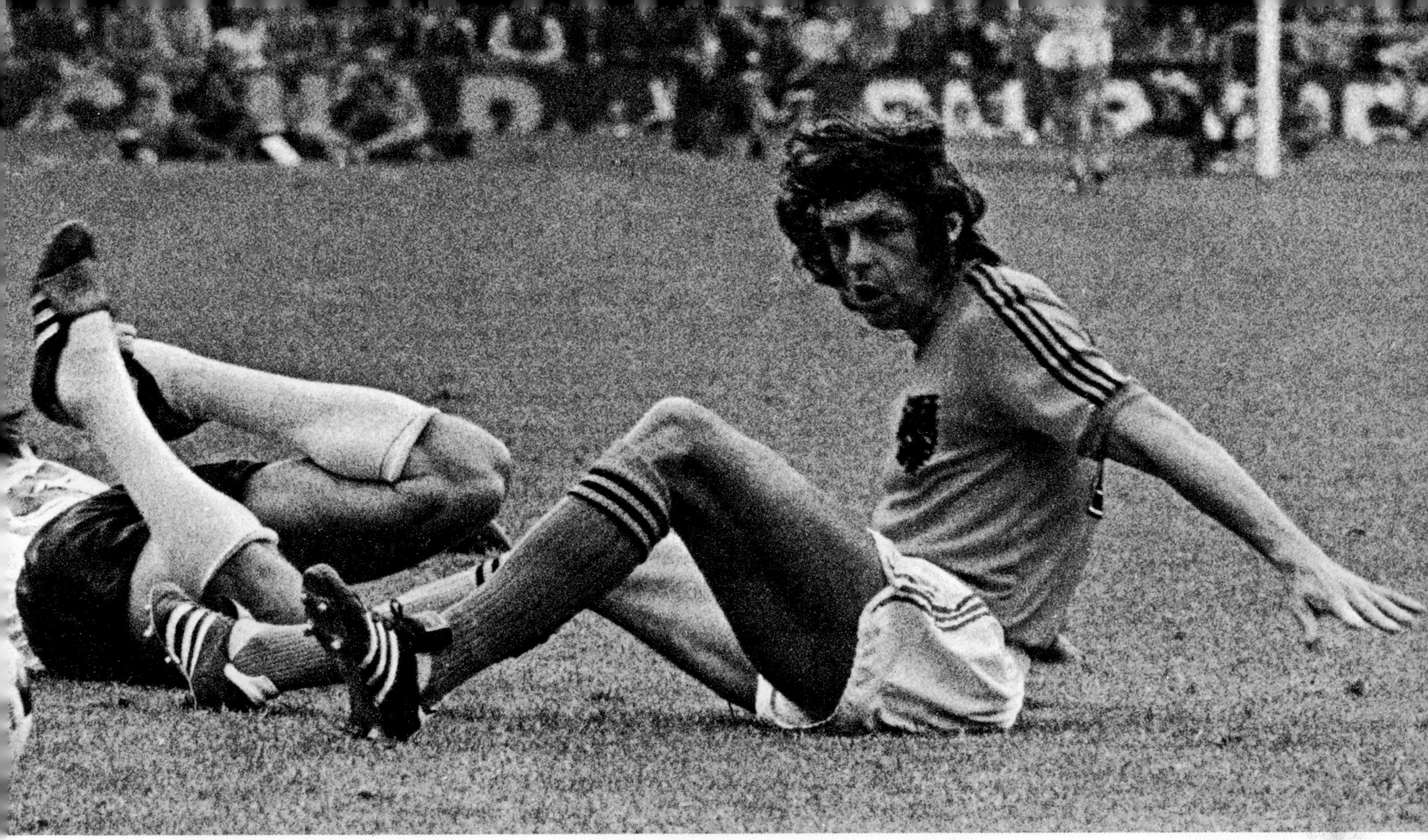

2

4

Berti Vogts, kleiner Verteidiger mit ganz großem Kämpferherzen, zwang den großen Cruyff zum Rückzug

Eine schwedische Zeitung nannte den deutschen „Strafraumterrier“ seiner Härte wegen einen „lebenden Rasenmäher“

1

Zwei große Chancen für die Deutschen

1 Berti Vogts hat sich halblinks durchgespielt. Seinen Sprungschuß hält Jan Jongbloed. Jeder hätte Berti ein Tor gegönnt. Berti-Rufe hallten durch das Stadion

2 Bernd Hölzenbein kann es nicht fassen, daß Rainer Bonhofs Kopfball ganz knapp am Tor vorbeigeht. Das Glück, das bei diesem Torschuß fehlte, hilft später, manches Tor zu verhindern

2

1

2

Beim Kampf um den Ball...

1 ... sind Paul Breitner und Krol zu Boden gegangen. Cruyff (links) versucht nun, das Leder zu erreichen, Hoeness kommt zu spät

2 ... hat der eingewechselte Ersatzspieler de Jong (Nr. 7) Bernd Hölzenbein den Ball weggespitzelt. Wieder wurde ein erfolgversprechender Angriff vereitelt

„Ich war für den Elfmeter nicht vorgesehen; ich stand aber als nächster am Ball", bekannte Paul Breitner hinterher. Sein Ausgleichstor war ungemein wichtig für den weiteren Verlauf des Endspiels

Alka-Seltzer®
tre poids
CONTREX
12
20
2

Erst im Nachfassen brachte Gerd Müller die Vorlage von Rainer Bonhof unter Kontrolle; kurze Drehung, Schuß, Tor!

Suurbiers Grätsche kam zu spät

Bei zwei Turnieren erzielte er 14 Treffer. Keiner schoß mehr WM-Tore

Daily Express: „Deutschland gewann, weil es den Charakter und die Hartnäckigkeit hatte, sich nach dem schnellen Führungstor der Holländer

dagegen zu wehren, zum Narren gemacht zu werden." Maier, Schwarzenbeck, Beckenbauer und Vogts scheinen dies zu beweisen

Vor dem deutschen Tor: René van de Kerkhof (Nr. 10) hat geschossen. V. l.: Breitner, Schwarzenbeck, Beckenbauer, Hölzenbein und Bonhof

Vogts wollte vor Cruyff retten. Maier kommt nicht richtig an den Ball. – Den Nachschuß mußte Breitner von der Linie köpfen

0136

Dieses Foul von Jansen (Bildmitte) an Bernd Hölzenbein im Strafraum hätte das Spiel bereits vor dem Ende entscheiden können. So brachte erst der Schlußpfiff den Sieg

Gerd Müller hat das 2 : 1 erzielt. Bonhof, Vogts und Hoeness (v. l.) umarmen sich. Die Holländer sind konsterniert. – In der zweiten Halbzeit

mußten die deutschen Spieler noch stürmische Angriffe über sich ergehen lassen, bevor der glückliche und dennoch verdiente Sieg feststand

Peter Bizer

Deutsche Spieler im Siegesrausch

Acht Minuten vor Sechs, da tat Helmut Schön etwas, was er seinen Männer fast sechs Wochen lang strikt untersagt hatte: er küßte. Das Objekt seiner spontanen Liebeslust war jedoch keine zarte Mädchenwange, sondern pures Gold. Helmut Schön nahm auf der Ehrentribüne den Weltcup in die Hände, hielt ihn dem jubelnden Volk entgegen und spitzte dann die Lippen.
Was er da zwischen den Händen hielt, ist die kapriziöseste aller Trophäen. Sie überläßt sich nur dem erfolgreichen, dem, der sie am hartnäckigsten umworben hat. Und dies war die deutsche Mannschaft gewesen, die von allen Freiern am energischsten um sie gekämpft hatte.
Nun stand er da, dieser Helmut Schön und war mit einem Male nicht nur lang, sondern auch groß geworden. Das „globige" Gold in seinen Händen symbolisierte den Triumph, den seine Elf soeben auf dem Rasen des Olympiastadions errungen hatte. Einen Augenblick lang wollte er sich den Pokal unter den Arm klemmen, ihn als sein Präsent von der Empore holen. Doch dann gab er den Cup nach hinten weiter, der Frankfurter Hölzenbein griff zu.
Deutschland war Weltmeister geworden. Noch nie zuvor brachen sich unter dem gläsernen Zeltdach derartige Stürme des Jubels. Als der englische Schiedsrichter Taylor den Kampf mit einem letzten Pfiff beendet hatte, da lief Helmut Schön suchend über den Rasen, der für ihn zum Himmelbett geworden war. Er wollte den Mann finden, dessen Namen er auf eine Pokerkarte geschrieben hatte: Berti Vogts. Nun war das As aus dem Ärmel, die Karte hatte gestochen. Der kleine Mann aus Mönchengladbach hatte Johan Cruyff isoliert, der zuvor im taktischen Konzept als unüberwindliche Größe erschienen war.
Nachdem alles vorbei war und die 80 000 auf den Rängen Fasching feierten, wollte

Das Spiel ist aus; wir sind Weltmeister. Fast besinnungslos vor Freude wirft sich

Schwarzenbeck auf seinen Torhüter Maier. – Der erste Jubel kommt am spontansten

ihn Helmut Schön an die Brust nehmen. Er fand ihn irgendwo im Getümmel der Fotografen, und Vogts fiel dem Langen um den Hals: Zuerst wollte es zwar nicht ganz klappen, doch dann überwand der kleine Mann die Höhendifferenz mit einem Sprung.
Sepp Maier, der Torhüter, warf sich mitten auf den Rasen, Schwarzenbeck sprang mit einem übermütigen Satz auf ihn. Dann rannte Maier hinüber zur Gegengeraden und schleuderte seine Handschuhe unter das Volk. Die Geste geriet nach der Art der Toreros, die – wenn der Kadaver ihres Opfers aus der Arena geschleift wird – die abgeschnittenen Ohren des Stiers ins Publikum werfen. Er war der Matador gewesen, in diesen Handschuhen endeten die Hoffnungen der Holländer.
Franz Beckenbauer war der erste, der die Stufen zur Ehrenloge emporstieg, und dies als Monarch des Fußballs, der sich zu den irdischen Herrschern dieser Welt begab. Bundespräsident Walter Scheel erwartete Beckenbauer, den Pokal in den Händen. Nebenan klatschte Henry Kissinger als Fußballfan wie du und ich. Freudiges Lächeln rundum, nur DFB-Präsident Dr. Hermann Gösmann machte ein Gesicht, als ob der Bundespräsident dem Kaiser Franz soeben einen Korb saurer Zitronen überreicht hätte.
Nach den Siegern die Verlierer. Johan Cruyff führte seine Männer im Gänsemarsch an den hohen Herrschaften vorbei. Ein bitterer Gang sicherlich für sie alle, denn schon in der ersten Minute des Finales glaubten sie, den Cup im Schrank zu haben. Beifall für die Holländer, auch Mitleid sicherlich. Dann der letzte Rundlauf um die Bahn. Fotografen rissen sich im Rückwärtslauf gegenseitig nieder, Franz Beckenbauer stolperte über ein umgestürztes Kamerastativ, fing sich nochmals und torkelte dann weiter. Die Holländer trieb die Enttäuschung in die Kabine, das Publikum hatte keine Gelegenheit mehr, den Verlierern applaudierend Trost und Anerkennung zu spenden.
Neben der Ehrenloge lehnte derweil ein Mann, der sich zu den Siegern zählen durfte und sich dennoch in diesem Augenblick seiner großen Niederlage bewußt wurde: Günter Netzer. Er weinte hemmungslos, und es waren keine Tränen der Freude. Dann wandte sich der vergessene Star abrupt um und stieg hinauf zum Ausgang, unbeachtet von jenen, die, noch gebannt im Glück, auf den leeren Rasen starrten.

Tag des Sieges, Tag der Freude, Schlußpfiff, Pokalübergabe, Blumen fürs Publikum,

strahlende Gesichter, Gaudi, Ehrenrunde. Der Sieg hat viele Gesichter

Deutschland hat den Weltpokal

Zum zweiten Mal, nach 1954, wird eine deutsche Mannschaft Fußball-Weltmeister. Strahlend zeigt Franz Beckenbauer den Pokal, mit innerem Stolz führt Helmut Schön den Weltcup zu den Lippen

Martin Maier, Österreich

...in die Knie gezwungen

Nie zuvor habe ich einen solchen Beginn gesehen, gar noch den eines Kampfes um den höchsten Titel. Eiskalt rückten die Holländer heran, tändelten aufreizend im Mittelfeld, mißachteten die Pfiffe des Publikums. Meter um Meter schob sich die Kette vor, unmittelbar nach dem Anpfiff, unbarmherzige Posten. Ein Spiel fast im Stehen.

Mir fiel das Meer ein: So kommt die Flut. Und dann brach Cruyff durch, wie die Welle mit Schaumkronen und mit einem unheimlichen Rauschen.

Als er gefoult und der Elfmeter geschossen war und der Schock als lähmende Stille über dem Stadion lastete, dachte ich: Welch ein Jammer, eine so frühe Entscheidung.

Was in den deutschen Spielern vorging, kann man nur ahnen. Wenn sie es hinterher erzählen: Da ist schon soviel Zutat dabei, da haben sie längst vergessen, was in ihnen zusammengebrochen war. Der Patient bewahrt von seiner schweren Operation auch stets eine verfremdete Erinnerung.

Wie es wirklich war, als sie ihn in den Operationssaal brachten und er die Scheinwerfer und das Blitzen der Instrumente wahrnahm. Wie er einatmete und die Nase ihm meldete: Spital, Skalpell, Messer, Zange, Schneiden, Blut und vielleicht Friedhof und die Worte am Grab: „. . . seine Freunde werden ihn nie vergessen!". Das weiß der Patient nicht mehr nach all den erlittenen Ängsten. Am stärksten bleibt ihm der Geruch haften, und zeit seines Lebens wird es Alarm schlagen in seinem Herzen, wenn nur die kleinste Spur davon auftaucht.

Dieser Elfmeter gegen Deutschland nach kaum einer Minute muß in den Spielern eine ähnliche Reaktion hervorgerufen haben wie die Furcht des Patienten vor der Operation. Nur, diesen armen Teufel auf dem Tisch bettet dann ein gütiger Engel in den Schlaf, die Narkose. Das Team der Deutschen aber mußte weiterkämpfen, und zwar ohne Narkose.

Daß die deutsche Mannschaft nicht in einer Panikreaktion konterte, das halte ich für ihr größtes Verdienst. Sie stürmte nicht in zornigen Angriffen vor. Zorn ist ein schlechter Ratgeber. Sie blieb kühl.

Die Umkehr bahnte sich allmählich an. Wie ein Mathematiker, um das große Problem zu lösen, erst in mühsamer Kleinarbeit Detailrechnungen erledigen muß, so war der Wiederaufstieg der deutschen Elf nach dem Absturz ein planvolles Unternehmen, Schritt für Schritt.

Ich habe die deutschen Fußballer stets für fähig gehalten, sich gerade in entscheidenden Kämpfen zu steigern. Sie sind die Fußballer der letzten Stunde, die alle Kämpfe verlieren können, bis eben auf den letzten.

Daß sie jedoch diese Eiseskälte aufbringen und zugleich das Brennen, das ist ihre legendäre Leistung von München. Sie haben einen starken Gegner erst moralisch in die Knie gezwungen und dann wörtlich. Ich beobachtete einen Holländer – er war zu weit auf der anderen Seite, um ihn zu erkennen –, der beim Schlußpfiff in die Knie sank.

Auch das fragt man: „Wie war diese Weltmeisterschaft im Vergleich zu Chile oder Mexiko? Nicht das Endspiel mit seiner Dramatik und dem totalen Fußball. Auch nicht im Hinblick auf den Jubel um den Sieg und die Emotionen, die er auslöste. Wie war die innere Temperatur dieses Schauspiels, des gesamten überdimensionalen Championates?"

Chile brannte wie Millionen Kerzen. Mexiko loderte wie tausend Feuer. Das Championat 1974 wärmte wie ein Neonlicht.

Foul an Hölzenbein: eine der dramatisch-

Wille, Kampf und Entschlossenheit

sten Szenen des Spiels um den WM-Titel

zeichnet ihre Gesichter: Müller, Overath

Walter Lutz, Schweiz

Ein Sieg der Disziplin

Es begann mit einer fröhlichen und unbekümmerten Show, meisterhaft in Ton und Bild, eindrucksvoll in Akustik und Choreografie, bestechend einfach, und doch eine Darbietung von veritabler Weltklasse, um Klassen über der Eröffnungsfeier sich bewegend.

Wahrhaft olympische Atmosphäre und feierlich-brüderliche Stimmung vor einem Weltmeisterschafts-Finale im Fußball mit populären, weltbekannten Weisen und gemeinsamen Gesängen – das war eine lobenswerte Idee, die zugleich in geschickter Weise die Stimmung entschärfte und die Emotionen abbaute.

Auffallend die Parallelen zu 1954. Wie vor 20 Jahren in Bern, ein trüber, düsterer, herbstlicher Tag (nur im Gegensatz zu damals kein Regen), so frisch, daß man den Pullover hervorholte und überzog.

Wie vor 20 Jahren hatte der Gegner der deutschen Elf, damals Ungarn, bis zum Endspiel dem Turnier das Gepräge verliehen. Wie vor 20 Jahren galt der Gegner als Favorit. Wie vor 20 Jahren spürte man jedoch, daß die Leistungskurve der deutschen Elf nach aufwärts zeigte und irgendwie etwas in der Luft lag. Und wie vor 20 Jahren ging der Favorit früh in Führung, die Ungarn in Bern sogar 2 : 0.

Und wie vor 20 Jahren wurde schließlich Deutschland Weltmeister, und wie vor 20 Jahren blieb Deutschland der einzige bisherige Weltmeister, der im Laufe des Turniers ein Spiel (Ungarn 3 : 8/DDR 0 : 1) verloren hatte.

Und wie vor 20 Jahren ein Sieg der Disziplin, der rationelleren und wirkungsvolleren Spielweise, des Kampfwillens, der Unbeugsamkeit, der kompletteren Mannschaft, des Teams mit mehr Punch, mit den besseren Nerven und – wohl auch – der größeren Erfahrung.

Ein außergewöhnliches Finale: Penalty-Pfiff nach 57 Sekunden, ehe überhaupt ein Deutscher den Ball berührt hatte. Und Hut ab vor dem Mut dieses Schiedsrichters, der in der ersten Spielminute in einem Endspiel um die Weltmeisterschaft gegen die Heimmannschaft entschlossen so zu entscheiden wagte.

Ein außergewöhnliches Finale: wieder ein Penalty, diesmal auf der anderen Seite zum 1 : 1. Und eine Verwarnung nach dem Halbzeitpfiff an die Adresse des bisher größten Turnierspielers, an Johan Cruyff.

Ein außergewöhnliches Finale auch: Berti Vogts stellt den „Superstar" kalt. Und die Holländer, verwirrt und seltsamerweise verunsichert durch das frühe 1 : 0, verlieren den Kopf, den Faden und geben ihren Stil, ihre Spielart und damit sich selbst auf. Der Mann, der der „Größte" hätte werden sollen, Johan Cruyff, reißt in dieser Phase seine Mannschaft in den Abgrund mit.

Und da war mit einem Schlag Deutschland doch noch Weltmeister: verdient gewiß, aber ohne den Glanz der spielerisch besseren, viel eleganteren Europameister-Elf von 1972, die durch das fußballerische Genie eines Günter Netzer geprägt und – was die Schönheit des Spiels angeht – auf einsame Höhen geführt worden war.

Ein guter, solider, aber vielleicht etwas handwerklicher Weltmeister. Athletisch, kämpferisch, lauffreudig und mit einer bewundernswerten Kampfmoral, solid, festgefügt, wohlorganisiert, eine Mannschaft ohne Schwächen, in fast wundersamer Weise doch noch zusammengekittet, und alle beseelt und beflügelt vom gleichen Ziel. Und zugleich die Krönung des besten und vor allem formbeständigsten Fußballers der letzten Jahre: Franz Beckenbauer, des eleganten Spielers, der auch zum Fighter werden mußte.

1

Hanns Joachim Friedrichs

Henry und der Fußball

So wohlig war den Fußballfürsten selten: nicht, daß ihr Sport die Werbung nötig hätte, aber schön war es doch. – Henry Kissinger in München, zum Endspiel, und am Tag zuvor, Super K persönlich, leibhaftig, er selbst, der Metternich des zwanzigsten Jahrhunderts, der heimliche Kaiser von Amerika und Deutschlands heimlicher Hauptstadt, kam, um Fußball zu sehen!

Kissinger in München, das hat der Fußball zustande gebracht und seine Weltmeisterschaft. So etwas adelt und hebt das Selbstgefühl. Was muß das für ein Sport sein, den dieser Amerikaner aus Fürth noch immer lieber sieht als irgendeinen anderen, obschon er seit 36 Jahren das Leder nicht mehr getreten hat, weil er ebenso lange in einem Lande lebt, das sich partout mit Fußball nicht befreunden will.

Wenn Henry Kissinger globale Politik macht, und wer möchte das bestreiten, dann hat es in der ersten Juliwoche des Jahres '74 im großen Welttheater ein paar Pausen gegeben. Die erste sah Washingtons Außenminister in der Ehrenloge des Dortmunder Westfalenstadions beim Spiel Niederlande gegen Brasilien (2 : 0). Er kam gut informiert, nicht ausschließlich, so schien es, war auf dem Moskauer Gipfel über die Probleme der Begrenzung strategischer Kernwaffen gesprochen worden. Dann Brüssel, Paris, Rom. Am Tag vor dem Endspiel eine Audienz beim Papst und mittags in München. Anstoß im Olympiastadion, 16.00 Uhr, Polen spielt gegen Brasilien 1 : 0, eine enttäuschende Begegnung.

Am Abend bittet die Bundesregierung „aus Anlaß der X. Fußball-Weltmeisterschaft" zum Empfang. Helmut Schmidt, wie immer forsch, aber dieses Mal auch heiter, nimmt den Amerikaner in Empfang und sagt, was wirklich nicht zu übersehen ist: „You are the most popular person here." Das ist Henry in der Tat. Eingekeilt in seine Bewacher, parliert der Minister, mal englisch, mal deutsch, mit der massierten Prominenz des internationalen Fußballs und der deutschen Sportverbände, mit den Spitzen des

2

4

3

5

Bonner Establishment, mit Journalisten und Journalistinnen, die sich nacheinander beglückt abwenden, wenn es ihnen gelungen ist, einen Satz zu erhaschen, von dem sie glauben, daß er nur für sie bestimmt war. Ganz offenkundig sind die Damen entzückt – es stimmt also doch, was in den Zeitungen zu lesen ist – Henry hat Charme.

Dank Fernsehen ein Interview auf der Empore des Ballsaales, das erste in Deutschland. „Aber nur über Fußball."

Ja, es stimmt: Der deutsche Botschafter in Washington schickt per Kurier die Berichte von den Spielen der Bundesliga – „wenn ich brav war und der Botschafter mit mir zufrieden gewesen ist!"

Das Lächeln verschwindet auf die Frage nach der Jugend in Fürth. Halbrechts habe er gespielt, in der Schulmannschaft und bei der Spielvereinigung, und oft auch im Tor, und es seien immer viele Tore gefallen. Fußballhelden seiner Jugend? Er denkt nach. Ja, der beste sei Leininger gewesen, nein: Leinberger, der war sehr gut, und dann gab es da noch einen Außenstürmer – „wie er aussah, weiß ich noch genau, aber sein Name. Aber sein Name ist weg." Dann lächelt er wieder, nein, in Amerika sei das nichts mit dem Fußball, aber: „Glücklicherweise gibt es ja immer mal wieder Konferenzen in Ländern, in denen Fußball gespielt wird." Unentschieden im Finale, Wiederholung zwei Tage später? „Dann werde ich wohl Ihren Außenminister konsultieren müssen, um zu sehen, ob es am Dienstag etwas zu besprechen gibt." Nein, ein Gerücht ist das nun nicht mehr – Henry Kissinger ist ein Fußballnarr. Ein Mann aus einem Land, in dem es zwar „Football" gibt, aber kaum ernstzunehmenden Fußball. Ein lupenreiner Intellektueller bekennt sich zu einem Sport, von dem sich so mancher Intellektuelle hierzulande angewidert abwendet, weil er so ganz und gar nichts Elitäres hat, weil er zu vielen falschen Leuten zuviel Spaß macht. Die Fußballmuffel werden es schwer haben in Zukunft: Henrys Gütesiegel spricht für sich.

1 Politische Prominenz mischte sich unter die des Fußballs: z. B. OK-Chef Neuberger, Ex-FIFA-Präsident Sir Stanley Rous, Bundespräsident Scheel, Bundeskanzler Schmidt, DFB-Präsident Dr. Gösmann, Bayerns Ministerpräsident Alfons Goppel, Außenminister Hans Dietrich Genscher

2 Auch Ex-Kanzler und SPD-Chef Willy Brandt huldigte dem Fußball

3 Jenseits allen politischen Establishments, Henry Kissinger, ausnahmsweise keine politischen Gespräche führend

4 Das monegassische Fürstenpaar gab sich die Ehre: zwischen ihnen die Kanzlergattin, links von Rainier II. CSU-Führer F.-J. Strauß

5 Prinz Bernhard der Niederlande begrüßte „seine" Spieler. Wenig später wird er die „World-life-fund-Münze" für die Seitenwahl werfen

1

Gerd Krug

Johan Cruyff Anti-Star

Er sieht ein bißchen aus wie Rudi Carell, der holländische Show-Master, und so verschmitzt wie sein Kollege vom Fernsehen Gags produziert, spielt er Fußball. Johan Cruyff ist eigentlich ein Anti-Star: zu schmal geraten für einen Fußballspieler, eine zu lange Nase, staksige Beine und widerstrebende, fettige Haare, die ihn bei Regenwetter wie einen unglücklichen Straßenköter aussehen lassen.

Daß er immer die Nummer 14 trägt, hat wohl mehr als Aberglaube zur Ursache. Er will keine Ausnahmestellung, jedenfalls nicht kraft einer Position oder einer Rükkennummer. Er reiht sich ein, kommt zu seinen größten Erfolgen aus dem unscheinbaren Pulk der Verfolger. Inzwischen ist die Nummer 14 zu einem Markenzeichen emporstilisiert, und Johan Cruyff war der erste, der es im Filmgeschäft schaffte, seine Rükkennummer zum Titel zu machen. Und jeder wußte, was ihn vor der Leinwand erwartete. Johan Cruyff wirkt immer noch wie ein großer Junge – das ist er auch geblieben. Sein Trainer Rinus Michels läßt ihn auch gewähren, denn er weiß, was er an seinem Star hat: „Ein Talent, wie es ein Land nur alle 20 bis 30 Jahre hervorbringt."

Diese Karriere, wen überrascht das eigentlich, begann am Rande des Ajax-Stadions. Als Arbeiterkind in Amsterdam-Betondorp geboren, wuchs Johan Cruyff im Sog des großen Fußballs auf, trat früh der Ajax-Jugend bei und fiel jahrelang nicht weiter auf. Er hatte eigentlich immer Schwierigkeiten, mit seinen Alterskollegen körperlich mitzuhalten, und oft drückten sie ein Auge zu, weil er Einfälle hatte, die sogar für seine Nebenleute überraschend kamen. Dem harten Zugriff der korpulenten Amsterdamer Jung-Verteidiger entzog er sich dank seiner enormen Grundschnelligkeit.

Die kommt ihm auch heute noch sehr zugute. Wenn man meint, nun sei es um seine Sechs-Millionen-Beine geschehen, hüpft er leichtfüßig über die ausgestreckten Hindernisse der Verfolger.

Anders als bei anderen Stars kann es passieren, daß man Johan Cruyff zehn Minuten lang überhaupt nicht auf dem Platz regi-

2

1 *Mit dem Zeigefinger den Weg weisend, mit den Armen Mitspieler nach vorne treibend, so kennt man Cruyff. Im Dribbling kaum zu stoppen, im Antritt nicht auszumachen, beim Torschuß ansatzlos; Goalgetter, Kapitän, Mittelfeldspieler, Einwerfer, Prämienjäger in einer Person. Einer der ganz Großen des Weltfußballs: Johan Cruyff, Superstar*

2 *Auch er ist nur ein Mensch. Als ihm im Finale Berti Vogts nicht von den Beinen wich, wurde er nervös, schimpfte und war beleidigt. Beim Gang in die Halbzeitpause zeigte ihm Referee Taylor sogar die gelbe Karte – wegen Meckerns*

striert. Dann ist er untergetaucht, dann steht er scheinbar gelangweilt an der Seitenlinie und schläfert seinen Bewacher ein. Das zeigt seine wahre Stärke: Andere Regisseure müssen immer am Ball sein, wie Netzer, Overath, Rivelino, Deyna. Cruyff braucht nicht die permanente Bestätigung durch Ballkontakt, er muß nicht immer im Mittelpunkt sein – er ist ein Star am Rande. Dreimal war er mit Ajax Amsterdam Europacup-Sieger, einmal Europas „Fußballer des Jahres". Daß er daraus noch mehr Kapital schlug als schon in Holland, konnte man ihm wahrlich nicht verübeln: Sein Schwiegervater Coster sorgte für die richtige Wahl: Barcelona. Das Hickhack um seinen Transfer und die Spielgenehmigung hatte auch etwas Gutes für Cruyff und die holländische Nationalelf. Er drohte damals, gar nicht mehr für sein Vaterland zu spielen, wenn man ihn nicht sofort freigeben würde. Spaniens großer, aber zuletzt erfolgloser Klub FC Barcelona rappelte sich unter Cruyff auf und stürmte vom letzten Tabellenplatz innerhalb kürzester Frist an die Tabellenspitze: schließlich war man überlegen Meister. Seinen größten Triumph feierte er in Madrid, wo Netzers Mannschaft mit 5 : 0 deklassiert wurde.

Auch Johan Cruyff legt seine Einkünfte nicht offen auf den Tisch, doch Eingeweihte haben errechnet, daß er im Jahr so etwa zwei Millionen Gulden verdient (und den Gulden kann man in etwa mit der D-Mark vergleichen), daß er jetzt ein Vermögen von neun Millionen besitzen müsse.

Selten hat man einen so reichen Mann so zurückhaltend gesehen wie diesen Johan Cruyff. Und doch: Beobachtet man ihn genau, dann fällt so einiges auf, das ihn von den anderen abhebt. Stößt seine Mannschaft das Spiel an, dann übernimmt Johan Cruyff diese Aufgabe. Das gleicht einer Exhibition. Er schaut nicht auf den Ball, er sieht in Richtung Gegner. Beim Pfiff spitzelt er den Ball höchstens zwei Umdrehungen gen halblinks, geht gelangweilt in die andere Spielhälfte, als wollte er sagen: Das Spiel ist für mich gelaufen. Und nach wenigen Minuten laufen alle hinter ihm her.

Gerd Krug

Beckenbauer der kühle Star

In ihm, so behauptet der Bundestrainer, brodelt ein Vulkan. Ist diese Art der Charakterisierung von Franz Beckenbauer eine besonders süffisante Form von Schöns Humor? Außenstehende mögen das vermuten, wenn sie Franz Beckenbauer bisher nur von weitem gesehen haben.
Doch spätestens nach dem Spiel gegen die Polen, nach dieser Wasserschlacht von Frankfurt, können sie den Ausspruch des Trainers verstehen. Bei diesem fußballwidrigen Wetter erlebten sie einen kämpfenden Kapitän – und diese Bezeichnung trifft bei jenen feuchten Verhältnissen genau die Situation.
Beim Endspiel steigerte sich die nach außen hin sichtbare Kampfkraft Beckenbauers noch um einige Härtegrade. Wann hat man ihn jemals durch den Strafraum „fliegen" sehen? Jeder erinnert sich an die Szene, als er Maier mit einem wuchtigen Kopfball – im Sprung getroffen – zu Hilfe kam. Beckenbauer, der Fighter.
So leidenschaftlich hat man ihn selten gesehen, und nie schoß er so unüberlegt auf weite Distanz. Und gerade das war das einzig Richtige an diesem Tage. Das zeigt, daß Beckenbauer doch kein Galeriespieler ist, daß er sich in jeder Minute in den Dienst der Mannschaft stellt.
Gegen ihn zu spielen ist beklemmend und faszinierend zugleich. Scheinbar teilnahmslos steht er im Zentrum der Abwehr, geht ein paar Schritte hin und her, wandert mit dem Ball am Fuß an der Strafraumlinie entlang, hebt den rechten Arm, um einem Mitspieler die Richtung anzudeuten und – macht kehrt. Der Angreifer sieht seine Chance vor Augen, greifbar liegt der Ball frei zum Einschuß und – tritt ins Leere. Beckenbauer hat im letzten Moment an der Fußspitze vorbeigelenkt.
Das Bedrückende an dieser Konfrontation ist für den Gegner, daß Franz Beckenbauer einfach nicht greifbar ist, daß er seine Bühne für alle Auftritte leerfegt. Und sollte ihm ein Charge die Rolle streitig machen, gibt er ihn der Lächerlichkeit preis. Und wer will das schon riskieren. Man zieht sich zurück und klatscht unsichtbar Beifall.
Er sei ganz kühl, wenn er auf den Platz gehe, auch bei einem Endspiel um die Weltmeisterschaft. Das glaubt man ihm aufs Wort. Eine ausgesprochene Führungsrolle übernimmt er nicht, er ist der heimliche Führer auf dem Platz. Er wirkt dann wie ein feiner Herr, der sich ungern schmutzig machen möchte.
Trifft man Franz Beckenbauer privat, dann

Die beiden überragenden Spieler der WM '74: Franz Beckenbauer und Johan Cruyff. Obwohl die Weltpresse in dem Bayernstar nahezu einmütig den besten Spieler des Turniers sah, meinte der Franz: „Man kann Cruyff nicht nach dem Endspiel beurteilen." Eine noble Geste gegenüber Cruyff, ein Kompliment vor allem an Berti Vogts

Nun ist der „Gentleman am Ball" auch noch zum Kämpfer geworden. Seine vielgerühmte Eleganz hat darunter nicht gelitten

fällt auf, daß er sehr zurückhaltend ist. Vielleicht ist er ängstlich geworden, ein falsches, ein undiplomatisches Wort zu sagen wie damals über den Bundeskanzler Brandt – und die halbe Nation stöhnte auf.
Er weiß, was er der Öffentlichkeit schuldig ist, respektiert inzwischen auch die ungeschriebenen Spielregeln der Publicity. Natürlich war es falsch, vor dem Hamburger Publikum beim Spiel gegen Australien auszuspucken. Er kann nicht erwarten, daß jeder auf den Rängen seine Spielkunst versteht. Da ist Beckenbauer oft noch zu unnachsichtig, zu unbedingt, er will verstanden werden und wundert sich, wenn die Masse ihn nicht versteht.
Beckenbauer ist kein Mann des Volkes, bei weitem nicht so populär wie Uwe Seeler, den man immer noch vor dem geistigen Auge über den Rasen rutschen sieht. Der Münchner begibt sich ungern in die Horizontale. Sein Bestreben, in die Münchner Society einzudringen, weist auf eine gewisse Eitelkeit hin. Daß seine Frau, die er einst in der Sportschule Grünwald kennengelernt hat, ein weißes Klavier für die Villa bestellte, bietet Indiz für die Bemühungen um Integration in die sogenannte Gesellschaft. Und ein mitternachtsblauer Smoking unterstreicht sein Engagement.
Franz Beckenbauer hat eine neue Ära des Fußballs in Deutschland eingeläutet. Waren die Deutschen nach dem Kriege immer als die Dragoner dieser Sportart, als die Panzer des Fußballs verschrien, so hat dieses schlanke Talent den norddeutschen Typ völlig abgelöst. Nun wird der Stil von München bestimmt, und Beckenbauer ist sein bester Interpret.
Und er hat den Fußball landfein gemacht. Auf der Tribüne des Olympiastadions von München sitzen nun die Arrivierten oder jene, die sich dafür halten. Doch Beckenbauer ist ein Bürger geblieben, der sehr häuslich ist, zwar nicht in Pantoffeln, sondern in Turnschuhen den Sonntag beim Zeitungslesen, Fernsehen oder Kartenspielen verbringt.
Man möchte bezweifeln, daß Beckenbauer jene Popularität behält, die heute noch Max Schmeling entgegenschlägt, auf die Uwe Seeler immer noch rechnen kann, wohin er auch kommt. Noch immer will die Masse bei ihren Sportlern Schweiß sehen, denn sie sollen arbeiten wie alle – auch wenn sie das x-fache verdienen. Und Franz Beckenbauer ist ihnen ein wenig zu fein. Auch noch nach dem erkämpften Sieg im Münchner Olympiastadion?

STIMOROL 30 ct CHEWING GUM de smaak is raak!

Algemeen Dagblad

29e JAARGANG No. 37

Telegram van Koningin na finale: „Heb grote bewondering voor de zo eervolle tweede prijswinnaars" Juliana

Nederland onderschat West-Duitsland: 1-2

TOCH FEEST VOOR ORANJE

Bernhard: „Elftal is grote hulde waard"

AD Sport en Sportwereld

Algemeen Dagblad, Holland: „Doch zu schwer für das Oranje-Team." Im Inneren des Blattes hieß es: „Die Holländer mußten letztlich für ihren Mangel an Disziplin bezahlen"

KING pepermunt

De Telegraaf

GROOTSTE KRANT VAN NEDERLAND

maandag 8 juli 1974

Oranje máákte finale

We hebben gevochten, we hebben keihard gewerkt, we hebben prachtige kansen gehad, die als door een wonder niet zijn gehonoreerd en nu . . . het wereldgoud voor West-Duitsland.

door Johan Cruyff

Telesport met tien pagina's

tele sport

‚Geen kater'

De Telegraaf, Holland: „Oranje-Team bestimmte das Finale." Die Zeitung kommentierte: „Wenn die Mannschaft das Anfangstempo durchgehalten hätte, wäre sie Weltmeister geworden"

POULIDOR EBRANLE MERCKX

L'ÉQUIPE

LE QUOTIDIEN DU SPORT ET DE L'AUTOMOBILE

LUNDI 8 JUILLET 1974

1,50

LE PUNCH ÉTAIT ALLEMAND...

L'Equipe, Frankreich: „Die Deutschen schlugen zu." Der Kommentar: „. . . es gewann die Mannschaft, die den größeren Kampfgeist und Siegeswillen zeigte"

MERCATO Si entra nella settim

Corriere dello S

La Coppa alla GERMANIA OCCIDENTALE, la g

Teutonica

Corriere dello Sport, Italien: „Ein Sieg auf teutonische Art." Die Zeitung sah das Finale so:

Herald

Published with The New Yo

PARIS, MO

West Germans Beat Dutch For World Cup

Franz Beckenbauer, captain of the West German soccer team, holding the World Cup trophy aloft yesterday after his team defeated the Netherlands, 2-1. The Germans, stunned by a penalty goal in the first minute of play, came back on a penalty kick by Paul Breitner and a goal by Gerd Mueller in the first half, then held on through a wilting Dutch attack in the second half for the victory.

At Wimbledon, America's Jimmy Connors, 21, overwhelmed Australian veteran Ken Rosewall, 39, to capture the men's singles final Saturday, 6-1, 6-1, 6-4. It was just a day after Connor's fiancée Cris Evert captured the wom-

International Herald Tribune: „Westdeutschland besiegt die Holländer im Weltpokal." –

Anno XXXI - N. 183

La Ferrari seconda e terza al Gran Premio di Francia

IL TEI

LA GERMANIA OVEST CAMPIONE DEL M

SOTTO IL SEG

conclusiva: colpi grossi in vista?

Via Imbriani, 95 - BARI - Tel. 214708

Diffusion RO.MA

Ingrosso boutique

ll'OLANDA: questi mondiali li ricorderemo così

nente sua

„Der Pokal ging an Deutschland, der Ruhm jedoch an die holländische Mannschaft" •

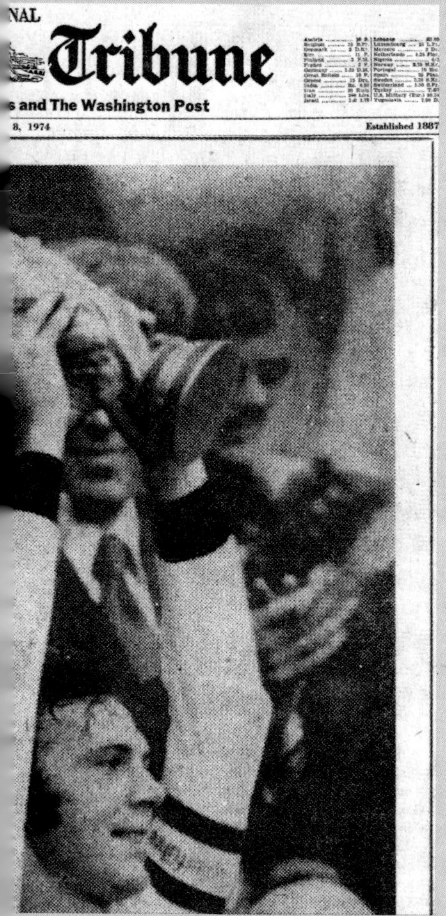

Tribune

s and The Washington Post

8, 1974

Established 1887

La Gazzetta dello Sport

Anno 78 - N. 153

Lunedì 8 Luglio 1974

Battuta l'Olanda 2 a 1 in una finalissima mondiale dai risvolti drammatici

La Germania è campione

Sono state due partite in una - L'Olanda, in vantaggio su rigore al 1', ha perso per non aver insistito nella prima partita durata 24' sino al rigore del pareggio tedesco - Ha perso anche la seconda quando Rep si è mangiato il gol (uno dei suoi tre sprecati) Muller ha firmato la vittoria che vale il titolo - Tutte le reti ed il miglior gioco nel primo tempo - Nella ripresa il forcing violento, cieco ed anche sfortunato, degli olandesi

Ha vinto il calcio giocato col cervello

Germania 2

Olanda 1

APERITIVO CYNAR

La Gazzetta dello Sport, Italien: „Deutschland ist Weltmeister." Der Kommentar zum Spiel begann so: „Es war ein hart umkämpfter, aber ein verdienter Sieg der Deutschen"

Anno 106 - Numero 150

STAMPA SERA

del lunedì

Lunedì 8 Luglio 1974

Un carico che è molto pesante per tutti

Come si pagano le nuove tasse

Si attendono le circolari, ma parecchie cose sono già chiare: le elenchiamo

Prima scadenza: per le auto

Il conto della luce

I mondiali di calcio finiti a Monaco

La Coppa alla Germania e la simpatia all'Olanda

Stampa Sera, Italien: „Der Pokal für Deutschland, die Sympathien für Holland." Im Inneren des Blattes heißt es: „Holland hätte ein besseres Schicksal verdient gehabt"

MAENSON CLOTHES FOR MEN

THE GUARDIAN

London

Monday July 8 1974

6p

CLOTHING FOR CHILDREN Urgently needed

Bitter cup for fancied Dutch

From PETER COLE

World Cup final—West Germany show the stuff of champions

Vogts snuffs the Dutch flame

From DAVID LACEY: West Germany 2, Holland 1

WM 74

The Guardian, England: „Vogts pustet die holländische Flamme aus." Der englische Berichterstatter schrieb: „Deutschland hat das Mittel gegen Cruyff gefunden: Berti Vogts"

Il Tempo, Italien: „Im Zeichen von Müller — er schoß das Entscheidungstor"

Lunedì 8 Luglio 1974 - Pag. 9

SPORT

Per Baronchelli (frattura) niente «mondiali»

ON UN GOL DECISIVO DEL CENTRAVANTI

DI MÜLLER

Gerd Krug

Die Weltmeisterschaft der großen Kämpfer

Beim abschließenden Weltmeisterschafts-Bankett sprach Bundestrainer Helmut Schön, jetzt der erfolgreichste Trainer der Welt, den bedeutungsvollen Satz ins Mikrofon: „Man kann sich ja nie richtig freuen, denn irgendwo gibt es ja wieder Journalisten, die an einer negativen Schlagzeile auch in der Stunde des großen Triumphes basteln." Richtig, hier ist eine: Der Sieger von 1974 ist kein großer Weltmeister.

Läßt man die letzten Weltmeisterschaften nach dem Kriege, an die sich die meisten Leser noch erinnern werden, Revue passieren, dann kommt man – nüchtern betrachtet – sogar zu dem Schluß: Es ist der technisch schwächste Weltmeister der letzten 20 Jahre. Die Mannschaft um Fritz Walter ist zweifellos zu ihrer Zeit höher einzuschätzen gewesen, die Brasilianer, die Engländer traten wesentlich geschlossener auf, so wie zuletzt die Holländer. Es wird das Datum in die Geschichte eingehen, aber nicht diese Mannschaft.

Um so höher muß man ihre Leistung einschätzen. Hätten die Holländer gesiegt – und das lag im Bereich der Möglichkeiten –, dann hätte alles seine „Richtigkeit". Es wäre gewesen wie 1972, als die Bundesrepublik das Turnier um die Europameisterschaft so eindeutig bestimmte, daß man nur noch an den Fluchtweg in die Kabine dachte.

1

1 Das River-Plate-Stadion in Buenos Aires (Argentinien): Hier werden entscheidende Spiele der WM 1978 stattfinden

2 Auch 1978 wieder dabei: Die Mannschaft des Deutschen Fußball-Bundes als Titelverteidiger

Daß nach 20 Jahren wieder eine deutsche Mannschaft Weltmeister geworden ist, hat psychologisch vor allem jene Bewandtnis: Die Deutschen können nicht gewinnen, wenn sie haushoher Favorit sind, sie müssen Minderwertigkeitsgefühle abbauen, sie müssen ihre Kampfkraft ungebrochen einsetzen können – dann entwickeln sie ungeahnte Kräfte.

Die entscheidende Zäsur auf dem Wege zum Titel ist ja oft genug personifiziert und als Adressat von Dankschreiben genannt: Jürgen Sparwasser aus der DDR, jener Stürmer, der in der 79. Minute des ersten deutsch-deutschen Gipfeltreffens in dieser Sportart den großen Bruder aus dem Westen vom Sockel holte – ihn aber nicht völlig stürzte. Die DDR als einziger Bezwinger des Weltmeisters – das ist eine hübsche Arabeske.

Es ist auch lange her, daß eine Mannschaft Weltmeister wurde, die im Turnier irgendwann verlor. Meist stürmen die Großen durch die Runden, ohne daß man sie aufhalten kann. Meist sind sie auf die Stunde fit, wie es die Holländer und Polen waren. So, wie die deutsche Mannschaft während des Turniers umgebaut wurde, konnte man eigentlich nicht viel erwarten. Es sei noch einmal gesagt: Um so mehr muß man sie bewundern. Wer auf Netzer verzichtet und den Neuling Bonhof aufstellt, muß Mut haben. Oder gute Berater.

Wie immer startete man beim DFB mit Handikaps. Auch mit solchen, die man selbst aufbaute. Daß zum Beispiel Linksaußen Erwin Kremers zu Hause blieb, weil er in der Bundesliga noch kurz vor Toresschluß die rote Karte erhalten hatte – das war übertriebenes Moralempfinden im „hohen Haus". Daß das Hickhack mit Netzer passierte, warf die Mannschaft weiter zurück als das gleichzeitige Zögern, wer denn nun führen sollte.

Die anderen Teams waren in der Bundesrepublik gefestigt erschienen, im Timing der Vorbereitung einfach besser.

Es muß im Endeffekt an der unbedingten Disziplin der deutschen Spieler gelegen haben, an ihrem Willen, sich so weit in den Vordergrund zu spielen, daß sie in kürzester Zeit zu möglichst viel Geld kommen würden. Vom sportlich erstrebenswerten Ziel, die besten Fußballspieler der Welt zu sein, einmal ganz abgesehen. Das klingt einfach, und man kann entgegenhalten, andere westliche Staaten hätten noch höhere Summen geboten, beispielsweise Italien, und seien vorzeitig ausgeschieden.

Sicher kam der Bundesrepublik der Heimvorteil beträchtlich entgegen, obwohl sie

AUF WIEDERSEHEN
AU REVOIR
GOOD BYE
ADIOS
Argentina '78

dadurch ziemlich verkrampfte. Sie hat in der Tat in keinem einzigen Spiel gelockert und inspiriert gespielt. Vieles war Kampf und Krampf, sogar gegen den Zwerg Australien. Schließlich siegte aber die Disziplin und der fast unheimliche Wille.

Es war die Weltmeisterschaft der Mitteleuropäer. Die Geradlinigkeit der Deutschen, Holländer und Polen hat sich durchgesetzt, die ermüdende Gangart der Brasilianer blieb auf der Strecke. Die Entwicklung ist über den dreimaligen Weltmeister hinweggegangen, die Copacobana-Jongleure stehen verlassen auf der Bühne des Fußballs, weil ihnen immer wieder einer auf die Füße tritt. Das lebende Fossil dieser Spezies war Mittelstürmer Jairzinho: Wer ihn gegen die Polen um Platz drei kämpfen, nein tändeln sah, meinte, Fußball der „golden twenties“ zu erleben: indifferent, phantasielos. Ein Ausgeflippter des Fußballs.

Sie waren die Weltmeister im Freistoß. Das zeigt, daß sie bewegungsfaul, aber denkfleißig geworden sind. Sie beherrschen fast ein Dutzend Varianten der Ausführung, sie können so Spiele entscheiden. Daß das nicht immer genügt, zeigte das Match gegen Holland. Da wurden sie entzaubert, denn so naiv wie die DDR-Spieler in Hannover, einen getarnten brasilianischen „Maurer“ in die Deckung zu lassen, sind die Holländer nicht.

Sicher liegt eine gewisse Zukunft in der Einstudierung von Freistößen und Eckbällen, weil sich der Fußball allmählich so perfektioniert, daß man auf das Niveau des Hallenhandballs stößt. Die Bulgaren haben das 1970 in Mexiko begonnen, jetzt sind die Brasilianer ganz extrem gefolgt.

Interessant, daß die Ostblockländer dem Schema weniger Raum öffneten. Natürlich kehren einige Spielzüge immer wieder, wenn zum Beispiel der polnische Spielmacher Deyna am Ball ist. Doch das braucht eine Mannschaft, sie muß sich auf ein gewisses Repertoire verlassen können. So gelang es den Polen, am meisten aus den Eckbällen zu machen, und wer Cruyff im Finale genau beobachtet hat, erinnert sich, daß auch seine Eckstöße immer auf denselben Punkt geschlagen wurden.

Das Tempo des Fußballs hat sich enorm gesteigert. Trotz Brasilien wird das hier festgestellt – es bildet die große Ausnahme, vermutlich klima-bedingt. Aber wenn man zum Beispiel im Finale beobachtete, wie überfallartig da ganze Mannschaftsteile sich auf den Ball, den Gegner oder den freien Raum stürzten, wie Spieler von einem Strafraum zum anderen rannten, wie Außenstürmer von der eigenen zur gegnerischen Eckfahne wirbelten – da mochte einem schon der Atem wegbleiben. Keine Chance für Nostalgie.

Wie wichtig Trainer heutzutage immer noch sind, bewies die holländische Mannschaft. Dieses Sammelsurium von Stars hätte sicher nur den eigenen Interessen gefrönt, wäre da nicht rechtzeitig ein starker Mann namens Michels erschienen. Der Sport und insbesondere der Fußball brauchen noch Autoritäten, brauchen die Führungs-Figur, die aus Sachkenntnis heraus anerkannt wird. Das Trainer-Kollektiv kann nicht besser sein, es sei denn, es gibt keine persönlichen Animositäten, sondern auch dort eine klare Hierarchie.

Selbst der größte Star wie Johan Cruyff sucht die Vaterfigur, er will sich auseinandersetzen mit einem zumindest gleichwertigen Gesprächspartner. Er ordnet sich dann sogar dankbar unter. Ähnlich Franz Beckenbauer: Ihm kann keiner etwas sagen, aber er mag auch nicht alles zu sagen haben. Er nimmt Einfluß, und keinen geringen, das weiß man, aber letzten Endes fügt er sich vorbildlich ein.

Was hat diese Weltmeisterschaft gelehrt? Daß der Wille noch immer wichtiger als alles andere ist. Man kann davon ausgehen, daß die besten Vier dieser Titelkämpfe, Bundesrepublik Deutschland, Holland, Polen und Brasilien, die gleiche Anzahl von großen Könnern in ihren Mannschaften aufgeboten hatten. Alle hatten sie große Spielmacher: Overath, Cruyff, Deyna, Rivelino. Jeder prägte auf seine Art das Spiel seines Teams. Overath bestimmte das Kämpferische neben einigen Glanzpunkten, Cruyff forcierte das Tempo und verlegte das Spiel seiner Mannschaft schließlich in die zweite Etage, als man kein Bein an den Boden bekam, Deyna sorgte für Geschlossenheit, für den rechtzeitigen Wechsel von Kurz- und Langpaßspiel, Rivelino schließlich schloß sich dem Raffinement seiner Umwelt an und streichelte nur noch den Ball, es sei denn, er lag 20 Meter vor dem Tor zum Freistoß bereit.

Gewonnen haben schließlich andere. Typen wie Bonhof, Vogts und Schwarzenbeck gab es wenige in diesem Turnier. Daß ein Mann wie Bonhof mit seinem Sturmlauf über den rechten Flügel die Entscheidung herbeiführt, nachdem er erst in der zweiten Finalrunde in die Mannschaft gekommen war, muß als Sensation empfunden werden. Das spricht vor allem für seine Vorbereitung, für

Wo schon viele Sieger standen;

Die „Goalies“ kommen. Erlaubt ist,

Die beste Mannschaft auch die fairste;

das Ergebnis leuchtet auf

was gefällt (Müller, Breitner)

Scheel bei der Pokalübergabe

seine Ausbildung, für das Niveau der Bundesliga.

„Nicht jene, die im Licht stehen, sind die Baumeister eines großen Sieges“, wie der ehemalige englische Coach Sir Alf Ramsey über Georg Schwarzenbeck sagte, „mit solchen Leuten kann man Weltmeister werden.“ Dabei ist sich Schwarzenbeck selbst im klaren darüber, daß er kein großer Fußballspieler ist. Was zählt ist schließlich, ob genügend Spieler in einer Mannschaft stehen, die treu ihre Aufgabe erfüllen.

Von solchen gab es in diesem Endspiel sogar elf. Da wollte niemand mit Galavorstellungen imponieren, und der beste Beweis, wie man sein Gesicht zum Wohle der Mannschaft ändern kann, wurde von Franz Beckenbauer geliefert. Er, den man für gewöhnlich den Kaiser nennt, den Gentleman des Fußballs, und ihn mit Gamaschen und Smoking als Spieler karikiert, warf sich in die Brandung holländischer Angriffe, daß man meinte, Liebrich, Posipal und Erhardt stünden alle drei im Abwehrzentrum.

Zu Anfang des Turniers schien es so, als könnte Helmut Schön das Handikap nicht überwinden, zu viele Sieger in seiner Mannschaft zu haben. Sechs Bayern-Spieler hatten zwei Monate zuvor den Europapokal der Landesmeister gegen Atletico Madrid in der Wiederholung grandios mit 4 : 0 gewonnen. Ausgiebige Feiern hatten sich angeschlossen – keine gute Voraussetzung für neue Motivationen. Sepp Herberger, man erinnert sich oft daran, baute fünf Verlierer in seine Weltmeisterschaft von 1954. Der 1. FC Kaiserslautern war gerade mit 1 : 5 gegen den Außenseiter Hannover 96 untergegangen, eine Fußballwelt schien zusammengebrochen. Gerade die rechte Situation für einen Mann wie Herberger, den Speck des Erfolges wieder ganz hoch zu hängen. Die Mäuse sprangen. Helmut Schön fiel es schwer, seine Stars, die eine so erfolgreiche Saison hatten, wieder „scharf“ zu machen. Sie versagten alle nicht, und daß nach dem Match gegen die DDR Uli Hoeness seinen Platz zur Verfügung stellen mußte, war mehr als Warnsignal zu verstehen. Man hätte sogar Müller herausnehmen können – von der Leistung war das vertretbar.

Der Schock war heilsam. Eine neue Unruhe forcierte den Wunsch, wieder in die Mannschaft zurückzukehren. Niemand setzte sich in den Schmollwinkel und schimpfte auf den bösen Bundestrainer.

Diese Mannschaft wird den Stil des Fußballs in den nächsten Jahren nicht bestimmen. Natürlich werden wieder alle Buben Franz Beckenbauer, Müller oder Breitner sein wollen, wenn sie auf der Straße kicken. Einige große, spannende Szenen dieser 90 Minuten werden in der Erinnerung haften bleiben – doch eine große Linie war nicht zu entdecken. Das wird Helmut Schön und seine Leute nicht stören, für sie gilt allein der Erfolg.

Die Spieler und der Trainer sind sich wohl noch gar nicht dessen bewußt, was sie in diesen 90 Minuten geschafft haben. Wenn man nur an Fritz Walter und Sepp Herberger denkt und Revue passieren läßt, wie oft sie in den letzten 20 Jahren um ihre Meinung in Sachen Fußball befragt wurden, dann kann man erahnen, was dem neuen Weltmeister bis zur Jahrhundertwende so bevorstehen mag. Auch wenn die Fußballwelt schnellebiger wird.

Viele Zeitgenossen der Publizistik hatten vorher Angst davor, daß Deutschland wieder Weltmeister würde. Sie erinnerten sich an den Freudentaumel nach dem Triumph von Bern, als eine Mannschaft aus Halbamateuren den großen Favoriten Ungarn besiegt hatte. Deutschland, so klang es aus vielen Kehlen, war wieder wer, man hatte es der ganzen Welt mal wieder gezeigt. Aber da schwang noch die große Kriegskatastrophe von '45 mit, da hatte man zu kompensieren und schlürfte den sportlichen Sieg in vollen Zügen.

Diesmal ist das doch etwas anderes gewesen. Auch wenn Freudenfeuer in Köln, Berlin und München entfacht wurden, wenn auf der Münchener Leopoldstraße der Verkehr zum Stillstand kam – die Freude blieb auf die sportliche Seite beschränkt. Wer einmal erlebt hat, wie Mexikaner, Brasilianer oder Italiener ihre Fußballsiege feiern, der braucht keine Sorge zu haben, daß hier in Mitteleuropa ein Volk überschnappt. Das ist der legitime Ausbruch, das sind aufgestaute Emotionen, die natürlich überall in der Welt naserümpfend auf politische Substanz geprüft werden.

Ein neues Gefühl der Überlegenheit wird schon nicht aufkommen, dazu weiß man im internationalen Sportverkehr nur zu genau, wie schnell ein solcher Ruf hin ist.

Für den deutschen Fußball haben sich jetzt natürlich günstige Aspekte eröffnet. Der Nachfolger von Helmut Schön braucht nicht durch das Fegefeuer einer Qualifikation für Argentinien. Für diese Vorgabe kann er ihm dankbar sein, ihm und den elf Spielern, von denen wenige 1978 noch dabeisein werden.

Helmut Schön
Länderspiele als Trainer: 101
geboren am 15. 9. 1915
Größe: 1,92 m
erlernter Beruf: Fußballehrer
Familienstand: verh., 1 Kind

Sepp Maier
Bayern München
Länderspiele: 57
geboren am 28. 2. 1944
Größe: 1,83 m
Gewicht: 77 kg
erlernter Beruf: Schweißer
Familienstand: verh., 1 Kind

Norbert Nigbur
FC Schalke 04
Länderspiele: 2
geboren am 8. 5. 1948
Größe: 1,85 m
Gewicht: 80 kg
erlernter Beruf: Schlosser
Familienstand: verheiratet

Wolfgang Kleff
Borussia Mönchengladbach
Länderspiele: 6
geboren am 16. 11. 1946
Größe: 1,80 m
Gewicht: 74 kg
erlernter Beruf: Schlosser
Familienstand: verheiratet

WM-Aufgebot 1974

Hans-Josef Kapellmann
Bayern München
Länderspiele: 3
geboren am 19. 12. 1949
Größe: 1,73 m
Gewicht: 70 kg
Student
Familienstand: ledig

Paul Breitner
Bayern München
Länderspiele: 26
geboren am 5. 9. 1951
Größe: 1,76 m
Gewicht: 73 kg
Student
Familienstand: verh., 2 Kinder

Helmut Kremers
FC Schalke 04
Länderspiele: 5
geboren am 24. 3. 1949
Größe: 1,78 m
Gewicht: 72 kg
erlernter Beruf: Kaufmann
Familienstand: verh., 1 Kind

Wolfgang Overath
1. FC Köln
Länderspiele: 81
geboren am 29. 9. 1943
Größe: 1,75 m
Gewicht: 71 kg
erlernter Beruf: Kaufmann
Familienstand: verh., 2 Kinder

Uli Hoeness
Bayern München
Länderspiele: 27
geboren am 5. 1. 1952
Größe: 1,81 m
Gewicht: 76 kg
Student
Familienstand: verheiratet

Herbert Wimmer
Borussia Mönchengladbach
Länderspiele: 25
geboren am 9. 11. 1944
Größe: 1,79 m
Gewicht: 72 kg
erlernter Beruf: Kaufmann
Familienstand: verh., 1 Kind

Bernd Hölzenbein
Eintracht Frankfurt
Länderspiele: 8
geboren am 9. 3. 1946
Größe: 1,72 m
Gewicht: 65 kg
erlernter Beruf: Kaufmann
Familienstand: verh., 1 Kind

Berti Vogts
Borussia Mönchengladbach
Länderspiele: 58
geboren am 30. 12. 1946
Größe: 1,68 m
Gewicht: 67 kg
erlernter Beruf: Werkzeugmacher
Familienstand: ledig

Horst-Dieter Höttges
Werder Bremen
Länderspiele: 66
geboren am 10. 9. 1943
Größe: 1,74 m
Gewicht: 73 kg
erlernter Beruf: Lohnbuchhalter
Familienstand: verh., 2 Kinder

Franz Beckenbauer
Bayern München
Länderspiele: 85
geboren am 11. 9. 1945
Größe: 1,81 m
Gewicht: 75 kg
erlernter Beruf: Kaufmann
Familienstand: verh., 3 Kinder

Georg Schwarzenbeck
Bayern München
Länderspiele: 30
geboren am 3. 4. 1948
Größe: 1,83 m
Gewicht: 78 kg
erlernter Beruf: Buchdrucker
Familienstand: verh., 1 Kind

Rainer Bonhof
Borussia Mönchengladbach
Länderspiele: 8
geboren am 29. 3. 1952
Größe: 1,80 m
Gewicht: 72 kg
erlernter Beruf: Kfz-Mechaniker
Familienstand: ledig

Bernd Cullmann
1. FC Köln
Länderspiele: 15
geboren am 1. 11. 1949
Größe: 1,81 m
Gewicht: 78 kg
erlernter Beruf: Bankkaufmann
Familienstand: verh., 1 Kind

Heinz Flohe
1. FC Köln
Länderspiele: 17
geboren am 28. 1. 1948
Größe: 1,75 m
Gewicht: 71 kg
erlernter Beruf: Kfz-Mechaniker
Familienstand: verh., 1 Kind

Günter Netzer
Real Madrid
Länderspiele: 35
geboren am 14. 9. 1944
Größe: 1,78 m
Gewicht: 78 kg
erlernter Beruf: Kaufmann
Familienstand: ledig

Jürgen Grabowski
Eintracht Frankfurt
Länderspiele: 44
geboren am 7. 7. 1944
Größe: 1,76 m
Gewicht: 62 kg
erlernter Beruf: Kaufmann
Familienstand: ledig

Gerd Müller
Bayern München
Länderspiele: 62
geboren am 3. 11. 1945
Größe: 1,76 m
Gewicht: 73 kg
erlernter Beruf: Weber
Familienstand: verh., 1 Kind

Josef Heynckes
Borussia Mönchengladbach
Länderspiele: 30
geboren am 9. 5. 1945
Größe: 1,80 m
Gewicht: 77 kg
erlernter Beruf: Stukkateur
Familienstand: verh., 1 Kind

Dieter Herzog
Fortuna Düsseldorf
Länderspiele: 4
geboren am 15. 7. 1946
Größe: 1,73 m
Gewicht: 70 kg
erlernter Beruf: Vers.-Kaufmann
Familienstand: verh., 1 Kind

Carmen Thomas

Eros im Abseits

Fußball ist noch immer eine Männerwelt, in der die Frauen höchstens eine Nebenrolle spielen. Unser Bild zeigt die Brasilianer Jairzinho (rechts) und Paulo Cezar, die sich nach einem Tor umarmen

Auch wenn es den Fernsehkameras entgangen ist – 4000 Minuten Fußball auf dem Bildschirm haben Deutschlands Frauen die Augen für die Reize des Fußballsports geöffnet. Wohin man kam während dieses Weltmeisterschaftsturniers: weibliche Wesen diskutierten in Büros, Betrieben, Kantinen und Kneipen genauso leidenschaftlich über Netzers Nebenrolle, die Fouls der Brasilianer, den Sieg der DDR, Cruyffs Temperament und das Tempo der Polen wie bislang nur die Männer.

Zumindest ins Heimpublikum vor der Mattscheibe sind die Frauen nach diesen packenden Übertragungen integriert, auf den Rängen der Stadien spielten sie noch immer eine Nebenrolle.

Die gesamte Fußballszenerie entbehrt noch immer jeglicher weiblicher Dekorationen – von Elementen ganz zu schweigen. Eine Kolonne holländischer Meisjes und ein paar Tambour-Girls aus Kanada, das war so ziemlich der ganze Beitrag der Frauen zu dieser Weltmeisterschaft, sieht man von Gracia Patricia und einigen Hostessen einmal ab. Nicht mal die Prominenz von Scheel bis Kissinger präsentierte sich auf den Tribünen mit Ehefrauen.

Die siegreichen Elf sind jetzt zwar die Lieblinge der Nation, aber die Sympathiekundgebungen, die man ihnen entgegenbringt, sind bar jeder Erotik. Miezen, Mädchen, Muttis – beim Fußballsport sitzen sie nicht mal auf der Reservebank. Im Vergleich zu anderen Sportstars sind unsere Fußballidole da arm dran: Wenn Autorennfahrer die Box ansteuern, warten dort außer kundigen Monteuren auch kesse Maiden. Wenn Eddy Merckx die Etappe gewinnt, kriegt er einen Kuß von der Dorfschönen. Skiasse sind so umschwärmt, daß nicht selten mehr als „zwei Spuren im Schnee" zurückbleiben. Und wer küßt uns? Das müssen sich unsere Fußballer am Ende jedes Spieles fragen. Die „Helden" der Nation finden nach ihren „Schlachten" weder Trost noch Anerkennung durch holde Frauen. Zumindest nicht auf offener Szene. Da müssen sie sich mit den stürmischen Umarmungen der Mannschaftskameraden und Trainer begnügen. Nicht mal die eigene Frau steht direkt hinterher am Spielfeldrand. Und in der Kabine warten nur Masseure und Reporter. Eine klare Männerwelt. Eros steht im Abseits. Während andere Massenidole sich vor Heiratsanträgen und Verehrerinnen-Schwärmen kaum retten können, ist für Fußballstars die Gefahr, durch Flirts zu Fouls im Strafraum der Moral verführt zu werden, offensichtlich geringer. Selbst der Außenseiter des braven deutschen Fußball-Milieus, Günter Netzer, ist da offenbar keine Ausnahme. Er ist zwar nicht verheiratet, aber seit Jahren führt er dem Fußballvolk immer dieselbe Herzensdame vor. Die meisten Mitglieder der Nationalmannschaft sind ohnehin bereits unter der Haube, nur Berti Vogts, Rainer Bonhof, Jupp Kapellmann sind außer Netzer noch unverheiratet. Die meisten Trainer würden den Ehefrauen wohl sofort die rote Karte zeigen, würden sie versuchen, ins Spielgeschehen des grauen Trainingsalltags einzugreifen. Hermetisch abgeriegelte Camps mit ihrer klösterlichen Askese passen nicht nur der Polizei ins Schutzkonzept, sondern fügen sich auch ideal in die psychologischen Pläne der Trainer. Udo Lattek von Bayern-München weiß: „Frauen stören nur. Es ist schon schwierig, die Mannschaft so in Stimmung zu halten; mit Frauen gäb's nur mehr Streit und Neid."

Als Einzelwesen sind die Ehefrauen allerdings durchaus erwünscht: Sie stabilisieren den Rasenrenner, umsorgen ihn, steigern seine Leistungsfähigkeit. Um es mit den Worten von Udo Lattek zu sagen: „Verheiratete Spieler führen ein geregeltes Leben und haben saubere Socken."

Saubere Socken – hier ist wohl auch ein Punkt, an dem die Ausstrahlung der Libido des Libero leidet: Fußballer – das findet selbst Paul Breitners Ehefrau Hildegard – wirken wenig anziehend, so wie sie sich auf dem Platze zeigen: mit Schlotterhosen, durchgeschwitzten Leibchen, strähnigen Haaren, Stachelbeerbeinen und Matschspritzern wirken sie weder kuschelig noch hinreißend männlich.

Halt! Hier muß gepfiffen werden: Fußballer sollen weder Dressmen noch Herzensbrecher sein. Sie sollen den Männern gefallen, nicht den Frauen. Kosmetische Eingriffe, Image-Korrekturen, die zum Ziel hätten, das Bild des Fußballers für Frauen attraktiver zu machen, wären eine ernste Gefahr für diesen Sport. Wenn sich nämlich ab sofort Frauen auf den Rängen drängelten, die ihren Männern vom bezaubernden Berti und vom umwerfenden Uli vorschwärmten, dann wären die Männer einer ihrer letzten Bastionen und angenehmsten Fluchtmöglichkeiten beraubt.

Der Fußballsport – und da liegt sicher das Geheimnis seines Erfolges – ist ein sorgsam gehegter Garten Eden der Männer. Und man weiß ja, wie das endet, wenn Eva im Paradies auftaucht.

Das Wetter in Deutschland

Tooor!

Fünfmal WM in der Karikatur

1. Finalrunde

Gruppe I

BR Deutschland – Chile	1:0 (1:0)
DDR – Australien	2:0 (0:0)
Chile – DDR	1:1 (0:0)
Australien – BR Deutschland	0:3 (0:2)
Australien – Chile	0:0
DDR – BR Deutschland	1:0 (0:0)

	Sp.	g.	u.	v.	Tore	Pkt.
1. DDR	3	2	1	0	4:1	5:1
2. BR Deutschland	3	2	0	1	4:1	4:2
3. Chile	3	0	2	1	1:2	2:4
4. Australien	3	0	1	2	0:5	1:5

Gruppe II

Brasilien – Jugoslawien	0:0
Zaire – Schottland	0:2 (0:2)
Jugoslawien – Zaire	9:0 (6:0)
Schottland – Brasilien	0:0
Zaire – Brasilien	0:3 (0:1)
Schottland – Jugoslawien	1:1 (0:0)

	Sp.	g.	u.	v.	Tore	Pkt.
1. Jugoslawien	3	1	2	0	10:1	4:2
2. Brasilien	3	1	2	0	3:0	4:2
3. Schottland	3	1	2	0	3:1	4:2
4. Zaire	3	0	0	3	0:14	0:6

2. Finalrunde

Gruppe A

Brasilien – DDR	1:0 (0:0)
Niederlande – Argentinien	4:0 (2:0)
DDR – Niederlande	0:2 (0:1)
Argentinien – Brasilien	1:2 (1:1)
Niederlande – Brasilien	2:0 (0:0)
Argentinien – DDR	1:1 (1:1)

	Sp.	g.	u.	v.	Tore	Pkt.
1. Niederlande	3	3	0	0	8:0	6:0
2. Brasilien	3	2	0	1	3:3	4:2
3. DDR	3	0	1	2	1:4	1:5
4. Argentinien	3	0	1	2	2:7	1:5

Finalspiele

Spiel um den 3. Platz

Brasilien – Polen 0:1 (0:0)

Gruppe III

Schweden – Bulgarien	0:0
Uruguay – Niederlande	0:2 (0:1)
Niederlande – Schweden	0:0
Bulgarien – Uruguay	1:1 (0:0)
Bulgarien – Niederlande	1:4 (0:2)
Schweden – Uruguay	3:0 (0:0)

	Sp.	g.	u.	v.	Tore	Pkt.
1. Niederlande	3	2	1	0	6:1	5:1
2. Schweden	3	1	2	0	3:0	4:2
3. Bulgarien	3	0	2	1	2:5	2:4
4. Uruguay	3	0	1	2	1:6	1:5

Gruppe IV

Italien – Haiti	3:1 (0:0)
Polen – Argentinien	3:2 (2:0)
Haiti – Polen	0:7 (0:5)
Argentinien – Italien	1:1 (1:1)
Argentinien – Haiti	4:1 (2:0)
Polen – Italien	2:1 (2:0)

	Sp.	g.	u.	v.	Tore	Pkt.
1. Polen	3	3	0	0	12:3	6:0
2. Argentinien	3	1	1	1	7:5	3:3
3. Italien	3	1	1	1	5:4	3:3
4. Haiti	3	0	0	3	2:14	0:6

Torjägerliste WM '74

7 Lato (Polen)

5 Szarmach (Polen), Neeskens (Niederlande)

4 Müller (BR Deutschland), Rep (Niederlande), Edström (Schweden)

3 Houseman (Argentinien), Rivelino (Brasilien), Breitner (BR Deutschland), Cruyff (Niederlande), Bajevic (Jugoslawien), Deyna (Polen)

2 Yazalde (Argentinien), Jairzinho (Brasilien), Overath (BR Deutschland), Streich (DDR), Sanon (Haiti), Surjak, Karasi (beide Jugoslawien), Jordan (Schottland), Sandberg (Schweden)

Gruppe B

Jugoslawien – BR Deutschland	0:2 (0:1)
Schweden – Polen	0:1 (0:1)
BR Deutschland – Schweden	4:2 (0:1)
Polen – Jugoslawien	2:1 (1:1)
Polen – BR Deutschland	0:1 (0:0)
Schweden – Jugoslawien	2:1 (1:1)

	Sp.	g.	u.	v.	Tore	Pkt.
1. BR Deutschland	3	3	0	0	7:2	6:0
2. Polen	3	2	0	1	3:2	4:2
3. Schweden	3	1	0	2	4:6	2:4
4. Jugoslawien	3	0	0	3	2:6	0:6

Deutsche WM-Torjäger

14	Gerd Müller	1970, 1974
10	Helmut Rahn	1954, 1958
9	Uwe Seeler	1958, 1962, 1966, 1970
7	Hans Schäfer	1954, 1958, 1962
6	Max Morlock	1954, 1958
	Helmut Haller	1962, 1966, 1970
5	Franz Beckenbauer	1966, 1970
4	Edmund Conen	1934
	Ottmar Walter	1954
3	Fritz Walter	1954, 1958
	Paul Breitner	1974
2	Ernst Lehner	1934, 1938
	Herbert Hohmann	1934
	Wolfgang Overath	1974

Endspiel

Niederlande – BR Deutschland 1:2 (1:2)

Die besten fünf WM-Torjäger aller Zeiten

13	Fontaine (Frankreich)	1958
11	Kocsis (Ungarn)	1954
10	Müller (BR Deutschland)	1970
9	Ademir (Brasilien)	1950
	Eusebio (Portugal)	1966

Tauschten den Coupe Jules Rimet und den neuen FIFA World Cup: Brasiliens Pelé und Idol Uwe Seeler

Sie spielten für Deutschland
Weltmeisterschaftsspieler 1934-1974

Uwe Seeler (Hamburger SV) 1958, 1962, 1966, 1970	21
Wolfgang Overath (1. FC Köln) 1966, 1970, 1974	19
Franz Beckenbauer (Bayern München) 1966, 1970, 1974	18
Karl-Heinz Schnellinger (Düren/FC Köln/AC Mailand) 1958, 1962, 1966, 1970	17
Hans Schäfer (1. FC Köln) 1954, 1958, 1962	15
Willi Schulz (Schalke/HSV) 1962, 1966, 1970	13
Berti Vogts (Borussia Mönchengladbach) 1970, 1974	13
Gerd Müller (Bayern München) 1970, 1974	13
Sepp Maier (Bayern München) 1970, 1974	12
Fritz Walter (1. FC Kaiserslautern) 1954, 1958	11
Jürgen Grabowski (Eintracht Frankfurt) 1970, 1974	11
Horst Eckel (1. FC Kaiserslautern) 1954, 1958	10
Helmut Rahn (Rot-Weiß Essen) 1954	10
Herbert Erhardt (SpVgg. Fürth) 1958, 1962	10
Horst Szymaniak (Wuppertal/Catania) 1958, 1962	10
Horst-Dieter Höttges (Werder Bremen) 1966, 1970, 1974	10
Helmut Haller (BC Augsburg/AC Bologna) 1962, 1966, 1970	9
Siegfried Held (Borussia Dortmund) 1966, 1970	9
Wolfgang Weber (1. FC Köln) 1966, 1970	8
Ernst Lehner (Schwaben Augsburg) 1934, 1938	6
Georg Stollenwerk (1. FC Köln) 1958	6
Albert Brülls (Mönchengladbach/Brescia) 1962	6
Hans Tilkowski (Borussia Dortmund) 1962, 1966	6
Hans Löhr (1. FC Köln) 1970	6
Fritz Szepan (Schalke 04) 1934, 1938	5
Toni Turek (Fortuna Düsseldorf) 1954	5
Fritz Herkenrath (Rot-Weiß Essen)	5
Werner Kohlmeyer (1. FC Kaiserslautern) 1954	5
Jupp Posipal (Hamburger SV) 1954	5
Karl Mai (SpVgg. Fürth) 1954	5
Max Morlock (1. FC Nürnberg) 1954	5
Ottmar Walter (1. FC Kaiserslautern) 1954	5
Erich Juskowiak (Fortuna Düsseldorf) 1958	5
Klaus Fichtel (Schalke 04) 1970	5
Reinhard Libuda (Schalke 04) 1970	5
Paul Janes (Fortuna Düsseldorf) 1934, 1938	4
Berni Klodt (Schalke 04) 1954	4
Werner Liebrich (1. FC Kaiserslautern) 1954	4
Paul Zielinski (Union Hamborn) 1934	4
Edmund Conen (FV Saarbrücken) 1934	4
Otto Siffling (SV Waldhof) 1934	4
Wolfgang Fahrian (Ulm 46) 1962	4
Hans Nowak (Schalke 04) 1962	4
Rainer Bonhof (Borussia Mönchengladbach) 1974	4
Bernd Hölzenbein (Eintracht Frankfurt) 1974	4
Willibald Kreß (Dresdner SC) 1934	3
Sigmund Haringer (Bayern München) 1934	3
Stanislaus Kobierski (Fortuna Düsseldorf) 1934	3

Willy Busch (Duisburg 99) 1934	3
Fritz Laband (Hamburger SV) 1954	3
Lothar Emmerich (Borussia Dortmund)	3
Bernd Patzke (Hertha BSC) 1970	3
Bernd Cullmann (1. FC Köln) 1974	3
Heinz Flohe (1. FC Köln) 1974	3
Karl Hohmann (VfL Benrath) 1934	2
Jakob Bender (Fortuna Düsseldorf) 1934	2
Rudolf Raftl (Rapid Wien) 1938	2
Andreas Kupfer (Schweinfurt 05) 1938	2
Willi Hahnemann (Admira Wien) 1938	2
Heinrich Kwiatkowski (Borussia Dortmund) 1945, 1958	2
Hans Bauer (Bayern München) 1954	2
Hans Cieslarczyk (SV Sodingen) 1958	2
Alfred Schmidt (Borussia Dortmund) 1958	2
Hans Sturm (1. FC Köln) 1962	2
Willy Giesemann (Bayern München) 1962	2
Herbert Wimmer (Borussia Mönchengladbach) 1974	2
Dieter Herzog (Fortuna Düsseldorf) 1974	2
Jupp Heynckes (Borussia Mönchengladbach) 1974	2
Hans Schwartz (Victoria Hamburg) 1934	1
Rudi Gramlich (Eintracht Frankfurt) 1934	1
Rudi Noack (Hamburger SV) 1934	1
Hans Jakob (Jahn Regensburg) 1938	1
Matthias Heidemann (Werder Bremen) 1934	1
Reinhold Münzenberg (Alemannia Aachen) 1938	1
Willibald Schmaus (Vienna Wien) 1938	1
Hans Mock (Austria Wien) 1938	1
Albin Kitzinger (Schweinfurt 05) 1938	1
Rudi Gellesch (Schalke 04) 1938	1
Josef Gauchel (TuS Neuendorf) 1938	1
Hans Pesser (Rapid Wien) 1938	1
Jakob Streitle (Bayern München) 1938	1
Ludwig Goldbrunner (Bayern München) 1938	1
Stefan Skoumal (Rapid Wien) 1938	1
Josef Stroh (Austria Wien) 1938	1
Leopold Neumer (Austria Wien) 1938	1
Paul Mebus (1. FC Köln) 1954	1
Alfred Pfaff (Eintracht Frankfurt) 1954	1
Richard Herrmann (FSV Frankfurt) 1954	1
Heinz Wewers (Rot-Weiß Essen) 1958	1
Fredy Kelbassa (Borussia Dortmund) 1958	1
Willi Koslowski (Schalke 04) 1962	1
Engelbert Kraus (Kickers Offenbach) 1962	1
Friedel Lutz (München 1860) 1966	1
Werner Krämer (MSV Duisburg) 1966	1
Horst Wolter (Eintracht Braunschweig) 1970	1
Max Lorenz (Eintracht Braunschweig) 1970	1
Günter Netzer (Real Madrid) 1974	1

Auslosung in Frankfurt

Besser hätte es nicht kommen können

Man nennt die Auslosung den ersten Höhepunkt einer Fußball-Weltmeisterschaft. Hier werden die Weichen gestellt für das Turnier, hier entscheidet das Los oft schon zwischen Sieg und Niederlage. Wo so viel auf dem Spiel steht, kann man nicht alles dem Zufall überlassen. Es wäre allerdings falsch, von Manipulation zu sprechen, wenn die hohen Herren des Internationalen Fußball-Verbandes nicht allein dem Glück vertrauen. So war es auch in Frankfurt am 5. Januar 1974.

Einen Tag vor der Auslosung im Sendesaal des Hessischen Rundfunks beriet sich das FIFA-Komitee für die Weltmeisterschaft hinter verschlossenen Türen. Vier Gruppen waren mit vier Mannschaften zu belegen. Aus der sportlichen Sicht und auch vom kommerziellen Standpunkt aus mußte verhindert werden, daß sich die attraktivsten Mannschaften schon in der ersten Finalrunde gegenseitig ausschalten. Also verteilte man die besten Vier der letzten Weltmeisterschaft in Mexiko auf die vier Gruppen: Deutschland, Brasilien, Uruguay und Italien.

Die nächste Überlegung: die schwächsten Teams, sofern das am grünen Tisch zu beurteilen war, mußten ebenfalls auf diese vier Gruppen verteilt werden. Keine Frage, daß hier an die drei Neulinge gedacht wurde, also an Australien, Zaire und Haiti. Um den Vierten im Bunde gab es Diskussionen. Die Wahl fiel schließlich auf Schweden, das in Mexiko keine große Rolle gespielt hatte und sich erst in einem Entscheidungsspiel gegen Österreich qualifizieren konnte. Die Namen dieser vier wurden in einen Lostopf geworfen. Die DDR, einer der Neulinge, wurde höher eingeschätzt.

In den zweiten Topf wurden die Südamerikaner gelegt: Argentinien und Chile, in den dritten die Osteuropäer: DDR, Bulgarien, Jugoslawien und Polen. So verblieben nur noch Holland und Schottland.

Die Entscheidungen fielen im Frankfurter Airport-Hotel innerhalb von 35 Minuten. Es war schließlich wochenlang vorher darüber diskutiert worden.

Auf der Bühne des großen Sendesaales hatten am Abend des 5. Januar in vier Reihen die Vertreter der FIFA Platz genommen, daneben war auf einer hohen Schautafel der Spielplan der 1. Finalrunde errichtet worden. Was noch fehlte, waren die Namen der Mannschaften. Um 21 Uhr schalteten sich Fernsehstationen und Rundfunksender aus aller Welt in die Live-Übertragung ein. Der Beginn der Auslosung wurde von der offiziellen WM-Fanfare signalisiert.

Zwei wohlgesetzte Reden – von WM-Chef Hermann Neuberger und Bundesinnenminister Hans-Dietrich Genscher – leiteten das eigentliche Zeremoniell ein. Der elfjährige Berliner Detlef Lange, ein Mitglied der Schöneberger Sängerknaben, zog nun nacheinander die Loskapseln aus vier run-

Nachdem die FIFA vier Mannschaften gesetzt und die anderen in drei Kategorien eingeteilt hatte, konnte man bei der Auslosung nur noch gespannt sein, wie sich die einzelnen Gruppen zusammensetzen würden. Die Bundesrepublik Deutschland hatte sicherlich Glück. Ein Raunen ging allerdings durch den Saal, als das Los die Mannschaften der BRD und der DDR in einer Gruppe zusammenbrachte.

den Glastrommeln. Deutschland erhielt in der ersten Gruppe zuerst Chile zugelost. Dann griff Detlef Lange in die Trommel mit den vier osteuropäischen Teilnehmern. Er reichte die Kapsel zu FIFA-Generalsekretär Dr. Käser, der öffnete sie, schüttelte fast unmerklich den Kopf und legte den Zettel FIFA-Präsident Sir Stanley Rous zur Verkündung vor. Im gleichen Augenblick wurde an der Tafel unter der Aufschrift „BR Deutschland" das Schild „DDR" eingeschoben.

Für einen Augenblick herrschte unter den über 1000 Ehrengästen im Saal Schweigen, doch dann klatschten sie begeistert Beifall. Zum ersten Mal würden also nun die beiden deutschen Nationalmannschaften gegeneinander spielen, nachdem sich bislang der Fußballverband der DDR gegen derartige Vergleichskämpfe gewehrt hatte. Das war die Sensation dieser Auslosung. Sie kam so unerwartet, daß sie einer illustren Diskussionsrunde in einem Ost-Berliner Fernsehstudio für Minuten fast die Worte nahm. Man sprach für den Rest des Abends mehr über Chile und Australien, das auch noch in die erste Gruppe gelost wurde, als über das Hamburger Spiel gegen die Bundesrepublik Deutschland.

Dieses Los bedeutete für die DDR in der Tat einen harten Brocken, denn damit mußte sie ausgerechnet in West-Berlin gegen Chile spielen, gegen dessen Teilnahme ja im Osten heftig protestiert worden war. Doch Präsident Erich Riedl, der Chef des Deutschen Fußball-Verbandes, sagte in Frankfurt: „Wir haben unsere Meldung gegenüber der FIFA ausdrücklich bestätigt. Reicht das immer noch nicht?"

Die restlichen Spielpaarungen erschienen Organisationschef Hermann Neuberger so ideal, daß er anschließend gestand: „Alle unsere Wünsche sind in Erfüllung gegangen." Mit Weltmeister Brasilien, Schottland, Jugoslawien und Zaire war die Gruppe II äußerst attraktiv besetzt. Holland und Schweden spielten zusammen mit Bulgarien und Uruguay in der Gruppe II, und die Fans aus Schweden und Holland hatten nach Hannover, Düsseldorf und Dortmund nicht allzuweit zu reisen. In der Gruppe IV war mit Italien, Polen, Argentinien und dem Neuling Haiti schon auf dem Lospapier für viel Spannung gesorgt.

Natürlich wurde nach der Auslosung die Prominenz um einen Kommentar gebeten. Jetzt, da alles entschieden ist und der neue Weltmeister in München den Goldcup in Empfang genommen hat, mag es nochmals interessant sein, was damals am 5. Januar für Aussagen und Prognosen gegeben wurden.

Fritz Walter: „Der Detlef hat ein gutes Los für unsere Mannschaft gezogen." Julius Ukrainczyk, Spielevermittler: „In der zweiten Runde sehe ich beide deutschen Mannschaften, Brasilien und Schottland, Bulgarien und Holland, sowie Italien und Polen." Sepp Herberger: „Besser hätte es nicht kommen können, beide deutschen Mannschaften kommen weiter." Mario Zagalo, Brasiliens Trainer: „Wir kommen in die zweite Runde." Washington Cataldi, Uruguay: „Wir haben eine leichte Gruppe erwischt, das gibt 6 : 0 Punkte." Willie Ormond, Schottland: „Wir werden Gruppensieger." Rale Rasic, Australien: „Deutschland wird Weltmeister."

Qualifikation 1974

Der weite Weg nach Deutschland

Es geschah im Wembley-Stadion, jener Fußballarena in London, die mehr ist als nur ein ovaler Tribünenbau, in dessen Mitte nach dem Ball getreten wird. Wembley – das ist eine „Kathedrale des Fußballs" das Mekka einer Sportart, die in diesem Land geboren wurde. Doch die Wallfahrten nach Wembley endeten, bis auf drei Ausnahmen, immer mit einer Enttäuschung. Hier war kein Ruhm zu holen, hier wurden ein halbes Jahrhundert lang den Fußball-Gläubigen gehörig die Leviten gelesen. England und niemand anders war in Wembley stets der Lehrmeister, und wenn sich die Gäste auch noch so keck aufführten. Entweder erlagen sie der englischen Hausmacht oder dem Roar, den die 100 000 unter dem Tribünendach anstimmten. „England-England" – und sonst nichts. Nur dreimal war das anders: 1953, als die ungarische Wunderelf mit Ferenc Puskas einen Csárdás tanzte, daß den elf Engländern Hören und Sehen verging. Mit 6 : 3 Toren wurden die Hausherren deklassiert, die Welt des Fußballs hatte eine ihrer historischen Stunden erlebt. Doch große Augenblicke sind selten, und es dauerte in der Tat sechs Jahre, bis sich ähnliches wiederholte. Die Schweden machten es gnädiger, beließen es bei einem 2 : 1, dennoch ein Triumph für den Vize-Weltmeister von 1958.

Und dann kam jener Apriltag 1972, als in Wembley um den Einzug ins Finalturnier der Europameisterschaft gespielt wurde. Vierzehn Tage zuvor hatte Englands Teammanager, Sir Alf Ramsey, die Deutschen noch in Budapest gegen Ungarn 2 : 0 siegen sehen, aber als er das Spiel kommentierte, tat er dies mit Ignoranz und Hochmut: kein Problem für England. Doch es kam anders. Die deutsche Nationalelf gewann mit 3 : 1 und England war damit aus dem Wettbewerb ausgeschieden; das 0 : 0 im Berliner Rückspiel brachte nur noch die Bestätigung: England war ins Mittelmaß gesunken. Doch dies wollte zumindest Sir Alf Ramsey nicht wahrhaben. In der Qualifikationsrunde zur Weltmeisterschaft und natürlich erst recht bei der WM in Deutschland, wollte er es all denen zeigen, die England schon für die Großmutter des Weltfußballs hielten. Die Gruppe 5 sollte eigentlich kein Problem sein, denn die Gegner hießen Polen und Wales. Klar, die Polen waren Olympiasieger, aber das war noch lange kein Passport für das Entree in den Kreis der Besten. Und Wales, nein, das müßte schon mit allen Teufeln zugehen, wenn auf der britischen Insel jemand der Auswahl des englischen Fußball-Verbandes den Weg nach Deutschland und damit zur Endrunde verbauen sollte.

Aber es kam anders. Wales wehrte sich zwar im ersten Spiel noch mannhaft und schaffte es, nur mit 0 : 1 zu verlieren. Doch in Wembley, da wollte England für die notwendigen zwei Punkte sorgen. Daraus wurde nichts, 1 : 1, das war mehr als eine Blamage. Wie ungemütlich es war, gegen Wales zu spielen, mußten auch die Polen erfahren, die auf der Insel 0 : 2 unterlagen und im Rückspiel mit Mühe, Not und auch ein paar Fausthieben mit 3 : 0 gewannen. Der verlorene Punkt gegen Wales sollte eigentlich zu verschmerzen sein, so dachte nicht nur Sir Alf, sondern auch seine Mannschaft. Die Fahrt nach Polen schien für die Engländer nicht mehr als den Reiz des Unbekannten zu haben, die Quittung folgte dem sträflichen Leichtsinn auf dem Fuß. Die Gastgeber schlugen England mit 2 : 0 Toren, aber immer noch zweifelte auf der Insel kaum jemand an der Qualifikation. Schließlich war da ja noch Wembley. Wenige Tage vor dem Spiel bereitete England an diesem Tatort noch schnell Österreich mit 7 : 0 Toren ein Debakel. Nun konnten die Polen ruhig kommen.

Aber die gaben sich noch nicht verloren, mauerten hinten die Abwehr dicht und vertrauten auf das Glück und auf den schnellen Stürmer Banas, der die hundert Meter in 10,5 Sekunden laufen konnte. Und während ein englischer Angriff nach dem anderen auf den polnischen Strafraum zurollte, warteten die Männer aus Warschau und Kattowitz auf jenen Augenblick, wo sich die Engländer eine Blöße gaben. Der Moment kam: ein langer Paß zu Banas, der stürmte uneinholbar los, und es hieß wenige Sekunden später 1 : 0 für Polen. Nur ein Elfmeter bewahrte England vor der Niederlage, aber das 1 : 1 wog am Ende schwerer. Seit 1950 war damit England erstmals nicht bei einer Weltmeisterschaft dabei. Ein einziger Punkt, der gegen Wales verschlampt wurde, bedeutete das Aus.

Freilich, wer in den Ergebnissen der letzten Weltmeisterschaften blättert, der ist über diese Tatsache vielleicht gar nicht so erstaunt. Ausgenommen 1966, wo England im eigenen Land mit Mühe und Not seiner Favoritenrolle gerecht wurde, haben die Insulaner bei Weltturnieren noch nie eine große Rolle gespielt: 1950 schieden sie in der ersten Runde aus, vier Jahre später im Viertelfinale, 1958 in Schweden gar nur

Jugoslawien qualifizierte sich als letzter Teilnehmer für die WM '74. Im Entscheidungsspiel besiegten die Jugoslawen Spanien im Frankfurter Waldstadion durch ein Tor von Katalinski, nachdem beide Teams vorher punkt- und torgleich waren

Gruppendritter, 1962 kamen sie auch nicht ins Viertelfinale, und 1970 sorgte die deutsche Mannschaft in Leon für das vorzeitige Aus.

Polen hat es also geschafft, ein Land, das keine Professionals kennen will und so bei den Olympischen Spielen in München als Gegner nur zweitklassige Mannschaften aus dem Westen oder die Staatsamateure aus dem Osten vorfand. Natürlich fehlt durch das Ausscheiden von England dieser Weltmeisterschaft ein Hit. Aber Freikarten werden eben nur an den Gastgeber und an den letzten Weltmeister ausgegeben.

Ein solches Ticket glaubten auch die Schweden in der Tasche zu haben, als sie zum letzten Qualifikationsspiel nach Malta fuhren. Nicht mehr als eine Formsache, sagten die Experten; ein 2 : 0-Ergebnis schon hätte den Skandinaviern gereicht, um sich von den in der Gruppe 1 punktgleichen Österreichern und Ungarn abzusetzen. Doch die Schweden mußten einen bitteren Malteser-Tropfen schlucken, der völlig überraschende 2 : 1-Sieg machte ein Entscheidungsspiel gegen Österreich notwendig. Die Ungarn waren zu bedauern, denn auch sie hatten 8 : 4 Punkte und in der Runde kein Spiel verloren.

Das Spiel fand in Gelsenkirchen statt, im neuen Parkstadion. Wie schon gegen Malta trommelte Teamchef Georg Ericsson seine Stars zusammen. Roland Sandberg kam aus Kaiserslautern angereist, der lange Edström vom holländischen Verein Eindhoven. Vor 25 000 Zuschauern spielten die Österreicher zwar den besseren Fußball, schnürten den Schweden in deren Hälfte fast die Luft ab, erzielten 7 : 0 Eckbälle — die Skandinavier aber schossen ein Tor mehr. Bo Larsson sorgte nach Treffern von Sandberg und Hattenberger für die Entscheidung. 10 Jahre lang müssen die Österreicher nun schon zusehen, wie die Elite des Welt-Fußballs den Titel unter sich vergibt.

In den anderen europäischen Qualifikations-Gruppen lief alles so, wie man sich das erwartet hatte. Italien setzte sich souverän gegen die Türkei, die Schweiz und Luxemburg durch; Holland schaffte es dank eines besseren Torverhältnisses gegen die Nachbarn aus Belgien; Bulgarien war stärker als Portugal und Nordirland; Schottland rettete sich mit einem Punkt Vorsprung vor der ČSSR. In der Gruppe 4 schließlich qualifizierte sich erstmals die Auswahl der DDR für eine Weltmeisterschaft und erwies sich damit stärker als Rumänien.

Zwei deutsche Mannschaften also bei einer Fußball-Weltmeisterschaft, das hatte es noch nie gegeben. Daß sie dann das Los gleich in der ersten Runde zusammenführte, mag Ironie des Schicksals sein. Bis zum Tage der Qualifikation blickten die Fußball-Anhänger in der DDR herüber in den Westen, da fuhren Tausende bei Fernsehübertragungen in günstigere Sendegebiete, um wenigstens am Bildschirm Franz Beckenbauer oder Günter Netzer zu sehen. Doch 1973, ein Jahr nach der Bronzemedaille bei den Olympischen Spielen, schaffte die Auswahl um Trainer Georg Buschner den großen Sprung in den Kreis der Besten.

Bei den Olympischen Spielen 1972 in München waren die beiden deutschen Mannschaften schon aufeinandergetroffen. Doch während im Team der DDR die elf Besten spielten, mühten sich auf der anderen Seite krampfhaft bei der Stange gehaltene Amateure. Die DDR gewann dieses Duell. Na ja, sagten die Kommentatoren, „die sollten mal gegen unsere Profis spielen . . ."

Die Gelegenheit bot sich überraschend im Europapokal der Landesmeister, als Bayern München und Dynamo Dresden zusammengelost wurden. Mit Mühe und Not konnten sich die Bayern in die nächste Runde retten. Jetzt wurde endgültig deutlich, daß der Fußball im anderen Deutschland aus seinem Dornröschenschlaf erwacht war, in den ihn jahrelang die eigenen Funktionäre geschaukelt hatten.

Mit 1 : 0 hatte die DDR das erste Spiel gegen Rumänien in Bukarest verloren, doch im Leipziger Zentralstadion brüllten 100 000 Menschen ihre Mannschaft zum 2 : 0-Sieg und damit zum Endturnier. Plötzlich waren Namen wie Kreische, Croy, Bransch oder Ducke auch im Westen ein Begriff. Aus dem „Weltmeister in Freundschaftsspielen", der sich seine Spielpartner vorwiegend im Osten suchte, war fast über Nacht ein zu beachtender Gegner auf internationalem Parkett geworden. Ein weiteres Planziel wurde erreicht.

Doch nicht aus sportlichen, sondern aus politischen Gründen schien die Teilnahme der DDR an der Weltmeisterschaft plötzlich wieder gefährdet zu sein. Die Sowjetunion, die als Sieger der Gruppe 9 gegen Chile anzutreten hatte, verweigerte den Flug zum Rückspiel in Santiago de Chile. In Moskau hatten die Russen nur ein 0 : 0 erreicht, die Chancen waren gesunken. Da putschte in Chile das Militär gegen Staatspräsident Allende, der als Freund Moskaus galt. Die gesamte sozialistische Welt erklärte sich solidarisch mit der gestürzten Regierung und trauerte um Allende, der in seinem Palast ums Leben gekommen war.

Als dann der chilenische Fußballverband das Spiel gegen die Sowjetunion im Nationalstadion ansetzte, das erst noch von den Gefangenen der Militärjunta geräumt werden mußte, sah Moskau einen Grund zum Protest. Der Fußballverband der UdSSR weigerte sich, in diesem Stadion zu spielen. Der Internationale Fußballverband schickte seinen Generalsekretär Dr. Käser nach Santiago, und der befand nach einer Inspektion des mittlerweile blitzsauberen Stadions, daß die Sowjetunion hier unter regulären Bedingungen spielen könne.

Doch in Moskau war die Entscheidung bereits gefallen, sicherlich sehr zum Unmut aller Fußball-Anhänger und wohl auch einiger Funktionäre. Um dem Protest Gewicht zu geben und ein Spiel auf neutralem Platz zu erzwingen, erklärten sich einige sozialistische Länder solidarisch. Aus Bulgarien und Polen kamen allerdings nur recht schwache Kundgebungen, in Ost-Berlin wurde etwas lauter gerufen. Im Ernst wollte niemand daran glauben, daß diese drei Fußballverbände ihre Teilnahme am Weltturnier zurückziehen würden. Und so kam es denn auch: Die UdSSR wurde disqualifiziert, Chile erhielt die offizielle Einladung und die wurde auch in Berlin, Sofia und Warschau dankend angenommen. Einer der wenigen Fälle, in denen sich der Sport gegenüber der Politik durchsetzen konnte.

Als letzter europäischer Teilnehmer qualifizierte sich schließlich Jugoslawien. Die Spanier hatten überraschend in Zagreb ein 2 : 2 erreicht und waren damit punkt- und torgleich. Erst für den 13. Februar 1974 konnte das Entscheidungsspiel im Frankfurter Waldstadion angesetzt werden, obwohl laut Reglement alle Qualifikationsspiele am 31. Dezember 1973 abgeschlossen sein sollten. 65 000 Zuschauer, vorwiegend spanische und jugoslawische Gastarbeiter, erlebten einen 1 : 0-Sieg Jugoslawiens, der mehr als verdient war. Damit stand auch Brasiliens Gegner im Eröffnungsspiel der WM am 13. Juni fest.

In den drei südamerikanischen Gruppen lief alles erwartungsgemäß. Uruguay, Argentinien und Chile lagen vorn, Uruguay allerdings nur dank des besseren Torverhältnisses vor Kolumbien. Weit aufregender verlief das Turnier der Nord- und Mittelamerika-Gruppe. Trotz eines Protestes von Mexiko bestritten die sechs Gruppenersten auf Haiti das Abschlußturnier. Jeder hatte

Die größte Überraschung der WM-Qualifikation war das Ausscheiden von Exweltmeister England gegen Olympiasieger Polen. Beim alles entscheidenden Spiel im Londoner Wembley-Stadion vermochten die Engländer selbst in solchen Szenen nicht, den Ball im polnischen Tor unterzubringen. Allerdings hatte Torhüter Tomaszeswki einen Traumtag

gegen jeden zu spielen. Mexiko galt als Favorit, doch der Heimvorteil hievte die Haitianer an die Spitze, obwohl sie das Spiel gegen Mexiko mit 0 : 1 verloren. Trinidad hatte die Mexikaner mit 4 : 0 besiegt, so daß der Weg frei war für Haiti.

„Die Teilnahme an der Weltmeisterschaft ist wichtig für unser Land, für unser Selbstverständnis und für das Image Haitis in der Welt", sagte Haitis Fußball-Präsident Jean-Claude Baptist.

Neben Haiti zählte Australien zu den Außenseitern dieser Weltmeisterschaft, im Grunde also zu den Hoffnungslosen. Genau wie Zaire, auch wenn dort der jugoslawische Trainer Vidinic mit großem Erfolg arbeitet. Vidinic, ehemals Torhüter, hatte bei der Weltmeisterschaft 1970 in Mexiko die marokkanische Elf betreut, die sich nach großer Gegenwehr Deutschland nur mit 1 : 2 geschlagen gab. Zum ersten Mal hatte sich nun eine Mannschaft aus Schwarz-Afrika qualifiziert, denn im entscheidenden Spiel gegen Marokko gewann Zaire in der Hauptstadt Kinshasa vor 70 000 Zuschauern mit 3 : 0 Toren. 22 Länder hatten sich um den einen Platz zur WM beworben, ein Zeichen, daß die Zukunft des Fußballs in Afrika begonnen hat.

Aus der Asien-Ozeanien-Gruppe konnte sich nur eine Mannschaft qualifizieren. Japan galt als Favorit, vielleicht auch noch Südkorea. Doch die Japaner verloren bei einem Turnier in Seoul gegen Hongkong mit 0 : 1 und mit dem gleichen Ergebnis auch im Halbfinale gegen Israel. Das Endspiel der Gruppe A gewann schließlich Südkorea gegen Israel, während sich in der Hauptgruppe B Australien durchsetzte. In Sydney und in Seoul trennten sich die beiden Mannschaften jeweils unentschieden, so daß ein Entscheidungsspiel in Hongkong notwendig wurde. James Mackay, geboren in Schottland, schoß das einzige Tor und erreichte damit Australiens Qualifikation. 1965 schon hatten sich die Australier um die Teilnahme an der Weltmeisterschaft in England beworben, scheiterten jedoch an jener nordkoreanischen Mannschaft, die dann in England den Italienern mit einem 1 : 0-Sieg die größte Blamage zufügte.

Jeder der australischen Spieler, die meist aus Schottland, England, Jugoslawien oder Ungarn eingewandert sind, übt einen Beruf aus. Mit dem Fußball kann außer Nationaltrainer Rale Rasic, einem Jugoslawen, niemand seinen Lebensunterhalt mit diesem wenig populären Sport verdienen. Der in Deutschland geborene Abwehrspieler Manfred Schaefer trägt jeden Morgen um zwei Uhr in einem Vorort von Sydney Milch aus. Nur ein Eingeborener gehört zum Aufgebot, der Abwehrspieler Harry Williams, ein *Aboriginal.*

Nach der Qualifikation erlebte der Fußball in Australien einen enormen Aufschwung. Die Zuschauerzahlen stiegen beträchtlich, in Sydney gibt es heute über 2000 Jugendmannschaften. Man lacht in Australien großzügig und mit ein bißchen Schadenfreude über den Kommentar einer Londoner Zeitung: „Australien beim Weltcup, das ist wie ein Känguruh beim englischen Derby."

Argentinien

Der Fußball kam ins Land wie eine Zivilisationskrankheit, er breitete sich mit der Geschwindigkeit und den Symptomen einer Seuche aus. 1866 brachte der englische Lehrer Alexander Watson Hutton ein paar Bälle mit nach Buenos Aires, 1867 fand anläßlich der Gründung des Buenos Aires Crikket Clubs das erste offizielle Fußballspiel statt, 1893 wurde der argentinische Fußballverband gegründet – und 1930 hatte das Spiel die Massen bereits so in seinen Bann gezogen, daß man die Spieler zu Profis machen konnte.

Die ersten Honorare waren niedrig, aber, wie es schien, durchaus gerecht. Jeder Spieler erhielt für die Strapazen von 90 Minuten 50 Pesos – ein Viertel des Monatsverdienstes eines Arbeiters. Mit vier Spielen im Monat verdiente er also das landesübliche Einkommen. Daß er dafür nur 360 Minuten zu arbeiten brauchte, schien den Schöpfern des Berufsfußballs Bevorzugung genug. Da die Vereine an dieser Zahlungsweise festhielten, organisierten die Profis 1948 den ersten Streik der Fußballgeschichte. Weil sie keine Tariferhöhung erzwingen konnten, wanderten die besten von ihnen kurzerhand aus. Allein 1949 ließen sich 57 Spieler von den Vereinen der kolumbischen Fußball-Liga anwerben, wo clevere Geschäftsleute auf die Idee gekommen waren, aus dem Sport Profite zu erwirtschaften. Auf diese Weise verloren die Argentinier auch den Spieler, der von vielen Experten höher eingeschätzt wird als Pelé oder Alfredo di Stefano: Omar Sivori. Der Ausverkauf der Stars dauert bis auf den heutigen Tag an.

Fläche: 2 779 741 qkm
Einwohner: 23,9 Millionen
Hauptstadt: Buenos Aires
Regierungsform:
Präsidial-Republik

Australien

Daß sich die eigene Mannschaft nicht für die Weltmeisterschaft qualifizieren konnte, das hätten die Engländer noch mit Fassung getragen. Daß sich jedoch Australien einen Platz unter den 16 Besten erkämpfen konnte, das erhob das Scheitern von Sir Alf Ramseys Team zur nationalen Schande. Diese verdanken sie letztlich einem Berufsstand, der ihnen im Jahre 1974 durch eine Wirtschaftskrise und den Sturz der Regierung Heath ohnehin schon genug Kummer bereitet hatte: den Bergarbeitern. Denn britische Kohlenhauer brachten 1880 neben Grubenlampen und Spitzhacke auch einen Ball mit nach Australien. 94 Jahre später hatten es Einwanderer und Eingeborene im Umgang mit dem Leder zu einem Geschick gebracht, das ausreichte, um sich erstmals für die Weltmeisterschaft zu qualifizieren.

Australiens Fußball brauchte diesen Erfolg, um zu überleben. Seit die Nationalelf nämlich vor 21 Jahren gegen eine englische Profiauswahl 0 : 17 unterlag, ist das Interesse der Zuschauer fast bis auf den Nullpunkt gesunken. Fußball rangiert hinter Rugby, Australian Rules (ähnlich dem American Football), Schwimmen, Tennis, Leichtathletik, Pferdesport und Segeln erst an achter Stelle. Die Vereine können deshalb nur Halbprofis beschäftigen, die sie von dem Gewinn bezahlen, den sie aus dem Vertrieb von Spielautomaten erwirtschaften. Von der WM erhofft man sich nun einen höheren Beliebtheitsgrad. Ein Erfolg ist bereits zu verzeichnen: Die Regierung hob ein seit Jahrzehnten bestehendes Verbot auf, an den Schulen darf jetzt auch Fußball gespielt werden.

Fläche: 7 686 849 qkm
Einwohner: 12,6 Millionen
Hauptstadt: Canberra
Regierungsform:
Parlamentarische Monarchie

Brasilien

Señor Perencha Martins, Richter am Obersten Gerichtshof Brasiliens, mußte im Mai 1974 einen Fall verhandeln, der nicht nur der kurioseste seiner Laufbahn war, sondern ihm auch ein Millionenheer von Feinden verschaffte. Richter Martins wies nämlich die Klage eines Rechtsanwalts mit folgender Begründung ab: Señor Edson Arantes do Nascimento (genannt Pelé) könne mit Rücksicht auf die freiheitlichen Grundrechte jedes Brasilianers nicht dazu verurteilt werden, sein Land bei der Weltmeisterschaft zu vertreten.

Ein Land, in dem sich der Oberste Gerichtshof mit der Aufstellung der Nationalmannschaft beschäftigen muß, in dem jener Edson Arantes do Nascimento, in den Slums aufgewachsen ein auf 17 Millionen Mark geschätztes Vermögen durch seiner Beine Arbeit anhäufen kann; in dem der Präsident den Verkauf von Fußballstars durch eine Exportsteuer verhindert; in dem noch lebenden Regierungschefs die Ehre versagt bleibt, auf Briefmarken zu erscheinen, Pelé aber in einer Auflage von zwei Millionen von der Post geehrt wird – in einem solchen Land muß Fußball mehr sein als nur ein Spiel.

In diesem Land ist jedes Fußballspiel ein Fest. Und Spiele gibt es in jeder Stadt und an jedem Tag. 656 sind nötig, um den Landesmeister zu ermitteln. 40 Mannschaften bewerben sich um den Titel. Ihre Spieler sind Vollprofis und gehören zu den 10 Prozent der Bevölkerung, die Not nicht kennen. Die restlichen 90 Prozent der 95,3 Millionen Menschen vergessen das Elend beim Fußball. Und wer noch jung genug ist, sieht im Fußball eine der wenigen sozialen Aufstiegschancen.

Fläche: 8 511 965 qkm
Einwohner: 95,3 Millionen
Hauptstadt: Brasilia
Regierungsform:
Präsidial-Republik

BRD

Mit 3,2 Millionen Mitgliedern und 17 100 Vereinen ist der Deutsche Fußball-Bund der größte Sportbund der Welt. Das verdankt er einem Lehrer. Konrad Koch gründete am Braunschweiger Gymnasium Martino-Catherineum vor genau 100 Jahren den ersten deutschen Fußballverein. Daß sich das Spiel von Braunschweig aus über das ganze Land ausbreiten konnte, dafür sorgte die Versammlung der deutschen Turnlehrer, die 1881 dazu aufrief, „den Spielen mit dem Ball mehr Zeit zu widmen".

Was noch Schwierigkeiten bereitete, war die Beschaffung von Bällen. Zu dieser Zeit gab es in Deutschland ein einziges Sportgeschäft, nämlich in Berlin. Dort gab es für 6.80 Mark zum Ball eine Luftpumpe und zehn Regelhefte gratis.

Mit 64 gegen 22 Stimmen wurde am 28. Januar 1900 die Gründung des Deutschen Fußball-Bundes beschlossen. 1904 zählte er 9 317 Mitglieder, 1914 bereits 190 000. Die sportliche Entwicklung hielt mit der zahlenmäßigen nicht Schritt: Bis 1914 trug die Nationalmannschaft 30 Länderspiele aus, nur sechs davon endeten mit einem Sieg. Der Grund: Die einzelnen Landesverbände pochten auf Proporz und die Aufstellung eines Spielers, selbst wenn er nicht die notwendigen sportlichen Voraussetzungen mitbrachte. Was wäre eine Chronik ohne Skandale? 1929 wurde Schalke 04 gesperrt, weil es seine Spieler an den Einnahmen teilhaben ließ. Von da an wurde immer wieder die Einführung des Berufsfußball gefordert, doch die Diskussionen blieben über 30 Jahre lang ohne Ergebnis. Erst 1963 wurde mit der Einführung der Bundesliga das sanktioniert, was bis dahin schon etwas außerhalb der Legalität stattgefunden hatte. Statt unter dem Tisch wurden die Spieler nun offiziell bezahlt.

Fläche: 248 055 qkm
Einwohner: 59,88 Millionen
Hauptstadt: Bonn
Regierungsform: Republik

Bulgarien

Bei der Beantwortung der Frage, welche Nation die sportlichste der Welt sei, machen es sich Experten zuweilen etwas zu leicht. Sie lesen die Rangfolge am olympischen Medaillenspiegel ab. Nach dieser Wertung kämen die Bulgaren nur auf einen guten Mittelplatz. Und doch gebührt dem Balkanstaat die absolute Spitzenstellung. Denn: 2 300 000 Menschen, das sind 29 Prozent der Bevölkerung, treiben Sport – jedenfalls nahmen sie aktiv an der 3. Republik-Spartakiade teil.
Stahlwalzwerke, Maschinenfabriken und landwirtschaftliche Produktionsgenossenschaften verwandeln sich täglich für kurze Zeit in Schauplätze einer gigantischen Trimm-dich-Bewegung: 300 000 Arbeiter versammeln sich regelmäßig zur Pausengymnastik. Kein Zweifel also, die Bulgaren sind, sofern sich das überhaupt in Zahlen ausdrücken läßt, das sportlichste Volk der Welt. Auch wenn heute ein sanfter Druck von oben die Muskeln in Bewegung setzt, dieses Land hatte schon immer eine gesunde Einstellung zum Sport. Bereits vor 95 Jahren wurde Leibeserziehung als Pflichtfach an den Schulen eingeführt. Wenig später adoptierte man aus England den Fußballsport. Heute gibt es 200 000 aktive Spieler, alle in Betriebssportgemeinschaften zusammengeschlossen, wozu auch die Armeeklubs zu zählen sind. Diese Organisationsform ermöglicht es auch, die Spieler der 18 Vereine umfassenden Staatsliga als Amateure zu bezeichnen und wie Profis trainieren zu lassen.

Fläche: 110 912 qkm
Einwohner: 7,5 Millionen
Hauptstadt: Sofia
Regierungsform:
Kommunistische Volksrepublik

Chile

Nie zuvor war es einem Spieler so leicht gemacht worden, ein Tor zu erzielen, wie dem Chilenen Elias Figueroa am 21. November 1973. Am Anstoßpunkt erhielt er den Ball, trieb ihn vor sich her bis zum Elfmeterpunkt und wuchtete ihn von dort ins leere Tor. Von einem Gegenspieler war weit und breit nichts zu sehen.
Das war das symbolische 1 : 0, das Chile den Weg nach Deutschland freimachte, weil die UdSSR wegen politischer Motive nicht angetreten war.
Da hier nicht die Stelle sein kann, Recht und Unrecht abzuwägen, sei nur der Wortlaut zweier Telegramme wiedergegeben. Der Fußball-Verband der UdSSR ließ die FIFA wissen: „Keinem sowjetischen Sportler kann zugemutet werden, in einem Stadion anzutreten, das in ein Konzentrationslager, in eine Arena der Folter und Todesstrafe umgewandelt worden ist!" Die FIFA bestand auf der Durchführung des Spiels. General Pinochet, Präsident der Militärjunta, bekundete telegrafisch die „Zufriedenheit des chilenischen Volkes, daß die FIFA ihren sportlichen Geist frei von politischen Einflüssen bewahrte".
In Chile wurde damit erneut deutlich, daß Fußball so zäh ist wie das Leder, mit dem er gespielt wird. Selbst Revolution und Bürgerkrieg bringen ihn nicht zum Stillstand. Kaum waren die Häftlinge aus dem Nationalstadion von Santiago deportiert worden, fand schon das erste Spiel statt. Die Landesmeisterschaft ging praktisch ohne Unterbrechung weiter. Allerdings nur mit Spielern der zweiten Wahl. Die Besten hatten sich, wie in Uruguay und Argentinien, ins Ausland abgesetzt. Und während der verstorbene Präsident Allende noch verboten hatte, die Auswanderer ins Nationalteam zu berufen, erlaubte Pinochet nicht nur ihren Einsatz, er forderte ihn sogar.

Fläche: 756 945 qkm
Einwohner: 9,4 Millionen
Hauptstadt: Santiago de Chile
Regierungsform: Militärjunta

DDR

Es war noch nie leicht, Trainer einer Fußball-Nationalelf zu sein. Am schwersten aber war es in der DDR. Diese Erfahrung machte als erster Helmut Schön, der dieses Amt verlor, „weil ich es in meinen Lehrgängen vermied, ideologische Schulungsstunden einzulegen". Nicht besser erging es Richard Hofmann, der mit Schön zusammen beim Dresdner SC gespielt hatte. Er lehnte es ab, mit den Spielern „die nationale Verteidigung zu üben", wozu einige SED-Funktionäre extra Kleinkalibergewehre auf den Trainingsplatz gebracht hatten. Damit war auch Hofmann seinen Posten los.
Es gibt noch eine Reihe von anderen Beispielen dafür, daß in der DDR der Fußballplatz in den ersten Jahren als politisches Experimentierfeld betrachtet wurde. Es wurden ganze Mannschaften ausgesiedelt und in Städte verlegt, in denen es an sportlichem Freizeitwert mangelte. Aus Empor Lauter wurde Empor Rostock, aus Vorwärts Berlin Vorwärts Frankfurt a. d. Oder und aus Dynamo Dresden Dynamo Berlin. Vereine, die wie der Dresdner SC Tradition über den 2. Weltkrieg hinweg gerettet hatten, wurden kurzerhand aufgelöst. Dazu kam noch ein anderer Grund, der lange Zeit verhinderte, daß die DDR im Fußball genauso erfolgreich wurde wie in anderen Sportarten: Als Gegner für Vereinsmannschaften und die Nationalelf wurden Teams aus dem Ostblock bevorzugt. So ging die internationale Entwicklung des Fußballsports an der DDR jahrelang spurlos vorüber. Als man diesen Fehler zu korrigieren begann, setzte eine frappierende Aufwärtsentwicklung ein. Kein Land hat im Fußball in den letzten Jahren so große Fortschritte erzielt wie die DDR, die auf einer relativ breiten Basis aufbauen kann. Mit 435 869 Mitgliedern stellen die Fußballer den größten Sportverband des Landes.

Fläche: 108 173 qkm
Einwohner: 17 Millionen
Hauptstadt: Ost-Berlin
Regierungsform: Volksrepublik

Haiti

In einem Land, dessen Bevölkerung zu 80 % aus Analphabeten besteht, kommt dem Unterrichtsministerium einige Bedeutung zu. Daß die Männer, die in Haiti für Bildung und Erziehung verantwortlich sind, das Jahr 1974 als ihr erfolgreichstes rühmen durften, liegt nicht daran, daß sie für eine rasche Ausbreitung des ABC gesorgt hätten, im Gegenteil: Weniger als je zuvor bemühten sie sich darum, die 4,7 Millionen Einwohner mit der Kunst des Lesens und Schreibens vertraut zu machen – sie konzentrierten sich ganz darauf, 22 jungen Männern das Einmaleins des Fußballs beizubringen.
Kaum hatte nämlich der 22jährige Diktator Jean-Claude Duvalier („Baby-Doc") den Wunsch geäußert, Haiti müsse bei der WM 1974 vertreten sein, wurden die besten Spieler des Landes zu Beamten des Unterrichtsministeriums gemacht. Auch der Westen hat also Staatsamateure.
Die 22 besten auszuwählen, machte wenig Schwierigkeiten. denn auf der Insel gibt es nur zehn Vereine. Dort mit aufgenommen zu werden, ist schon ein sozialer Aufstieg. Die Vereinspräsidenten haben Einfluß genug, ihren Spielern die besten unter den ohnehin nicht sehr zahlreichen Arbeitsplätzen zu vermitteln. Doch selbst durch harte Arbeit kann man es in Haiti nicht zu Wohlstand, sondern nur zum Existenzminimum bringen. Der monatliche Durchschnittsverdienst beträgt ganze 30 Dollar. Fast siebzigmal soviel, nämlich 2000 Dollar, erhielten die Spieler für die WM-Qualifikation. Bezahlt wurde diese Prämie von „Baby-Doc", der als glühendster Fußballverehrer seines Landes gilt, obwohl er es selten wagt, aus Angst vor einem Attentat, ein Spiel im Stadion zu verfolgen.

Fläche: 27 750 qkm
Einwohner: 4,7 Millionen
Hauptstadt: Port au Prince
Regierungsform: Diktatur
(offiziell jedoch Republik
mit Deputiertenkammer)

100 Verbände der FIFA hatten sich um die Teilnahme an der Weltmeisterschaft 1974 beworben. Nach den Qualifikationsspielen, die in den Gruppen Europa, Südamerika, Nord-, Mittelamerika und Karibien, Afrika, Asien-Ozeanien ausgetragen wurden, blieben neben dem gesetzten Weltmeister Brasilien und Veranstalter BR Deutschland weitere 14 Verbände übrig. Sie spielten in den neun WM-Stadien um den begehrtesten Titel, den der Fußballsport zu vergeben hat.

Asien
Hamburg
Hannover
Berlin
Gelsenkirchen
Dortmund
Düsseldorf
Frankfurt
Stuttgart
München
Australien

Italien

Es mag zum Teil auch Eitelkeit gewesen sein, daß italienische Milliardäre nach dem 2. Weltkrieg begannen, sich mit Fußballmannschaften zu schmücken wie andere Leute mit Nelken im Knopfloch. Doch eher schon verdanken Italiens Profis den Vorzug, daß ihnen Mäzene schon Millioneneinkünfte garantierten, als in Deutschland noch um eine warme Mahlzeit gespielt wurde, der Tatsache, daß Männer wie der Automobilhersteller Agnelli, der Reeder Lauro oder der Textilfabrikant Dall'-Ara den Unterhalt einer Mannschaft als Sozialprogramm betrachteten. Siege lassen ihre Arbeiter die niedrigen Löhne vergessen, verhinderten Streiks. Und mit Fußball lassen sich handfeste wirtschaftliche Interessen verbinden.
Ein Beispiel dafür ist die Geschichte mit Omar Sivori. Der naturalisierte Argentinier war jahrelang der Liebling von Giovanni Agnelli, Alleininhaber von Fiat und Juventus Turin. Alle Welt rätselte, warum Agnelli 1965 seinen besten Mann für einen Spottpreis von 600 000 Mark nach Neapel veräußerte. Es war, wie sich später herausstellte, ein grandioses Gegengeschäft, denn vom Tag des Transfers an wurden die Schiffe von Neapels Präsidenten Achille Lauro nur mehr mit Fiat-Motoren ausgerüstet.
Daß Fußball eine Spielart der Sozial- und Gesellschaftspolitik ist, daß das Mäzenatentum einen wirtschaftlichen Hintergrund hat, das alles stört italienische Zuschauer nicht. Sie brauchen die Spiele, um die ganze Skala ihrer reichen Gefühle auszuleben. Dieses Bedürfnis füllt die Stadien. Ohne Mühe verkauft ein Verein wie der AC Neapel vor Beginn der Saison bereits 50 000 Dauerkarten. Davon können deutsche Klubmanager nur träumen.

Fläche: 301 250 qkm
Einwohner: 54,6 Millionen
Hauptstadt: Rom
Regierungsform: Republik

Jugoslawien

Daß Jugoslawiens Fußballverband einer der jüngsten in Europa ist, hat ausschließlich politische Bedeutung: Er konnte erst am 14. April 1919 gegründet werden, weil es bis wenige Monate vorher den Staat Jugoslawien noch nicht gegeben hatte. Begonnen hat alles viel früher. Gegen Ende des 19. Jahrhunderts brachten kroatische Studenten aus Prag das Spiel mit ins Land, der Ball überrollte es mit der Geschwindigkeit und der Wucht einer Lawine. Als ein Verband geschaffen werden konnte, gab es bereits 63 Vereine, 1922 schon 160. 1930 gehörte Jugoslawien zu den vier europäischen Mannschaften, die an der ersten Fußball-Weltmeisterschaft in Uruguay teilnahmen. Die Mannschaft kam weiter als Frankreich, Rumänien und Belgien, nämlich ins Halbfinale, wo sie allerdings gegen Uruguay mit 1 : 6 unterlag. Wie in allen Ostblockländern wurden die jugoslawischen Spieler lange Zeit als Amateure bezeichnet, obwohl sie bereits in den 30er Jahren kräftig kassierten. Erst 1966 entschloß sich der Verband, der Wahrheit die Ehre zu geben und den Berufsfußball auch offiziell einzuführen. Das allerdings konnte nicht verhindern, daß sich nach und nach fast alle Spieler von Rang und Namen nach Westeuropa absetzten. Kaum ein deutscher Bundesligaverein verzichtete in den 60er Jahren darauf, einen Gastarbeiter aus Jugoslawien unter Vertrag zu nehmen. Dieser Massenexport führte zu einer derartigen Schwächung, daß sich Jugoslawien, obwohl es stets als eine der stärksten europäischen Fußballnationen galt, 1966 und 1970 nicht für die Weltmeisterschaft qualifizieren konnte.

Fläche: 255 804 qkm
Einwohner: 20,5 Millionen
Hauptstadt: Belgrad
Regierungsform: Sozialistische Föderative Volksrepublik mit sechs Teilrepubliken

Niederlande

Unter den 140 Mitgliedsverbänden der FIFA ist der niederländische, wie aus seinem Namen hervorgeht, der vornehmste: Koninklijke Nederlandsche Voetballbond. Doch trotz der Anlehnung an das Königshaus zählten die Spieler lange nicht zu den Spitzen der internationalen Fußballgesellschaft. Sie zählten, um im Bild zu bleiben, nur zum verarmten Adel. Seit 1938, also 36 Jahre lang hatten sie sich vergeblich bemüht, in den Kreis der WM-Teilnehmer vorzudringen. Mangels internationaler Erfolge standen die Fußballer immer im Schatten von Radfahrern und Eisschnellläufern. Neben einem Mann wie „Goldhamster" Ard Schenk verblaßte jeder Nationalspieler.
Das änderte sich erst, als Johan Cruyff kam, Ajax Amsterdam in Europa an die Spitze und die Nationalmannschaft in die Weltmeisterschaftsendrunde führte. Als er nach Barcelona ging, war – wenigstens bei Ajax – aller Glanz erloschen. Seine Flucht nach Spanien hat dem holländischen Fußball mehr geschadet als eine Reihe von Niederlagen es tun könnten. Sie geschah nicht, weil Cruyff in seinem Land zu wenig Geld verdiente. Die 16 Vereine der 1. Liga wären sehr wohl in der Lage, ihre Stars zu wohlhabenden Männern zu machen. Aber das wird vom Finanzministerium verhindert. Von jedem Gulden, den Cruyff verdiente, nahm ihm das Finanzamt 70 Cents wieder weg. Es bedürfte einer Gesetzesänderung, ihn wieder nach Hause zu holen und die Flucht weiterer Stars zu verhindern. Allein: die Regierung des Agrarstaates spielt nicht mit. Und so beliefert das exportorientierte Land seine Nachbarn nicht nur mit Käse, sondern auch mit Kikkern.

Fläche: 33 779 qkm
Einwohner: 12,9 Millionen
Hauptstadt: Den Haag
Regierungsform: Konstitutionelle Erbmonarchie mit parlamentarischer Demokratie

Polen

Die Geschichte des Fußballs ist wahrscheinlich nirgendwo so gründlich mitgeschrieben worden wie in Polen. Sogar der Mann, der das erste Tor schoß, ist bekannt. Er hieß Wlodimierz Chomicki, stürmte 1894 für „Falke" Lemberg gegen „Falke" Krakau und traf bereits in der 7. Minute ins Schwarze. Leider, denn damit war das erste Fußballspiel, das auf polnischem Boden stattfand, bereits beendet. Zwar waren die Bälle aus England importiert worden, nicht aber die damals schon festgelegten Regeln. Gespielt wurde nur so lange, bis das erste Tor gefallen war.
Fußball hatte in Polen stets seine eigenen Gesetzmäßigkeiten. Der erste große internationale Erfolg, ein 4 : 2-Sieg gegen den damaligen Vize-Weltmeister Ungarn, gelang am 26. August 1939 und war für lange Zeit der letzte. Fünf Tage später kamen die deutschen Besatzer. Von da an war Fußball verboten, ein strafrechtlich verfolgtes Delikt. Das Spiel wurde dennoch heimlich weiter betrieben, jedoch unter einem neuen Namen: „Ballspiel um den Preis des Lebens". Woher diese Bezeichnung kam, hat Stefan Sieniarski in seinem Buch „Sport in Polen" so beschrieben: „Das Sportleben forderte zahlreiche Todesopfer. Viele Spieler gingen unmittelbar vom Spielfeld aus zu Diversionsaktionen oder suchten nach Attentaten bzw. Brückensprengungen nervliche Entspannung auf dem Fußballfeld. Fußball war in der Okkupationszeit keineswegs eine Unterhaltung, es war eine in ihrer Art einmalige Form des Kampfes gegen die verhaßten Aggressoren."
Heute sind alle Spieler Amateure – wovon wenigstens die Herren des Internationalen Olympischen Komitees überzeugt sind. Polens Elf konnte nämlich 1972 die Goldmedaille gewinnen.

Fläche: 312 677 qkm
Einwohner: 32,5 Millionen
Hauptstadt: Warschau
Regierungsform: Kommunistische Volksrepublik

Schottland

Die Anatomie des britischen Empires hat sich in den letzten 100 Jahren entscheidend geändert, nur in zwei Punkten nicht: Engländer halten England noch immer für den Nabel der Welt, die Schotten halten ihr Land höchstens für den Wurmfortsatz. In einem Land, das nur existent zu sein scheint, um für den Süden die kalte Polarluft und jährlich 2500 Millimeter Regen aus dem Wetter zu filtern, kommt man mit einem Minderwertigkeitskomplex auf die Welt und stirbt mit ihm.
Diesen Komplex vergessen die Schotten ab und zu für kurze Zeit, mal durch Whisky, mal durch Erfolge im Fußball. Die Teilnahme an der Fußballweltmeisterschaft 1974 war ein Sieg für das Selbstbewußtsein, zumal sich England nicht qualifizieren konnte. England, das für jede Niederlage der eigenen Nationalelf verantwortlich gemacht wird, weil es dem Nachbarn stets die besten Spieler abgeworben hat und abwerben wird. Talente gab es immer genug, nur nicht das Geld, sie im Land zu halten. Wie kaum in einem anderen Land spiegelt in Schottland der Fußball die wirtschaftlichen Verhältnisse wider. Nicht einmal die großen Vereine in der Hauptstadt Edinburgh und in Glasgow können Gagen bieten wie die Clubs in London, Leeds und Liverpool, die sich dann meistens weigern, ihre teuren Importe für Länderspiele freizugeben.
Für die Zeit der Weltmeisterschaft war das endlich zum erstenmal anders: die besten schottischen Fußballer gehörten Schottland allein. Ein ganzes Volk berauschte sich daran, stärker als an Hektolitern von Whisky – und ohne Kater.

Fläche: 78 764 qkm
Einwohner: 5,2 Millionen
Hauptstadt: Edinburgh
Regierungsform:
Parlamentarisch-demokratische Monarchie

Schweden

Es gibt nur noch wenige Länder auf der Welt, in denen Fußball nicht Volkssport Nummer 1 ist. Zu ihnen zählt Schweden. Dort machen sich Kicker und Eishockeyspieler diesen Rang streitig. Zwar nehmen sie sich nicht gegenseitig die Zuschauer weg, da Fußball vom April bis Oktober, Eishockey nur in der restlichen Zeit gespielt wird; aber die Zahl der unter den 8,1 Millionen Einwohner aktiv Sport treibenden muß durch zwei geteilt werden. Nur 115 000 über 16 Jahre alte Schweden spielen in 3000 Vereinen Fußball, fast ebenso viele Eishockey. Unter dieser Kräfteteilung leidet die Qualität. Das bekamen die Vereine zu spüren. Das enorme Interesse nach dem Gewinn der Vizeweltmeisterschaft von 1958 ist abgeflaut, die Zahl der Zuschauer Jahr für Jahr gesunken. 1973 zählten die 14 Vereine der 1. Liga im Durchschnitt 6800 Zuschauer pro Spiel.
Damit fehlen die wirtschaftlichen Voraussetzungen, um die Spieler als Vollprofis zu beschäftigen. Ausgerechnet der einzige Wohlfahrtsstaat der Welt ist für Fußball fast ein Armenhaus. Schwedens Kicker sind und bleiben sportliche Zwitter: zu ehrlich, um olympische Meineide zu schwören, zu schlecht bezahlt, um sich ganz dem Sport widmen und Spitzenleistungen bringen zu können. Daß sie dazu fähig sind, beweisen sie als Gastarbeiter in fast allen europäischen Ländern mit Profibetrieb, am eindrucksvollsten in der Bundesliga.
Schwedische Fußballer sind der große Exportschlager der letzten Jahre, ihre Länderspiele werden von mitteleuropäischen Einkäufern als eine Art Mustermesse frequentiert.

Fläche: 449 750 qkm
Einwohner: 8,1 Millionen
Hauptstadt: Stockholm
Regierungsform: Konstitutionelle Monarchie mit parlamentarischer Demokratie

Uruguay

Obwohl Historiker die Ursprünge des Fußballs auch in kultischen Ballspielen der Mayas und Azteken entdeckt haben, hielten und halten sich die Europäer für die Erfinder und lange Zeit auch für die Meister dieser Sportart. Böse war das Erwachen, als 1924 mit Uruguay zum ersten Male eine Mannschaft aus Südamerika an einem internationalen Turnier, den Olympischen Spielen in Paris, teilnahm. Die Berichterstatter wußten nicht, worüber sie sich mehr ereifern sollten: über die Rasanz, mit der Uruguay das gewiß nicht schwache Jugoslawien mit 7 : 0 vom Platz fegte, oder über das Auftauchen des ersten farbigen Fußballspielers, des Läufers José Leandros Andrade. Seine Fertigkeit im Kopfballspiel veranlaßte einen deutschen Reporter zu dem Satz: „Die Neger scheinen Schädel wie Kokosnüsse zu haben". Uruguay schoß in diesem Turnier in fünf Spielen 20 Tore und holte sich die Goldmedaille. 1930 und 1950 wurden die Nachfolger dieses Teams Weltmeister.
Diese Erfolge waren von langer Hand vorbereitet worden. Bereits 1861 entstand der erste Verein, in dem intern Fußball gespielt wurde, schon 1900 wurde der erste Landesmeister ermittelt. Seit 1932 wird auch in Uruguay der Fußball als Beruf betrieben. Die Verdienstmöglichkeiten waren allerdings von Anfang an so beschränkt, daß es selbst der Superstar José Leandros Andrade vorzog, sein Geld in Paris als Tangotänzer zu verdienen.
Da das Land sich nie aus seiner permanenten Wirtschaftskrise befreien konnte, ist es bis heute dabei geblieben: Uruguays beste Spieler verlassen, sobald sie sich einen Namen gemacht haben, die Heimat, meist zieht es sie nach Spanien: Weltmeisterschaften sind nicht mehr als Sprungbrett.

Fläche: 186 926 qkm
Einwohner: 2,7 Millionen
Hauptstadt: Montevideo
Regierungsform:
Präsidial-Republik

Zaire

Langsam teilen sich auf dem Bildschirm weiße Schäfchenwolken, herab steigt ein Mann mit Leopardenmütze, und während sein Gesicht langsam Konturen bekommt, singt ein Kinderchor seinen Namen, der so lang ist wie der Refrain eines Liedes: Mobutu Sese Seko Ngbendu Wa Za Banga. Nichts könnte die politischen Verhältnisse in Zaire deutlicher symbolisieren als der Vorspann zur täglichen Nachrichtensendung des Fernsehens. Der 43jährige Staatspräsident Mobutu hat, seit er 1965 die Macht übernahm, einen Aufstieg zurückgelegt, der nur in Afrika möglich, aber wohl auch notwendig ist: vom General zu einer Art Gott, dessen Verehrung die in 200 Stämme zersplitterten 21,6 Mill. Menschen des Kongobeckens stärker eint als Gewalt. In diesem Land, das bis 1960 belgische Kolonie war, entzieht sich vieles noch der rationalen Beurteilung. Natürlich auch im Fußball. Nachdem sich Zaire als erster Vertreter Schwarzafrikas für die Weltmeisterschaft qualifiziert hatte, mußte sich die FIFA mit einem offiziellen Protest befassen. Der Fußball-Verband von Sambia beschuldigte Zaires Torwart Kazadi, beim 2 : 0-Sieg im November zwei Nadeln in den Boden gerammt und so sein Tor verzaubert zu haben. Der Protest wurde abgewiesen, denn über Zauberei steht nichts in den Regeln.
So brauchten die Spieler von Zaire nicht auf die Prämie zu verzichten, die General Mobutu festgesetzt hatte: für jeden ein Haus, ein Auto und eine Flugreise.
Sobald durch die Erschließung der unermeßlichen Bodenschätze an Kupfer, Mangan, Zinn, Zink, Kobalt, Uran und Diamanten die wirtschaftlichen Voraussetzungen geschaffen sind, sollen die besten der in 16 Spielklassen organisierten Mannschaften in einer Profi-Liga zusammengefaßt werden.

Fläche: 2 345 409 qkm
Einwohner: 21,6 Millionen
Hauptstadt: Kinshasa
Regierungsform:
Präsidial-Republik

Von Montevideo bis Mexico City

Die Geschichte der Fußball-Weltmeisterschaft 1930–1970

1 Vier Treffer machten Edmund Conen zum erfolgreichsten deutschen Torschützen bei der Weltmeisterschaft 1934. Mit ihm begann die Reihe berühmter deutscher Mittelstürmer

2 Nur einen einzigen Ball mußte Torwart Platzer im Halbfinale 1934 passieren lassen. Er brachte Italiens 1 : 0-Sieg über Österreich

1930 Kein vielversprechender Auftakt

Schon 1904, im Gründungsjahr des Internationalen Fußball-Weltverbandes (FIFA), sprach man von einer Weltmeisterschaft – aber erst 26 Jahre später, 1930, fand dann tatsächlich das erste Weltturnier statt. Von einem vielversprechenden Auftakt konnte im Juli 1930 keine Rede sein. In Europa nahm man kaum Notiz von den Ereignissen im fernen Uruguay. Fußball in Montevideo? Die meisten Fußballanhänger der damaligen Zeit wußten nicht einmal, wo sie diese Stadt mit dem exotischen Namen auf dem Globus suchen sollten . . .

Uruguays Fußballer hatten sich allerdings auch in Europa schon einen Namen gemacht. 1924 gewannen sie das Olympische Fußballturnier in Paris, vier Jahre später auch die Goldmedaille in Amsterdam. Nur wußte man noch nicht so recht, was man an Uruguays Fußballern mehr bewundern sollte: ihre Eleganz und ihren Trickreichtum am Ball? Oder den Versuch, ihre Gegenspieler mit anderen als den erlaubten Mitteln auszuschalten? Oder gar ihr schauspielerisches Geschick, mit dem sie es verstanden, dem Gegner die Sünden anzulasten, die sie selbst wider den sportlichen Geist begingen? Alle diese Fähigkeiten bekam auch die deutsche Nationalmannschaft beim Olympischen Turnier 1928 in Amsterdam zu spüren: Sie verlor nicht nur 1 : 4, sondern wurde auch für eines der brutalsten Spiele in der Geschichte des internationalen Fußballs verantwortlich gemacht, obwohl die Südamerikaner die eigentlich Schuldigen waren.

Einen „Olympischen Amateureid" konnten die meisten Fußballer schon damals guten Gewissens nicht schwören. Einige Geldscheine fanden die Stars schon zu jener Zeit in ihren Schuhen, wie es in den Anekdoten so treffend heißt. Natürlich wußten das auch die Funktionäre des Weltverbandes, die in Wahrheit nie ganz so einfältig waren, wie sie sich häufig gaben. Als sie dann auch noch erfuhren, daß die amerikanischen Olympia-Veranstalter für die Spiele 1932 in Los Angeles kein Fußballturnier planten, beschlossen sie 1928 auf ihrem Kongreß in Barcelona, nun endlich den alten Plan einer Weltmeisterschaft, offen für Amateure und Profis, zu verwirklichen.

Daß Uruguay zum ersten Veranstalter gewählt wurde, um dem Olympiasieger von 1924 und 1928 Respekt zu zollen, ist eine Legende. Wahr ist vielmehr, daß sich kein anderer Veranstalter fand. Die Weltwirtschaftskrise verbot so kostspielige Eskapaden. Uruguay, damals Südamerikas „Muster-Ländle", sprang ein, Montevideo baute für die damals schwindelerregende Summe von 1,8 Millionen Mark ein neues, 80 000 Zuschauer fassendes Stadion, und die Regierung stiftete das Geld, das sie eigentlich für die Feiern zum 100. Jahrestag der Unabhängigkeit des kleinen Staates am La Plata gespart hatte.
Dieses Geld war, wie sich zeigen sollte, für die erste Fußball-Weltmeisterschaft keineswegs zweckentfremdet ausgegeben: Das Jubiläum ihrer Unabhängigkeit hätten die drei Millionen Bürger Uruguays bestimmt nicht so enthusiastisch gefeiert wie den Gewinn der Weltmeisterschaft! Drei Tage jubilierte das ganze Land mit südamerikanischem Temperament nach dem 4 : 2-Sieg im Finale gegen Argentinien. Vergessen waren die Unabhängigkeits-Kämpfer. Die „Helden des Volkes" hießen Nasazzi, Cea, Castro, Iriarte – und José Leone Andrade. Südamerikas erste „Schwarze Perle" wurde damals genauso verehrt wie drei Jahrzehnte später Brasiliens Pelé. Dabei war dieser Andrade keineswegs der große Torjäger. Aber so elegant, so trickreich, so virtuos spielte kein anderer. Uruguay besaß damals wahrscheinlich nicht die beste Mannschaft der Welt – unbestritten aber den besten Fußballspieler der Welt. Von ihm schwärmte man in Europa noch, als er 1956 starb – nur in Uruguay hatte man ihn vergessen: Andrade starb als armer Mann.

Sportlich besaß diese erste Weltmeisterschaft nicht einmal die Bedeutung vorangegangener olympischer Turniere. Es fehlten die stärksten europäischen Mannschaften, für die eine zweimonatige „Expedition" nach Südamerika viel zu teuer gewesen wäre. Als auch die Holländer, die zunächst zugesagt hatten, absagten, schifften sich nur drei europäische Mannschaften aus Jugoslawien, Frankreich und Rumänien auf der „Contre Verde" zur Reise nach Südamerika ein. Eine Qualifikation war nicht erforderlich. Aus 13 Mannschaften wurden vier Gruppen gebildet. Die Gruppensieger: Argentinien, Jugoslawien, Uruguay und – USA! Ja, die Amerikaner, die doch vom „Fußball" bis heute nicht viel wissen wollen, kamen sogar auf den dritten Platz, weil Jugoslawien nach einer 1 : 6-Niederlage gegen Uruguay auf das Spiel gegen die USA verzichtete. Die Aufstellung der amerikanischen Mannschaft las sich allerdings wie die eines schottischen Teams, und das ist sogar wörtlich zu nehmen: Sieben „Schotten" spielten mit; sie waren ein paar Wochen zuvor flugs eingebürgert worden. Es gehört zu den Kuriositäten dieser ersten Weltmeisterschaft, daß Montevideos mit Drahtzäunen und der halben Armee abgesichertes Nationalstadion zwar ausverkauft, aber nicht vollbesetzt war: 5000 Argentinier kamen zum Endspiel zu spät! Dichter Nebel über dem La Plata ließ den Schiffskonvoi aus Buenos Aires erst in Montevideo eintreffen, als die Uruguayer schon ihren 4 : 2-Sieg feierten. Bis zur Pause hatte Argentinien noch 2 : 1 geführt, Guillermo Stabile, Argentiniens spurtschneller Mittelstürmer, sein achtes Tor in diesem Turnier geschossen. Doch dann peitschten Nasazzi und Andrade ihre Stürmer pausenlos nach vorne. Der Schlußpfiff des belgischen Schiedsrichters Langenus, der noch in Knickerbockern über das Spielfeld stapfte, leitete das größte Fußball-Volksfest ein, das je in einem Land gefeiert wurde.

1934 Zum ersten Mal mit Deutschland

Die zweite Weltmeisterschaft fand in Italien statt. 32 Länder meldeten, darunter auch erstmals Deutschland, das sich durch einen 9 : 1-Sieg gegen Luxemburg für die Teilnahme an der Endrunde nach K. o.-System qualifiziert hatte. Aber auch diesmal fehlten einige Anwärter auf den von Jules Rimet, dem ehemaligen FIFA-Präsidenten, gestifteten Weltpokal: so Titelverteidiger Uruguay, das den Europäern noch schmollte, und vor allem auch die Briten, die zwar schon seit 1906 dem Weltverband angehörten, aber bis nach dem Zweiten Weltkrieg auf dem hohen Roß saßen und sich als die wahren Weltmeister fühlten, ohne sich der Konkurrenz zu stellen.

Für die Mannschaft des Veranstalter-Landes hat sich der Platzvorteil und die Unterstützung durch ein fanatisches Publikum stets als großer Vorteil erwiesen. Nach dem Sieg Uruguays im heimischen Montevideo war das nun auch in Italien nicht anders. Keine andere Mannschaft wurde so gründlich vorbereitet, zumal das italienische Regime die Bedeutung des Sports auch für die politische Manipulation frühzeitig erkannte. Benito Mussolini diktierte die Parole: „Wir müssen Weltmeister werden." Vittorio Pozzo, Trainer von Juventus Turin, setzte sie in die Tat um. Schon damals be-

1

2

gnügten sich die Italiener nicht mit den Fußballtalenten im eigenen Land. Gleich nach der Weltmeisterschaft in Uruguay holten sie den eisenharten argentinischen Abwehrrecken Luis Monti, Sohn italienischer Einwanderer, in die alte Heimat zurück, und mit ihm bürgerte man auch Argentiniens trickreichen Linksaußen Orsi, für den man eine italienische Großmutter fand, in Italien ein.

Vittorio Pozzo, der „Fuchs", beschränkte sich allerdings nicht darauf, die besten Spieler auszuwählen – er knobelte auch ein besonderes Spielsystem aus, das ganz auf die Eigenheiten seiner Spieler zugeschnitten war. Die meisten europäischen Mannschaften hatten gerade begonnen, das englische System mit dem sogenannten Stopper im Abwehrzentrum zu kopieren. In Luis Monti besaß Pozzo den idealen Spieler für den Stopper-Posten. Andererseits wollte Pozzo seinen temperamentvollen Stürmern keine Zügel anlegen, wie es das britische Defensiv-System eigentlich verlangte. Italien spielte zwar mit Stopper im WM-System, aber dennoch offensiv. Weltmeister wäre Italien freilich nicht geworden, wäre alles mit rechten Dingen zugegangen. Gegen die USA (7 : 1) kamen die Italiener zwar ohne „fremde Hilfe" aus, aber im Viertelfinale drohten die Italiener an Spaniens Wunder-Torhüter Ricardo Zamora zu scheitern. Doch der Schweizer Schiedsrichter Mercet verhalf den Italienern zum 1 : 1, weil er ein klares Abseitstor anerkannte, und in der Wiederholung annullierte Mercet zunächst einen regulären spanischen Treffer, bevor er Meazzas 1 : 0 gelten ließ, obwohl der Torschütze klar im Abseits stand. Ganz offen sprach man damals von Bestechung, auch wenn es während der Weltmeisterschaft keine offizielle Untersuchung des Falles gab. Die gründlichen Schweizer holten das später nach und sperrten ihren Landsmann auf Lebenszeit. Ohne Beweise wäre das wohl nicht möglich gewesen.

Doch damit nicht genug: Auch von Guaitas goldenem Tor im Halbfinale gegen Österreich behaupteten die Kritiker, es sei nicht korrekt erzielt worden. Korrekt waren dagegen die beiden Tore von Orsi und Mittelstürmer Schiavio im Endspiel gegen die ČSSR, die durch Linksaußen Puc 1 : 0 geführt hatte und sich erst in der Verlängerung geschlagen gab. Doch nicht die bessere, sondern die glücklichere Mannschaft war Weltmeister geworden. Man gratulierte

1 Erstmals nahm Deutschland 1934 an einer Fußball-Weltmeisterschaft teil. Sie bestritten das erste Spiel (v. l.): Haringer, Hohmann, Kreß, Siffling, Zielinski, Schwartz, Conen, Kobierski, Janes, Lehner und Szepan. Bei seiner ersten Teilnahme in Italien belegte das deutsche Team den dritten Platz

2 1938, im Wiederholungsspiel des Achtelfinales, schaltete die Schweiz die hochfavorisierte Mannschaft des „Großdeutschen Reiches" mit 4 : 2 Toren aus. Es war nicht das erste und letzte Mal, daß ein Favorit an einem sogenannten Außenseiter scheiterte

1

2

den Italienern und schwärmte von den Tschechoslowaken.

An der tschechoslowakischen Mannschaft, deren Spezialität gegen das WM-System der Steilpaß „in die Gasse" war, scheiterte die deutsche Mannschaft im Halbfinale. Typisch für die deutsche Mentalität, daß nach der 1 : 3-Niederlage eine Art Dolchstoß-Legende gebastelt wurde. Die Funktionäre, so hieß es später, hätten der von Professor Otto Nerz und seinem Kapitän Fritz Szepan ausgeheckten Aufstellungs-Variante nicht zugestimmt. Der Wahrheit kommt man aber wohl mit der Behauptung näher, daß Torhüter Willibald Kreß einen rabenschwarzen Tag hatte und zwei Tore verschuldete – erst dann wurde umgestellt: Paul Janes spielte Verteidiger, Reinhold Münzenberg Mittelläufer, Fritz Szepan im typischen WM-Stil Halbstürmer. Die neue Formation bewährte sich im Spiel um den dritten Platz: Deutschland gewann gegen Österreichs Wunderteam, dem allerdings der verletzte Mathias Sindelar fehlte, 3 : 2. Zwei Tore schoß Ernst Lehner, eines der knapp 19jährige Edmund Conen, der schon gegen Belgien drei Tore erzielt hatte.

1938 „Großdeutschlands Fiasko"

Das dritte Weltturnier 1938 in Frankreich bestätigte eine alte Fußballweisheit, daß aus zwei guten Mannschaften nicht unbedingt eine Super-Mannschaft geformt werden kann. Deutschlands Bundestrainer Sepp Herberger scheiterte an der Aufgabe, innerhalb weniger Wochen nach dem „Anschluß Österreichs an das Deutsche Reich" eine „großdeutsche Mannschaft" zu bilden, in der das Wiener Element nicht zu kurz kommen sollte. Sepp Herberger wollte Mathias Sindelar zum Kapitän machen. Doch der „Papierene" wollte nicht für „Großdeutschland" spielen. Herberger mußte improvisieren.

Dennoch waren die Erwartungen groß. Um so bitterer dann die Enttäuschung, als die deutsche Vertretung schon im ersten Spiel gegen die Schweiz über ein 1 : 1 nicht hinauskam – und die Wiederholung gar 2 : 4 verlor! Noch heute glaubt Sepp Herberger, daß ihm diese bitteren Stunden erspart geblieben wären, hätte er damals die komplette „Breslauer Elf" einsetzen können, sein Wunderteam, das in zehn Spielen hintereinander ungeschlagen geblieben war. Doch so sicher ist das nicht: Die Schweiz besaß 1938 nämlich eine großartige Mannschaft, in Minelli, Vernati, Bickel und Abegglen einige Weltklassespieler und ein Riegel-System, gegen das viele Sturmreihen vergeblich Tore zu schießen versuchten. Natürlich standen die 25 000 Zuschauer im Pariser Prinzenpark-Stadion geschlossen hinter den Schweizern. Auch Titelverteidiger Italien besaß keine Sympathien. Noch im Halbfinale in Marseille gegen Brasilien, das als einziges südamerikanisches Land teilnahm, um seine eigene Bewerbung für 1942 nicht zu gefährden, pfiffen die französischen Zuschauer die Italiener erbarmungslos aus. Doch die Italiener, zum zweitenmal von Vittorio Pozzo betreut, hatten sich nicht auf ihren Lorbeeren ausgeruht, sondern ihre Mannschaft sehr klug auf eine erfolgreiche Titelverteidigung getrimmt. Nur zwei Spieler, Meazza und Ferrari, waren aus der Weltmeisterelf von 1934 übriggeblieben. Dreh- und Angelpunkt des italienischen Spiels, das sich in kein taktisches Konzept pressen ließ: der 25jährige Silvio Piola. Dieses größte Talent der damaligen Zeit gewann das Duell mit Brasiliens erster „Schwarzer Perle", Leonidas da Silva, obwohl Leonidas mit acht Treffern Schützenkönig dieser III. Weltmeisterschaft wurde. Silvio Piola war auch im Finale gegen Ungarn der große Zauberer der Squadra azzurra: Zwei Tore schoß er beim 4 : 2-Sieg selbst, die beiden anderen bereitete er für Linksaußen Colaussi vor. Hatten die 60 000 Zuschauer im Stadion von Colombes zunächst auch den Ungarn ihre Sympathien geschenkt, so wechselten sie schließlich doch mit fliegenden Fahnen zu den Italienern über: Das furiose Angriffsspiel der Italiener ließ sie alle Ressentiments gegenüber dem faschistischen Italien vergessen. Dieses dritte Endspiel um den Coupe Jules Rimet wird wohl lange Zeit als einer der Höhepunkte der Fußball-Weltmeisterschaften gelten.

1950 Die „Schmach von Maracana"

Der Zweite Weltkrieg verhinderte die für 1942 und 1946 geplanten Weltturniere. Erst 1950 konnte Brasilien, das in Rio de Janeiro das modernste Stadion der Welt für über 200 000 Zuschauer baute, zur vierten Weltmeisterschaft einladen. Nur 13 Länder meldeten, darunter Italien, obwohl es ein Jahr zuvor die komplette Nationalmannschaft bei einem Flugzeugabsturz verloren hatte, und zum ersten Mal auch England, das sich bis dahin stets als Weltmeister gefühlt hatte. Der deutsche Fußball befand sich dagegen noch in der Verbannung. Für ihn war diese Weltmeisterschaft nur insofern von Bedeutung, als der FIFA-Kongreß nach neunstündiger Beratung und hitzigen Diskussionen, in denen sich schließlich die deutschen Fürsprecher, vor allem die Schweizer, durchsetzten, dem Deutschen Fußball-Bund die Genehmigung erteilte, wieder Länderspiele in eigener Regie durchzuführen. Doch erst einige Monate später wurde der DFB wieder offiziell mit allen Rechten in die FIFA aufgenommen.

Raftl von Rapid Wien, hier im Tor der Mannschaft von „Großdeutschland“, hatte gegen den Schweizer Abegglen keine Chance.
Erstmals von Sepp Herberger betreut, erlebte Fußballdeutschland mit dem Ausscheiden im Achtelfinale der WM 1938 seine größte Enttäuschung. Es war die schlechteste Plazierung, die Deutschland bis heute bei einer Weltmeisterschaft erzielte

Für die stolzen Engländer wurde die erste Weltmeisterschaftsteilnahme zu einer Demütigung. Den Gruppensieg schienen die Briten, in deren Mannschaft so berühmte Spieler wie Billy Wright und Alf Ramsey standen, nur als Formsache zu betrachten. Doch schon beim 2 : 0 gegen Chile überzeugten sie nicht. Das Fiasko kam im zweiten Spiel: Ausgerechnet gegen die USA unterlagen die Engländer 0 : 1! Dieses Ergebnis demoralisierte sie so, daß sie anschließend auch noch gegen Spanien 0 : 1 verloren. Englische Zeitungen erschienen mit Trauerrand. Doch als Britanniens Fußball-Heroen heimkehrten, war die Schmach schon fast vergessen.
Inzwischen hatte sich nämlich ein zweites Drama abgespielt: Favorit Brasilien war nicht Weltmeister geworden, wie es alle Experten prophezeit und die fußballverrückten Brasilianer ohnehin als selbstverständlich erwartet hatten. Ihre Begeisterung war von Spiel zu Spiel gestiegen. Dem leichten 4 : 0 gegen Mexiko und dem 2 : 0 gegen Jugoslawien, das zunächst nur zehn Spieler einsetzen konnte, weil sich Mittelläufer Ivanovitsch an einem der Eisenpfeiler im Kabinengang des Maracana-Stadions eine heftig blutende Stirnwunde zugezogen hatte, folgte zwar ein bescheidenes 2 : 2 gegen die Schweiz, aber diese Warnung nahm niemand ernst. Warum auch? In der Endrunde, in der die vier Gruppensieger gegeneinander spielten, so daß es erstmals kein offizielles Endspiel gab, deklassierten die Brasilianer zunächst Schweden mit 7 : 1 und dann Spanien mit 6 : 1, während Uruguay weder beim 2 : 2 gegen Spanien noch beim 3 : 2 gegen Schweden eine überzeugende Leistung bot.
So hätte Brasilien im letzten Endrundenspiel schon ein Unentschieden gegen Uruguay zum Gewinn der Weltmeisterschaft genügt. Doch so bescheiden gab sich kein Brasilianer. Wer ein Innentrio mit Gizinho, Ademir, Jair hat, der braucht sich vor Uruguay nicht zu fürchten. Alles lag bereit zum größten Volksfest aller Zeiten: die Feuerwerkskörper, die Instrumente, der Schnaps. 200 000 feierten schon, bevor noch das Spiel begann – und erst recht, als Brasilien 1 : 0 führte. Am Ende herrschte lähmendes Entsetzen im Stadion – das Trainer Flavio Costa, nach Uruguays sensationellem 2 : 1 durch Tore von Schiaffino und Gigghia, in Frauenkleider vermummt verließ – und wochenlange Trauer im ganzen Land ...

1954 Ein Außenseiter wird Weltmeister

Englands Niederlage gegen die USA, Brasiliens Enttäuschung gegen Uruguay – das waren bis zum fünften Weltturnier 1954 in der Schweiz die größten Überraschungen. Die allergrößte aber sollte folgen: Ein krasser Außenseiter wurde nach den zweimal erfolgreichen Uruguayern und Italienern der dritte Weltmeister – Deutschland!
Von Deutschland sprach niemand, wenn die Favoriten aufgezählt wurden. Diese Weltmeisterschaft schien Ungarn vorbehalten; seit 1950 war Ungarns Nationalelf in Länderspielen ungeschlagen, hatte England in Wembley 6 : 3 und in Budapest sogar 6 : 1

bezwungen. Südamerikas Vertretern Brasilien und Uruguay – Argentinien fühlte sich nicht stark genug und verzichtete – mußte man eine Chance einräumen. Jugoslawien und Österreich galten als zweite Wahl. Die von Sepp Herberger betreute Mannschaft, die sich in der Qualifikation gegen Norwegen (1 : 1, 5 : 1) und das bis 1956 selbständig der FIFA angehörende, von Helmut Schön betreute Saarland (3 : 0, 3 :1) nicht gerade eindrucksvoll durchgesetzt hatte, wurde vom Organisationskomitee nicht einmal gesetzt: Neben Ungarn schätzte das Organisationskomitee die Türkei, die in der Qualifikation Spanien ausgeschaltet hatte, höher ein als die deutsche Mannschaft. Das neue Reglement aber sah vor, daß die beiden Gesetzten jeder Gruppe nicht gegeneinander spielen mußten. In Gruppe 2 bedeutete das: Deutschland spielt gegen Ungarn und die Türkei, nicht jedoch gegen Südkorea.

Die deutsche Mannschaft korrigierte die Fehleinschätzung. Sie gewann gegen die Türkei 4 : 1. Doch das genügte nicht. Um sich für das Viertelfinale zu qualifizieren, hätte sie gegen Ungarn mindestens unentschieden spielen oder die Türkei noch ein zweites Mal schlagen müssen. Sepp Herberger konzentrierte sich ganz auf die zweite Möglichkeit. Er gab das Spiel gegen Ungarn von vornherein verloren, nominierte fünf Reservisten, überhörte die Sprechchöre der erbosten deutschen Schlachtenbummler im Baseler St.-Jakob-Stadion, die nach der 3 : 8-Niederlage gegen Ungarn seinen sofortigen Rücktritt forderten, und „rehabilitierte" sich später mit einem 7 : 2-Sieg im Entscheidungsspiel gegen die Türkei.

Es gehört zu den Legenden um Sepp Herberger, er habe damals einen deutschen Sieg gegen Ungarn im Finale vorausgesagt und die Ungarn ganz bewußt hinters Licht geführt, damit sie die deutsche Mannschaft im Finale unterschätzten. In Wahrheit wußte Herberger ganz genau, daß seine Mannschaft in der Vorrunde nicht stark genug war, um Ungarn zu bezwingen. Ihm ging es nur darum, eine ausgeruhte Mannschaft für das zweite Türken-Spiel zu haben. Daß die Ungarn dann tatsächlich ihren Endspielgegner unterschätzten, ließ sich ebensowenig voraussehen wie der Vorstoß der deutschen Mannschaft in das Berner Finale.

Dazu gehörte nicht nur eine gute Mannschaft, die Sepp Herberger mit taktischem Geschick und psychologischem Einfühlungsvermögen im Trainingsquartier Hotel Belvedere in Spiez am Thuner See formte, sondern auch Glück. Denn ohne Glück wäre Jugoslawien im Viertelfinale

1 Die Helden von Bern (v. l.): Sepp Herberger, Fritz Walter, Toni Turek, Horst Eckel, Helmut Rahn, Ottmar Walter, Werner Liebrich, Jupp Posipal, Hans Schäfer, Werner Kohlmeyer, Karl Mai und Max Morlock

2 Das berühmt gewordene Foto zeigt das Tor, das Deutschlands Fußballtriumph 1954 in Bern einleitete. Max Morlock vom Nürnberger Club erzielte den Anschlußtreffer; Favorit Ungarn hatte bereits 2 : 0 geführt

3 Nachdem Helmut Rahn bereits vor der Pause den Ausgleich erzielt hatte, schoß er sechs Minuten vor Schluß den siegbringenden dritten Treffer. Grosics im ungarischen Tor hatte keine Chance

1

2

3

1

2

nicht zu bezwingen gewesen. Schon nach fünf Minuten sprang dem langen Horvath der Ball vom Kopf ins eigene Tor. Die geschenkte Führung verteidigte die deutsche Mannschaft mit Glück und Geschick gegen einen fast pausenlos stürmenden, technisch weit überlegenen Gegner, bis schließlich Helmut Rahn, sechs Minuten vor Spielende, bei einem der wenigen deutschen Konterangriffe das entscheidende zweite Tor gelang. 80 Minuten lang mußten die vielen deutschen Schlachtenbummler im Genfer Stadion zittern und bangen ...

Nicht gegen Jugoslawien und auch nicht im Endspiel gegen Ungarn, sondern im Halbfinale gegen Österreich bot der spätere Weltmeister seine überzeugendste Leistung: sachlich, nüchtern, ganz auf Erfolg abgestellt. Da gelang einfach alles! Die Abwehr gab sich keine Blöße, der Angriff suchte den kürzestens Weg zum Tor. So wurden die eigentlich favorisierten Österreicher mit 6 : 1 deklassiert. Zwei Tore von

1 Begeisterte Zuschauer tragen Fritz Walter und Horst Eckel durch das Berner Wankdorfstadion. In der linken Hand hält der Spielführer den Coupe Jules Rimet als sichtbares Zeichen des Sieges

2 Nach dem Schlußpfiff. Glücklich umarmen sich die Spieler. Die Sensation ist perfekt. Deutschland wurde zum ersten Mal Fußballweltmeister

3 Der Berner Sieg löste unter der deutschen Bevölkerung einen Freudentaumel aus. Wo immer sich die Mannschaft zeigte – wie hier in München mit Fritz Walter, DFB-Vizepräsident Hans Huber und Sepp Herberger an der Spitze –, jubelten ihr die Menschen zu

Ottmar Walter, zwei Elfmeter von Fritz Walter, dazu Treffer von Morlock und Schäfer bahnten der deutschen Mannschaft den Weg in das Endspiel.

Dennoch hieß der Favorit Ungarn, das sich sowohl gegen Brasilien als auch gegen Uruguay mit 4 : 2 durchsetzte – Spiele in denen die Südamerikaner auch vor überharten Fouls nicht zurückschreckten, als sie erkannten, daß ihre technische Brillanz gegen diese ungarische Mannschaft nicht ausreichte. Wenn auch die Brasilianer nach dem Spiel im Kabinengang die Ungarn „verprügelten" – auf dem Spielfeld schien Ungarn niemand bezwingen zu können.

Nach acht Minuten bereits führte Ungarn im Berner Wankdorfstadion durch Tore von Puskas und Czibor 2 : 0. Die deutsche Mannschaft wankte – aber sie zerbrach nicht. Max Morlock verkürzte den Rückstand nach zehn Minuten 1 : 2. Dieses Tor schockte die Ungarn. Von diesem Augenblick an verloren sie ihren Rhythmus, ihr Selbstvertrauen. Ungarns Wundersturm war plötzlich „gefesselt": Horst Eckel ließ Regisseur Hidegkuti keinen Zentimeter Spielraum, Rotschopf Werner Liebrich bremste Ferenc Puskas, Mai und Posipal rangen Kocsis und Czibor nieder. Plötzlich zeigte es sich auch, daß Ungarns Abwehr nicht die Qualität des Angriffs besaß. Fritz Walter fand Lücken. Helmut Rahn glich in der 18. Minuten zum 2 : 2 aus. Sechs Minuten vor Spielende krönte dann Helmut Rahn seine große Leistung mit dem dritten entscheidenden Tor für die deutsche Mannschaft, die weit über sich hinausgewachsen war. Toni Turek, Jupp Posipal, Werner Kohlmeyer, Horst Eckel, Werner Liebrich, Karl Mai, Helmut Rahn, Max Morlock, Ottmar Walter, Fritz Walter und Hans Schäfer schrieben das erfolgreichste Kapitel deutscher Fußballgeschichte – nicht, weil sie, wie die maßlos enttäuschten Ungarn später argwöhnten, gedopt waren, sondern weil sie im Verlauf des Turniers zu einer verschworenen Gemeinschaft zusammenfanden. Wenn jemals die Floskel von den „elf Kameraden auf dem Spielfeld" ihre Berechtigung besaß, dann für die elf deutschen Weltmeister – und ihren Chef Sepp Herberger.

3

1958 Ein Junge namens Pelé

Eigentlich heißt er Edson Arantes do Nascimento. Aber das erfuhr man erst, als der 17jährige Pelé schon der gefeierte Star der sechsten Weltmeisterschaft in Schweden war. Viele geniale Spieler standen in der brasilianischen Mannschaft, die zum ersten Mal Weltmeister wurde: Djalmar und Nilton Santos, Garrincha, Didi, Vava und Zagalo, der spätere Trainer. Aber keiner faszinierte die Zuschauer auf den Rängen so wie dieser junge, schlaksige Bursche, der die herrlichsten Tore schoß und dann wahre Freudentänze aufführte.

Zwei Tore schoß Pelé, zwei Vava, eines Zagalo. Obwohl Gastgeber Schweden im Stockholmer Stadion schon nach vier Minuten 1 : 0 führte, hatten die Schweden in diesem Finale nicht den Hauch einer Chance. Die Brasilianer wirbelten ihren Gegner so furios durcheinander, daß nicht nur 11, sondern wenigstens 15 Brasilianer auf dem nassen Spielfeld zu sein schienen. „Sie hätten auch ein Dutzend Tore schießen können", bekannten die staunenden Schweden, für die dieser zweite Platz im eigenen Land dennoch mehr als ein Achtungserfolg war. Ihn verdankten sie allerdings nicht nur dem eigenen Können, sondern auch der Unterstützung durch ihre Zuschauer. Das „Heja-Heja-Heja", von fahnenschwingenden „Einpeitschern" zu einem meilenweit hörbaren Schlachtruf entfacht, demoralisierte Schwedens Gegner. Erst für das Finale verbot die FIFA diese unsportliche Beeinflussung des Spiels von den Zuschauerrängen – aber da war ihr auch die deutsche Mannschaft schon zum Opfer gefallen.

Mit dem schon 37 Jahre alten Fritz Walter, den Sepp Herberger nicht vergeblich bat, noch einmal die Fußballschuhe zu schnüren, mit Helmut Rahn als Schützen unorthodoxer Tore und dem jungen Uwe Seeler als Reißer im Angriffszentrum hatte sich die deutsche Mannschaft bis zum Halbfinale weit besser als erwartet geschlagen. Ihr 3 : 1-Sieg gegen Argentinien im ersten Gruppenspiel ließ die deutsche Mannschaft sogar in den Kreis der Favoriten vorrücken. Gegen die ČSSR (2 : 2) und Nordirland (2 : 2) blieben zwar die erwarteten Siege aus, doch die deutsche Elf zog dennoch als Gruppensieger in das Viertelfinale ein, wo erneut Jugoslawien der Gegner war. Noch knapper und fast so dramatisch wie vier Jahre zuvor verlief dieses Spiel, das Helmut Rahn mit einem Torschuß fast von der Eck-

Erregte Szenen spielten sich bei der Begegnung um den Eintritt ins Finale gegen Veranstalter Schweden ab. Hatten bereits vor dem Spiel sogenannte Einpeitscher die Stimmung im Stadion angeheizt, ereigneten sich auch auf dem Feld böse Zwischenfälle. Hier wurde Juskowiak (links) nach einem groben Foul an Hamrin des Platzes verwiesen

In der Vorrunde der WM 1962 konnte Deutschland den späteren Weltmeisterschaftsdritten Chile mit 2 : 0 Toren besiegen. Damals spielten, stehend (v. l.): Schulz, Seeler, Giesemann, Szymaniak, Schnellinger; knieend v. l.: Brülls, Kraus, Nowak, Schäfer, Fahrian und Erhardt

ball-Linie aus für die deutsche Mannschaft entschied.

Das Halbfinalspiel zwischen Schweden und Deutschland im Göteborger Ulleval-Stadion wurde zum typischen Beispiel dafür, daß Sport nicht unbedingt vereint, sondern mitunter auch Freunde entzweit und Emotionen weckt. Nach der deutschen 1 : 3-Niederlage annullierten deutsche Urlauber gebuchte Schweden-Reisen, die schwedischen Konsulate in der Bundesrepublik mußten unter Polizeischutz gestellt werden, schwedische Touristen bangten um die Reifen ihrer Autos. Eine Welle der Empörung ging durch die Bundesrepublik – und das alles nur, weil aufgeputschte schwedische Zuschauer ihre Mannschaft allzu fanatisch unterstützt hatten. Dabei gebietet die Gerechtigkeit festzustellen, daß die schwedische Mannschaft an diesem Tag eine überragende Leistung bot, der sehr schwache ungarische Schiedsrichter Istvan Zsolt Verteidiger Juskowiak nicht ohne Grund vorzeitig in die Kabine schickte und die deutsche Mannschaft ohne den nach 60 Minuten verletzt ausgeschiedenen Kapitän Fritz Walter völlig am Ende ihrer Kräfte war, als Gunnar Gren und Hamrin Schwedens verdienten 3 : 1-Sieg herausschossen. Doch nicht Schweden, sondern Frankreich, mit dem 13fachen Torschützen Just Fontaine, besaß 1958 Europas stärkste, auch spielerisch am meisten beeindruckende Mannschaft. Vier Tore erzielte Just Fontaine im Spiel um den dritten Platz gegen Deutschland, das allerdings fast alle Reservisten einsetzte.

1962 Zuviel „Fußball brutal"

Das dritte Weltmeisterschaftsturnier auf südamerikanischem Boden schien gefährdet, als schwere Erdbeben 1960 viele chilenische Städte und auch einige für die Weltmeisterschaft vorgesehene Stadien verwüsteten. Doch die chilenische Regierung hoffte, daß das Weltturnier die bösen Er-

Vor siebzigtausend Zuschauern besiegte Brasilien am 17. Juni 1962 die ČSSR im Endspiel mit 3 : 1 Toren und holte sich seine zweite Weltmeisterschaft hintereinander. Dabei fehlte Pelé, der beste Spieler der Welt, weil er sich verletzt hatte

innerungen vielleicht verdrängen könne. „Spiele für das Volk" – sie wurden es. Daß die chilenische Mannschaft am Ende den dritten Platz belegte, verdankte sie ihren fanatischen Anhängern – und die wiederum beherrschten die Szene auch zwischen den einzelnen Spielen. Als Chiles 2 : 1-Sieg gegen die UdSSR im Viertelfinale aus dem 2100 Kilometer entfernten Arica in Santiago bekannt wurde, zogen Hunderttausende durch die Straßen. Ihr Schlachtruf „Chi-Chi-Chi-le-le-le" ließ die vielen europäischen Besucher nächtelang nicht schlafen. Doch mit der Begeisterung der Zuschauer hielten die sportlichen Leistungen nicht Schritt. Viele europäische Mannschaften ersetzten mangelnde spielerische Eleganz durch brutale Härte. Schwache Schiedsrichter ließen zahlreiche Spiele zum Kampf Mann gegen Mann ausarten. Selbst Platzverweise brachten die Übeltäter nicht zur Besinnung. Vor allem die Italiener kämpften nur, um Tore zu verhindern, nicht um selbst welche zu schießen. „So geht der Fußball kaputt", klagte der greise Vittorio Pozzo, der als Journalist nach Santiago gekommen war und zum schärfsten Kritiker seiner Landsleute wurde.

Doch es gab auch erfreuliche Ausnahmen. Schließlich setzte sich der variantenreiche Angriffsfußball doch gegen den „Super-Beton" durch. Mit Titelverteidiger Brasilien und dem Außenseiter ČSSR, dessen Torhüter Schroif wahre Wunder vollbrachte,

erreichten zwei ganz auf Offensivfußball eingestellte Mannschaften das Finale. Obwohl Pelé weder im Halbfinale gegen Chile (4 : 2) noch im Endspiel eingesetzt werden konnte und der junge Amarildo keineswegs die technische Perfektion des verletzten Pelé erreichte, gefiel die brasilianische Mannschaft durch ihr schwungvolles, von Garrincha beflügeltes Angriffsspiel. Ausgerechnet im Finale unterliefen dem bis dahin besten Torhüter des ganzen Turniers, Schroif, zwei Fehler, die Brasilien zu zwei Treffern verhalfen und den Brasilianern den 3 : 1-Sieg erleichterten. Doch die ČSSR hatte „Europas Ehre gerettet"; das großartige Finale zweier Klassemannschaften versöhnte.

Die deutsche Mannschaft, mit Hans Schäfer als Kapitän, schlug sich besser als erwartet. Einem 0 : 0 gegen Italien und einem 2 : 1 gegen die Schweiz folgte ein 2 : 0 gegen Gastgeber Chile. Zum dritten Mal hintereinander trafen dann Sepp Herbergers Schützlinge im Viertelfinale auf Jugoslawien. Zweimal hatte die deutsche Mannschaft gegen einen im Feldspiel überlegenen Gegner glücklich gewonnen; diesmal spielte sie selbst überlegen – und verlor! So kann Fußball sein! Nach vielen vergebenen deutschen Chancen ließ Radakovic, der nach einem Zusammenprall mit Uwe Seeler einen Stirnverband trug, dem reaktionsschnellen deutschen Schlußmann Wolfgang Fahrian bei einem scharfen Schuß fünf Minuten vor dem Spielende keine Abwehrchance.

1966 Das „Tor des Jahrhunderts"

Die achte Weltmeisterschaft, erstmals im Mutterland des Fußballs ausgetragen, verdient ein ganz besonderes Kapitel in der WM-Geschichte. Nicht weil die Engländer, als die „Erfinder des Fußballspiels", ihren Heimvorteil zum ersten Titelgewinn nützten, sondern wie das geschah – durch ein Tor, das die Bezeichnung „Tor des Jahrhunderts" rechtfertigt, obwohl, oder gerade

Lothar Emmerichs Aufstellung als Linksaußen war immer umstritten. Im entscheidenden Spiel der Vorrunde 1966 gegen Spanien glich er mit diesem „unmöglichen" Tor zum 1 : 1 aus. Aus unmöglichem Winkel abgeschossen, schlug der Ball, allen physikalischen Gesetzen zum Trotz, hinter dem spanischen Torhüter Iribar ein

1

weil bis heute niemand überzeugend nachweisen konnte, daß es überhaupt ein Tor gewesen ist ...

Die deutsche Mannschaft war durch Siege gegen die Schweiz (5 : 0) und Spanien (2 : 1) sowie durch ein torloses Unentschieden gegen die Argentinier Gruppensieger geworden, bezwang im Viertelfinale Uruguay mit 4 : 0 und setzte sich auch im Halbfinale gegen die UdSSR mit 2 : 1 durch. „Ihr habt nichts zu verlieren!“ munterte Helmut Schön, der zwei Jahre zuvor Sepp Herberger als Bundestrainer abgelöst hatte, seine von Spiel zu Spiel eindrucksvoller stürmende Mannschaft auf. Doch England galt trotz wenig überzeugender Leistungen in der Vorrunde als klarer Endspielfavorit. Teamchef Alf Ramsey, der seinen Landsleuten schon Monate vorher die Weltmeisterschaft öffentlich versprochen hatte, wettete ein kleines Vermögen auf den Sieg seiner Mannschaft – oder behauptete das jedenfalls; vielleicht handelte es sich auch nur um seine Methode der moralischen Aufrüstung.

Dieses Finale vor 100 000 Zuschauern im Londoner Wembley-Stadion, in dem die englische Mannschaft während des gesamten Turniers Heimrecht beanspruchte, wird unvergeßlich bleiben. Haller schoß die deutsche Elf nach zwölf Minuten in Führung. Geoff Hurst glich sechs Minuten später aus. Als Peters den durch eine Schulterprellung behinderten deutschen Torhüter Hans Tilkowski 13 Minuten vor Ablauf der regulären Spielzeit ein zweites Mal bezwang, feierten 90 000 Briten im Stadion den neuen Weltmeister – bis ihr Jubel plötzlich lähmendem Entsetzen wich: Wolfgang Weber gelang in der 90. Spielminute der Ausgleich!

So kam es, ein wenig glücklich für die deutsche Mannschaft, zur Verlängerung. Glücklich deshalb, weil Lothar Emmerich,

Schütze eines wahren Traumtores gegen Spanien, weit hinter den Erwartungen zurückblieb und überdies das taktische Konzept des Bundestrainers, den jungen Franz Beckenbauer als Sonderbewacher für Bobby Charlton einzusetzen, allzusehr auf Kosten eines stärkeren Angriffspiels ging. Doch mit bewundernswertem, kämpferischem Einsatz wahrte die deutsche Mannschaft ihre Chance – bis zur 13. Minute der Verlängerung.

Was sich in dieser Spielminute ereignete, verdient eine ausführliche Schilderung. Geoff Hurst, einen Augenblick lang unbewacht, donnerte den Ball an die Unterkante der Torlatte. Von da sprang der Ball, allen physikalischen Gesetzen zum Trotz, senkrecht zu Boden. Auf die Torlinie? Oder doch knapp dahinter, wie es die Engländer behaupteten? Jedenfalls landete der Ball nicht im Netz. Wolfgang Weber köpfelte ihn über die Querlatte. Die englischen Spieler warfen die Arme hoch; die deutschen deuteten zur Eckfahne – und Schiedsrichter Dienst aus der Schweiz war ratlos. Hilfesuchend blickte er zu seinem Linienrichter, der keineswegs in Höhe der Torlinie, sondern etwa 15 Meter vor der Eckfahne stand. Nicht Dienst traf die Entscheidung, sondern der Russe Bachramow: Tor für England zum 3 : 2!

Niemand kann dem russischen Linienrichter unterstellen, er habe absichtlich falsch entschieden. Sicher war er in diesem Augenblick überzeugt davon, daß der Ball die Torlinie „in vollem Umfang überschritten" habe, wie es die Regeln vorschreiben. Doch selbst den Engländern, die nichts unversucht ließen, ihren Weltmeisterschaftstriumph von dem Makel zu befreien, er sei durch ein irreguläres Tor erzielt worden, gelang es nicht, durch ein Bild- oder Filmdokument zu beweisen, daß Bachramow die Szene richtig gesehen hatte. Die Fernsehaufzeichnung enthielt die Szene aus ungünstiger Perspektive. Filmaufnahmen vermittelten ebenfalls kein genaues Bild. Der Film eines Amateurs und einige Pressefotos aber zeigen, daß der von der Torpfosten-Unterkante herunterspringende Ball die

1 Endspiel 1966 im Wembley-Stadion, Deutschland gegen England. Die Mannschaften (v. l.): Höttges, Overath, Held, Haller, Weber, Emmerich, Schulz, Beckenbauer, Schnellinger, Tilkowski, Seeler; Moore, Cohen, Ball, Banks, Hunt, Wilson, Stiles, Bobby Charlton, Hurst, Peters, Jackie Charlton

2 Es ist erreicht. Endlich konnte der „heimliche" Weltmeister England diesen Titel auch auf dem Rasen gewinnen. Stolz zeigt Mannschaftskapitän Bobby Moore den Coupe Jules Rimet

2

1 Dieses Bild spricht für sich. Wolfgang Weber (links am Boden liegend) hatte dreißig Sekunden vor Schluß den Ausgleich zum 2 : 2 erkämpft

Während Seeler dem Ball noch gebannt nachstarrte, hat Schnellinger die Situation erfaßt: Entscheidung in der Verlängerung

2 Als „geschlagener Mann" scheint Uwe Seeler nach den hundertzwanzig Minuten von Wembley das Stadion zu verlassen. England hat verdient

Tormarkierung aufstäubte – der Ball hatte also die Torlinie berührt, konnte sie demnach kaum in vollem Umfang überschritten haben! Eindeutig klären läßt sich das allerdings bis heute nicht.
Geoff Hurst gelang in der letzten Minute noch ein viertes Tor. Doch selbst die Engländer gestanden ein, daß dieser Treffer ohne das umstrittene Tor, das die deutsche Mannschaft zwang, bedingungslos anzugreifen, sicher nicht mehr gefallen wäre. Am Ende aber zählte für die Briten nur der Sieg. Dennoch wurde die deutsche Mannschaft in der Heimat empfangen, als sei sie und nicht England Weltmeister geworden. Sie hatte die unglückliche Niederlage mit sportlichem Anstand hingenommen – ganz im Gegensatz zu den Südamerikanern, die für ihr enttäuschendes Abschneiden bei diesem Turnier keineswegs die eigenen Schwächen, sondern ausschließlich die Härte der Europäer verantwortlich machten, selbst aber sehr unfair spielten. Doch nicht die Blamage der Südamerikaner war die Überraschung dieses Turniers, sondern der Erfolgsweg des asiatischen Teilnehmers Nordkorea, das Italien 1 : 0 bezwang, gegen Portugal schon 3 : 0 führte und im Viertelfinale nur deshalb ausschied, weil der spätere Turnier-Dritte Portugal in Eusebio den überragenden Spieler dieser achten Weltmeisterschaft in seinen Reihen hatte.

1

gewonnen; das dritte Tor jedoch wird auch für ihn umstritten bleiben. Die Vize-WM 1966 war Seelers größter internationaler Erfolg

2

1970 Halbfinale als Höhepunkt

Naturkatastrophen und politische Querelen haben von Anfang an die Fußball-Weltmeisterschaften beeinflußt, manchmal sogar überschattet, zwischen 1938 und 1950 sogar undurchführbar gemacht. Als viele chilenische Städte 1960 von einem Erdbeben verwüstet wurden, fand die Weltmeisterschaft fast „zum Trotz“ doch in Chile statt. 1970, als die Welt von den Nachrichten über die Naturkatastrophe in Peru, über deren Ausmaß man sich in Europa überhaupt keine Vorstellungen machen konnte, erschüttert wurde, nahmen Perus Fußballer trotzdem teil – das Leben geht weiter. Es ging auch weiter, als die Qualifikation zur Fußball-Weltmeisterschaft in Zentral-Amerika sogar zu militärischen Interventionen ausartete. „Fußball sei die Fortsetzung des Krieges mit anderen Mitteln“ hat ein sarkastischer Sportkritiker einmal behauptet. Leider beweist die Geschichte der Fußball-Weltmeisterschaft, daß er so unrecht nicht hat – und auch der umgekehrte Fall nicht unmöglich ist.

Die europäischen Teilnehmer, voran Weltmeister England sowie Deutschland und die auf Revanche für die Schmach in England sinnenden Italiener, beschäftigten vor der Reise nach Mexiko andere Probleme. Das heiße Klima Mexikos und besonders die Höhenlage um 2000 Meter in den Spielorten Mexico City, Puebla, Guadalajara und Leon zwangen zu gründlicher Vorbereitung und taktischen Überlegungen. Tempo-Fußball, darüber waren sich die Trainer einig, würde in Mexiko an Selbstmord grenzen. Man testete Sauerstoffgeräte (die sich später als überflüssig erwiesen), ließ den Speisezettel von Ärzten und nicht von Köchen ausarbeiten, transportierte sogar alle Lebensmittel und Getränke aus Europa in die romantischen Quartiere, ohne damit der gefürchteten „mexikanischen Krankheit“, dem kraftzehrenden Durchfall, entrinnen zu können.

Auch Bundestrainer Helmut Schön und seine Berater hatten nichts dem Zufall überlassen. Gut vorbereitet aber war die Mannschaft dennoch nicht. Mehr noch: Es gab eigentlich gar keine eingespielte Mannschaft. Als die deutsche Expedition in Comanjilla, einem kleinen Paradies in der ausgebrannten Erde Mexikos, einzog, wurde immer noch die Frage heiß diskutiert, ob die beiden Torjäger Gerd Müller

1

2

1 Gerd Müllers Tor zum 3 : 2 brachte der deutschen Mannschaft in der Verlängerung doch noch den Sieg über England und damit den Einzug ins Halbfinale

2 Deutschland verlor 4 : 3 in der Vorschlußrunde gegen Italien. Das dramatische Spiel gegen England erfuhr im Halbfinale noch einmal eine nicht mehr für möglich gehaltene Steigerung

Contac X
EL HERALDO

Zehn Tore in Mexiko machten ihn weltbekannt: Torschützenkönig Gerd Müller

und Uwe Seeler überhaupt zusammen in ein Team passen – nicht zu reden von dem Disput, ob „World-Cup-Willi" Schulz, Franz Beckenbauer oder gar der junge Klaus Fichtel die strategisch wichtigste Position im Abwehrzentrum besetzen sollte. Wäre Günter Netzer nicht wegen einer Verletzung nur als Mitarbeiter einer deutschen Tageszeitung nach Mexiko geflogen, hätte es wahrscheinlich auch schon damals ein Gerangel um die spielbeherrschende Rolle im Mittelfeld zwischen ihm, Wolfgang Overath und Helmut Haller gegeben. So aber übernahm sie fast zwangsläufig Franz Beckenbauer – zusammen mit Wolfgang Overath, den Südamerikas Presse später mit leichter Übertreibung als den überragenden Mittelfeldspieler des Turniers rühmte.

Das enttäuschende 2 : 1 gegen den krassen Außenseiter Marokko im ersten Gruppenspiel setzte ein Signal. Spät, aber nicht zu spät fand Bundestrainer Helmut Schön die richtige Formation, und mit beachtlichem psychologischen Geschick – das ihm seine Kritiker so fälschlich absprechen – verstand er es auch, den schon schwelenden Zündstoff zwischen den älteren Spielern und ihren jüngeren, ehrgeizigen Nachfolgern zu löschen. Die seit 1954 stärkste deutsche WM-Vertretung – trotz des zweiten Platzes in England – reifte unter der glühenden Sonne Mexikos.

Glatte Siege gegen Bulgarien (5 : 2) und Peru (3 : 0) bewiesen, daß Gerd Müller und Uwe Seeler doch ein gefährliches Gespann bildeten, der eine als Sturmspitze, der andere mehr in zurückgezogener Position. Die eigentliche Bewährungsprobe aber stand der deutschen Mannschaft nach dem Sieg in der Leon-Gruppe noch bevor. Das Duell mit Titelverteidiger England im Viertelfinale. Es schien verloren, als die Briten kurz nach der Pause 2 : 0 führten. Doch nun zeigte es sich, daß die deutsche Mannschaft nicht nur die richtige Aufstellung, sondern auch das klügste, der dünnen Höhenluft und der sengenden Hitze (53 °C in der Sonne über dem Spielfeld) angemessene Spielkonzept gefunden hatte. Während Bobby Charlton völlig entkräftet in die Kabine wankte, von sehnsüchtigen Blicken seiner nicht weniger ausgepumpten Mannschaftskameraden begleitet, warf die deutsche Mannschaft jetzt zuvor sorgsam geschonte Kraftreserven in die Waagschale. Franz Beckenbauers Anschlußtor spornte an; Uwe Seelers spektakulärer Kopfball zum 2 : 2 gab noch mehr Auftrieb. Gerd Müller – mit insgesamt 10 Toren der

Eine Fußball-Legende: König Pelé gewinnt seine dritte Weltmeisterschaft

erfolgreichste Torschütze dieser Weltmeisterschaft – entthronte den Weltmeister in der Verlängerung und schoß die deutsche Mannschaft in das Halbfinale.
Doch nicht diese spannende Weltmeisterschafts-Revanche von 1966 und auch nicht das spätere Finale, das Brasilien allzuleicht mit 4 : 1 gegen Italien gewann, war der Höhepunkt dieser unerwartet fairen, an spielerischen Glanzleistungen reichen Weltmeisterschaft. Zum absoluten Höhepunkt wurde vielmehr das Halbfinalspiel zwischen Italien und Deutschland im Azteken-Stadion, der modernsten Fußballarena der Welt. Würde die deutsche Mannschaft noch genug Kraft haben, um den gefürchteten Sperriegel der Italiener, die mit nur einem Tor, aber ohne Gegentor Gruppensieger geworden waren, zu durchbrechen? Trotz eines pausenlosen Sturmlaufs der deutschen Mannschaft, die schon nach wenigen Minuten in Rückstand geraten war, sah es lange Zeit nicht so aus. Erst als der peruanische Schiedsrichter Yamasaki, der die deutsche Mannschaft bei einigen Fouls der italienischen Abwehr kraß benachteiligte, schon seinen Linienrichtern das bevorstehende Spielende signalisierte, schloß Karl-Heinz Schnellinger den letzten deutschen Angriff mit dem Ausgleichstreffer ab. Die 30 Minuten der Verlängerung wurden zu einem Fußballdrama, wie es der geschickteste Regisseur nicht aufregender hätte inszenieren können. Gerd Müller brachte die deutsche Mannschaft in Führung, Burgnich glich aus. Beide Mannschaften stürmten jetzt, die deutsche freilich mit dem Handicap, daß Franz Beckenbauer nach einem schmerzhaften Sturz kurz vor Ablauf der regulären Spielzeit im italienischen Strafraum einen Arm in einer eilig angelegten Bandage tragen mußte. Rivas 3 : 2 machte Gerd Müller wett. Die Entscheidung fiel in der 111. Spielminute – durch Rivera – für die keineswegs besseren, aber doch glücklicheren Italiener.
Zum dritten Male Weltmeister und damit endgültig Gewinner des „Coupe Jules Rimet" wurde Brasilien durch ein 4 : 1 gegen Italien. Ein 1 : 0-Sieg der deutschen Elf im Spiel um den dritten Platz gegen Uruguay versöhnte mit der Niederlage im Halbfinale, ohne freilich zu trösten . . .

Jubelnd dreht der Brasilianer Jairzinho ab. Facchetti (links) konnte das dritte Tor im Endspiel nicht verhindern. Alle wußten: Das war die Entscheidung; Brasilien wird 1970 zum dritten Mal Weltmeister

Pelikan
ARTICULOS PARA ESCOLARES

Fußball von A–Z: z. B. Gelbe Karte: optisches Hilfsmittel des Schiedsrichters, um eine Verwarnung anzuzeigen

Fußball von A–Z

A

Abbruch: Beendigung eines Spiels vor Ablauf der regulären Spielzeit.
Ablösesumme: Geldbetrag, den ein Verein von einem anderen für den Verkauf eines Spielers erhält.
Abseits: Regel, die das Toreschießen erschweren soll. Abseits steht ein Spieler, wenn er sich in dem Moment, in dem ihm der Ball zugespielt wird, näher an der Torlinie befindet als der Ball und ein Gegenspieler, den Torwart ausgenommen. Das Spiel muß unterbrochen und mit einem Freistoß für die gegnerische Mannschaft fortgesetzt werden. Die Abseitsregel ist außer Kraft gesetzt, wenn der Ball von einem Gegenspieler kommt, direkt durch einen Abstoß, Eckball, Einwurf oder Schiedsrichterball zugespielt wurde oder wenn der Spieler den Ball noch in der eigenen Spielhälfte erhält.
Abseitsfalle: Versuch einer Mannschaft, einen Angriff zu stoppen, indem man die Gegenspieler in Abseitsposition bringt.
Abstauber: Spieler, der die Mehrzahl seiner Tore erzielt ohne dafür direkte Vorarbeit zu leisten.
Alleingang: Spielzug, bei dem ein Spieler den Ball über einen großen Teil des Spielfeldes treibt.
Amateur: Ein Spieler, der seinen Lebensunterhalt nicht ausschließlich oder überwiegend durch Fußball verdient, sondern nur Spesen erhält.
Anschlußtor: Tor, mit dem der Vorsprung der anderen Mannschaft bis auf einen Treffer verringert wird.
Anstoß: Eröffnung des Spiels, bei dem der Ball in Richtung des gegnerischen Tors einem Mitspieler zugeschoben werden muß.
Antrittskraft: Fähigkeit eines Spielers, aus dem Stand in kurzer Zeit eine hohe Geschwindigkeit zu erreichen.
Aufsetzer: Schuß, bei dem der Ball vor der Torlinie den Boden berührt und dadurch seine Flugbahn ändert.
Aufstellung: Die endgültige Nominierung einer Mannschaft aus einem größeren Kreis von Spielern.
Ausball: Ball, der über die Spielfeldgrenzen hinausbefördert wurde.
Ausgleich: Tor, mit dem der Vorsprung der gegnerischen Mannschaft aufgeholt wurde.
Ausputzer: Letzter Spieler vor dem Torhüter, der gefährliche Situationen bereinigen soll.
Außenseiter: Mannschaft, der man nur geringe Siegesaussichten einräumt.
Außenstürmer: Bezeichnung für die Spieler, die bei Angriffsaktionen die Positionen an den beiden Außenseiten des Spielfeldes einnehmen.
Außenverteidiger: Abwehrspieler, die die gegnerischen Außenstürmer ausschalten sollen.
Auswechseln: Eine Regel, die 1966 eingeführt wurde und erlaubt, zwei Spieler durch neue zu ersetzen. Ein einmal ausgewechselter Aktiver kann während desselben Spiels nicht wieder eingesetzt werden.

B

Ball: Hohlball, der aus Gummiblase und Rindskernlederhülle besteht. Umfang (68 bis 71 cm) und Gewicht (396–454 Gramm) sind vorgeschrieben.
Ballbehandlung: Geschick eines Spielers, mit dem Ball umzugehen.
Ballführung: Laufen und dabei den Ball unter Kontrolle halten.
Ballgefühl: Veranlagung eines Spielers, die ihm eine gute Ballbehandlung ermöglicht.
Befreiungsschlag: Aktion, mit der der Ball bei gefährlichen Situationen vor dem Tor weggeschlagen wird ohne Rücksicht auf die Stellung der Mitspieler.
Behinderung: Regelwidrige Aktion, mit der der Gegner daran gehindert werden soll, den Ball anzunehmen oder zu behalten.
Berner Elf: Name der Mannschaft, die 1954 in der Schweiz mit einem 3 : 2-Sieg über Ungarn Weltmeister wurde.
Bilderbuch-Kombination: Spielzug, bei dem der Ball über mehrere Spieler vor das gegnerische Tor gebracht wird.
Breslauer Elf: Name für die deutsche Nationalelf, die 1937 in Breslau Dänemark mit 8 : 0 besiegte.
Bundesliga: Höchste deutsche Spielklasse, die am 28. Juli 1962 beschlossen wurde und seit der Saison 1963/64 existiert. Sie umfaßte zunächst 16, später 18 Vereine.
Bundesliga-Skandal: Manipulationen von Spielern der Bundesliga in der Saison 1970/71 durch Zahlung von Schmiergeldern.
Bundestrainer: Offizielle Bezeichnung des Trainers der deutschen Nationalmannschaft.

C

Catenaccio: Italienisch für Riegel. Aus Italien stammendes System, bei dem sich bis zu acht Spieler auf Abwehraufgaben beschränken.
Coupe Jules Rimet: Nach dem früheren FIFA-Präsidenten Jules Rimet benannter Pokal, den die Siegermannschaften der ersten neun Weltmeisterschaftsturniere erhielten. 1970 in Mexiko von Brasilien nach dem dritten WM-Sieg endgültig gewonnen.
Cup: Englisch für Pokal.

D

Decken: Einen Gegner bewachen.
Deckung: Bewachung eines Gegners, auch Sammelbezeichnung für die Abwehrspieler einer Mannschaft.
Defensive: Überwiegende Beschränkung der eigenen Aktion auf die Abwehr, kann eine taktische Maßnahme, aber auch durch die Überlegenheit des Gegners aufgezwungen sein.
DFB: Abkürzung für Deutscher Fußball-Verband, 1900 gegründete Dachorganisation aller deutschen Fußballvereine, mit 3,2 Millionen Mitgliedern heute der größte Sportverband der Welt, Sitz in Frankfurt am Main.
DFB-Pokal: Fußball-Wettbewerb, an dem die Vereine aller Leistungsklassen teilnehmen dürfen. Bundesliga-Mannschaften haben bis zur Runde der letzten 32 Freilos. Der Sieger nimmt am Europacup der Pokalsieger teil.
DFV: Der offizielle Name des Fußball-Verbandes der DDR, in dem 435 869 Mitglieder organisiert sind.
Direktspiel: Sofortiges Abspiel des Balles zu einem Nebenmann.
Divisionsverfahren: Ermittlung des Torquotienten durch Teilung der geschossenen durch die erhaltenen Tore. Heute durch das Subtraktionsverfahren ersetzt.
Doping: Einnahme zumeist chemischer, leistungssteigernder Mittel.
Dopingkontrolle: Untersuchung von Sportlern, mit der festgestellt wird, ob sie Dopingmittel zu sich genommen haben. Wurde erstmals bei der WM '66 durchgeführt.
Doppelpaß: Ballwechsel zwischen zwei Spielern, wobei der erste Spieler den Ball sofort wieder zurückerhält und möglichst im Schußposition gebracht wird.
Dribbeln: Vorwärtsbewegung eines Fußballers, der den Ball direkt am Fuß führt und einen oder mehrere Gegner umspielt.

E

Eckball: Fortführung des Spiels durch die angreifende Mannschaft, wenn ein Gegenspieler den Ball über die eigene Torauslinie befördert hat. Der Ball wird vom Schnittpunkt der Seiten- und Torauslinie gespielt.
Ecke: Kurzwort für Eckball.
Effet: Eigendrehung des Balles, die entsteht, wenn der Spieler den Ball, absichtlich oder zufällig, beim Schuß nicht voll trifft.
Ehrentor: Bezeichnung für das einzige Tor einer besiegten Mannschaft.
Eigentor: In das eigene Tor beförderter Ball.
Einsatz: Berufung in eine Mannschaft; auch die besondere Anstrengung während eines Spiels.
Einwurf: Fortsetzung des Spiels, nachdem der Ball über die Seitenauslinie befördert wurde. Der Einwurf wird von einem Spieler der Mannschaft ausgeführt, die den Ball nicht über die Seitenauslinie befördert hat. Der Ball muß mit beiden Händen geworfen werden, beide Beine müssen dabei den Boden berühren. Ein direkt durch einen Einwurf erzieltes Tor wird nicht anerkannt.
Elf: Bezeichnung für eine Fußballmannschaft.
Elfmeter: Strafe nach einer Regelwidrigkeit im Strafraum, vor allem nach Foul- oder oder Handspiel.
Elfmeterpunkt: Elf Meter von der Mitte der Torlinie entfernter Punkt, von dem aus der Ball beim Elfmeter direkt geschossen werden muß.
Elfmeterschießen: Möglichkeit in einem auch nach einer Verlängerung noch nicht entschiedenen Spiel einen Sieger zu ermitteln. Wird vor allem bei Pokalspielen und Turnieren angewendet.

Endspiel: Das Spiel bei dem zwischen zwei Mannschaften der Sieger eines Turniers, einer Meisterschaft oder eines Pokalwettbewerbs ermittelt wird.

Entscheidungsspiel: Zusätzliches Spiel, wenn in vorangegangenen Spielen Gleichstand erzielt wurde.

Europäischer Fußball-Verband: Unterabteilung des Welt-Fußball-Verbandes, die die Spiele der europäischen Pokalwettbewerbe und der Europameisterschaft überwacht. Offizielle Bezeichnung UEFA.

F

Fair: Englisch für anständig.

Fairness: Anständiges Verhalten im Sport, ein auch auf andere Lebensbereiche übertragenes Wort.

Fallrückzieher: Schuß, bei dem sich der Spieler nach hinten fallen läßt und den Ball über den eigenen Kopf schlägt.

Fan: Aus dem englischen übernommene Bezeichnung für den Anhänger einer Sportart oder einer Mannschaft.

Faustabwehr: Aktion des Torwarts, bei der der Ball mit einer oder zwei Fäusten weggeschlagen wird.

Feldverweis: Ausschluß eines Spielers durch den Schiedsrichter, wird durch vorhalten einer roten Karte angezeigt. Wird bei groben oder wiederholten Regelverstößen ausgesprochen und zieht meistens eine Sperre für ein oder mehrere Spiele mit sich.

FIFA: Fédération Internationale de Football Association, Name des Weltfußball-Verbandes, der 1904 in Paris gegründet wurde und 140 Mitglieder umfaßt.

Finale: Endspiel.

Flachpaß: Unmittelbar über dem Boden zugespielter Ball.

Flügelspiel: Angriffsaktion unter Einsatz der Flügel- oder Außenstürmer.

Flügelstürmer: Siehe Außenstürmer.

Form: Leistungsstand eines Spielers oder einer Mannschaft.

Flutlicht: Künstliches Licht für Spiele, die nach Einbruch der Dunkelheit stattfinden.

Foul: Englisch für regelwidriges Spiel. Kann mit Freistoß, Strafstoß oder Feldverweis bestraft werden.

Freilos: Qualifikation für die nächste Spielrunde, ohne ein Spiel bestreiten zu müssen.

Freistoß: Mindeststrafe für eine Regelwidrigkeit; die gegnerischen Spieler müssen neun Meter vom Ball entfernt sein. Beim direkten Freistoß darf der Ball unmittelbar ins Tor befördert werden, beim indirekten Freistoß wird ein Tor nur anerkannt, wenn der Ball vorher von mindestens zwei Spielern berührt wurde.

Führung: Vorsprung einer Mannschaft, die mehr Tore erzielt hat als der Gegner.

Fußabwehr: Aktion des Torwarts, bei der der Ball nur mit den Füßen weggeschlagen wird.

Fußball-Toto: Wette, bei dem die Ergebnisse einer bestimmten Anzahl von Spielen vorausgesagt werden muß.

G

Gelbe Karte: Optisches Hilfsmittel des Schiedsrichters, um eine Verwarnung anzuzeigen.

Gestrecktes Bein: Verbotener Angriff auf einen Gegenspieler, bei dem das Knie durchgedrückt wird.

Goal: Englisch Tor.

H

Hackentrick: Weiterleitung des Balles mit der Ferse.

Halbstürmer: An der linken und rechten Seite des Mittelstürmers postierte Angriffsspieler.

Halbzeit: Pause zwischen den beiden Spielhälften für die eine Dauer von 10 Minuten vorgeschrieben ist. Auch eine volkstümliche Bezeichnung für die beiden Spielhälften.

Handgeld: Betrag den ein Spieler bei Vertragsverlängerung oder Vereinswechsel erhält.

Handicap: Aus dem Englischen stammender Begriff, unter dem der Nachteil für einen Spieler oder für eine Mannschaft verstanden werden.

Handspiel: Spielen des Balles mit der Hand oder dem Arm (einschließlich Oberarm), das nur dem Torwart erlaubt ist, bei allen anderen Spielern als Regelwidrigkeit bestraft wird.

Hat-Trick: Englisch eigentlich Hut-Trick. Drei von einem Spieler hintereinander erzielte Tore, ohne daß diese Serie von einem Mit- oder Gegenspieler oder durch die Halbzeitpause unterbrochen wird.

Hinausstellung: Andere Bezeichnung für Platz- oder Feldverweis.

Hintermannschaft: Bezeichnung für den mit Abwehraufgaben beauftragten Teil einer Mannschaft.

I

Innensturm: Auch Innentrio, Bezeichnung für den Mittelstürmer und die beiden Halbstürmer.

K

Kapitän: Sprecher einer Mannschaft, der die Platzwahl trifft und mit dem Schiedsrichter verhandelt. Er ist durch eine Binde am rechten Arm gekennzeichnet.

Kerze: Verunglückter Schlag, bei dem der Ball steil in die Luft aufsteigt.

Kicker: Bezeichnung für Fußballer, die von dem englischen Wort to kick (treten, stoßen), abgeleitet wurde.

Kick off: Englisch Anstoß.

Klären: Gefahr in der eigenen Spielhälfte beseitigen.

Knieschützer: Von Torhütern getragene Bandage zum Schutz des Knies.

Kombination: Geschickte Weiterleitung des Balles, an dem mehrere Spieler beteiligt sind.

Kondition: Körperliche Leistungsfähigkeit.

Konter: Aus der Abwehr heraus geführter Angriff, nachdem der gegnerische Angriff abgefangen wurde.

Kopfball: Weiterleitung des Balles mit dem Kopf.

K. O.-System: Spielrunde, bei der der Verlierer ausscheidet.

L

Länderspiel: Spiel zweier Nationalmannschaften.

Latte: Obere Abgrenzung des Tores.

Lattenkreuz: Schnittpunkt von Torpfosten und Torlatte.

Läufer: Spieler, die die Verbindung zwischen Verteidigung und Stürmern herstellen.

Libero: Italienisch freier Mann, Abwehrspieler ohne direkten Gegenspieler, der sich im Gegensatz zum Ausputzer auch in den Angriff einschalten soll.

Liga: Bezeichnung für eine Spielklasse.

Linienrichter: Assistenten des Schiedsrichters, die Einwurf, Abstoß, Eckball und Abseits anzeigen und in den letzten Jahren auch auf Fouls aufmerksam machen dürfen.

Lizenzspieler: Spieler, die die Erlaubnis besitzen, für einen Club der ersten oder zweiten Bundesliga zu spielen. Sie sind Vereinsangestellte, erhalten ein monatliches Grundgehalt, Prämien und Handgeld.

Lokalderby: Spiel zweier Mannschaften, die in derselben Stadt beheimatet sind.

M

Manndeckung: Abwehrform, bei der jeder Spieler einen direkten Gegenspieler bewachen und bereits bei der Ballannahme stören muß.

Mannschafts-Aufstellung: Siehe Aufstellung.

Markieren: Einen Gegenspieler bewachen.

Match: Englisch Spiel.

Mauer: Von Spielern zur Sicherung des Tores bei Freistößen gebildete Kette.

Mauern: Übertriebenes Abwehrspiel.

Meniskus: Knorpelscheibe im Kniegelenk. Der Riß der Ansatzbänder dieser Scheibe ist die häufigste Verschleißerscheinung bei Fußballern.

Mittelfeldspieler: Mannschaftsteil, der die Verbindung zwischen Angriff und Abwehr herstellt und sowohl offensiv als defensiv eingesetzt wird.

Mittellinie: Linie, die das Fußballfeld in zwei gleiche Hälften teilt.

Mittelstürmer: Der im Zentrum der Angriffsreihe postierte Spieler.

N

Nationalmannschaft: Auswahl der besten Spieler eines Landes zum Einsatz bei Länderspielen.

Nationalspieler: Spieler, der in der Nationalelf eingesetzt worden ist.

Notbremse: Regelwidrige Aktion, mit der ein auf das Tor zulaufender Stürmer gestoppt wird.

O

Offensive: Bezeichnung für länger andauerndes Angriffsspiel.

P

Papierform: Bewertung von Mannschaften aufgrund vorausgegangener Leistungen.

Parade: Gelungene, meist spektakuläre Abwehraktion des Torhüters.

Paß: Weiterleiten des Balles zu einem Mitspieler.

Pfostenschuß: Schuß gegen die seitliche Begrenzung des Tores.

Platzsperre: Strafe bei Zuschauerausschreitungen; der Verein muß nach einer Platzsperre Spiele auf einem fremden Platz austragen.
Platzverweis: Siehe Feldverweis.
Pokal: Siegerpreis im Sport.
Prämie: Zusätzliche Bezahlung für besondere sportliche Leistungen.
Preßschlag: Schlag, bei dem zwei Spieler den Ball zur gleichen Zeit treffen.
Profi: Kurzform für Professional, Berufsspieler. Wertungseinheit im Fußball.
Punktspiel: Spiel innerhalb einer Meisterschaftsrunde, in der nach Punkten gewertet wird.

Q

Qualifikationsspiel: Spiel um die Zulassung zu einem Wettbewerb.
Querlatte: Siehe Latte.
Querpaß: Weiterleitung des Balles zu einem Mitspieler parallel zur Mittellinie.

R

Raumdeckung: Taktisches Abwehrspiel, bei dem nicht direkt Gegenspieler, sondern Spielfeldabschnitte kontrolliert werden.
Reflex: Unbewußte, oft auch unkontrollierte körperliche Reaktion.
Regisseur: Spieler, der die Aktionen seiner Mannschaft bestimmt.
Remis: Französisch unentschieden.
Reservespieler: Siehe Ersatzspieler.
Riegel: Verteidigungssystem, in dem die Abwehrspieler schräg gestaffelt dem Angreifer entgegengestellt werden.
Rist: Innen- und Außenseite des Fußes.
Robinsonade: Hechtsprung des Torwarts, benannt nach dem englischen Torhüter John Robinson.
Roller: Langsam über den Boden rollender Ball.
Rote Karte: Optisches Hilfsmittel für den Schiedsrichter, um einen Platzverweis anzuzeigen.
Rückgabe: Weiterleiten des Balles an den eigenen Torwart.

S

Scherenschlag: Schlag, bei dem der Spieler hochspringt, mit dem Sprungbein gegen den Ball trifft und das andere Bein zum Gegenschwung einsetzt.
Schiedsrichter: Leiter des Fußballspiels, der die alleinige Entscheidungsgewalt besitzt.
Schiedsrichterball: Wiederaufnahme des Spiels, nachdem dieses weder durch einen Regelverstoß noch durch einen Ausball unterbrochen worden ist. Der Schiedsrichter läßt den Ball aus Brusthöhe fallen, der Ball darf erst gespielt werden, nachdem er den Boden berührt hat.
Schienbeinschützer: Kunststoffeinlagen zum Schutz des Schienbeins.
Schweizer Riegel: Verteidigungssystem, das von Karl Rappan in der Schweiz eingeführt wurde.
Seitenlinie: Seitliche Begrenzung des Spielfeldes.
Seitenwahl: Recht des Mannschaftsführers zu Beginn des Spiels die Spielrichtung zu bestimmen, wobei er Windverhältnisse und den Stand der Sonne berücksichtigt.
Seitenwechsel: Tausch der Spielfeldhälften durch die beiden Mannschaften.
Semifinale: Halbfinale, Spielrunde, in der die Teilnehmer des Endspiels ermittelt werden.
Sliding Tackling: Aktion, bei der versucht wird, dem Gegenspieler den Ball durch Hineingrätschen mit beiden Beinen wegzunehmen.
Soccer: Englisch für Fußballspiel.
Solo: Siehe Alleingang.
Sommerfußball: Volkstümliche Bezeichnung für lustlose Spielweise.
Spann: Fußrücken.
Sperre: Gegen einen Spieler oder eine Mannschaft verhängtes, zeitlich begrenztes Spielverbot.
Sperren: Einen Gegner durch den eigenen Körper daran hindern, den Ball zu erreichen. Sperren, ohne im Ballbesitz zu sein, ist ein Regelverstoß.
Spieleraustausch: Siehe Auswechseln.
Spielerpaß: Ausweis, der zur Teilnahme an Wettkämpfen berechtigt.
Spielfeld: Wettkampfstätte im Fußball mit einem Mindestmaß von 45 x 90 m und einem Höchstmaß von 90 x 120 m.
Spielführer: Siehe Kapitän.
Spielzeit: Dauer eines Spiels, kann auch die Dauer einer Meisterschaftsrunde bezeichnen.
Spitzenreiter: Tabellenführer, beste Mannschaft einer Spielgruppe.
Steilpaß: Weiterleiten des Balles an einen Mitspieler parallel zur Seitenlinie, meist an mehreren Gegenspielern vorbei und über eine größere Distanz.
Stopper: Bezeichnung für den Mittelläufer.
Strafraum: Teil des Spielfeldes vor dem Tor. Reicht von jedem Torpfosten 16,50 Meter weit die Außenlinie entlang und von dort in einem Winkel von 90 Grad 16,50 Meter ins Feld hinein. Regelwidrigkeiten der abwehrenden Mannschaft im Strafraum, werden mit einem Strafstoß bestraft.
Sturm: Bezeichnung für die Angriffsspieler.
Sturmspitze: Bezeichnung für die besonders weit vorgeschobenen Stürmer einer Mannschaft.
Subtraktionsverfahren: Ermittlung des Torverhältnisses, bei dem die erhaltenen Tore von den geschossenen abgezogen werden.

T

Tabelle: Rangfolge von Mannschaften nach dem Punkt- und Torverhältnis.
Tackling: Von englisch to tackle, angreifen oder packen.
Taktik: Vom Trainer festgelegtes Spielsystem, bei dem Stärken und Schwächen des Gegners berücksichtigt werden.
Team: Englisch Mannschaft.
Tor: Zielraum für den Ball, der durch zwei 7,32 Meter voneinander entfernte Pfosten seitlich, und durch eine in 2,44 Meter Höhe angebrachte Latte begrenzt ist. Auch die Bezeichnung für einen erzielten Treffer.
Torauslinie: Siehe Auslinie.
Torhüter: Spieler, der das Tor bewachen soll; er darf den Ball innerhalb des Strafraumes mit der Hand aufnehmen oder abwehren.
Tornetz: An Pfosten und Latte befestigtes Netz zum Auffangen des Balles.
Torschuß: Schuß auf das Tor.
Torschützenkönig: Spieler, der innerhalb einer Mannschaft, einer Meisterschaft oder eines Turniers die meisten Tore erzielt hat.
Torverhältnis: Verhältnis zwischen geschossenen und erhaltenen Toren.

U

UEFA: Siehe Europäischer Fußball-Verband.
Unparteiischer: Siehe Schiedsrichter.
Unterlaufen: Rempeln oder Stoßen eines hochgesprungenen Gegenspielers, Regelwidrigkeit.

V

Verbandskapitän: In verschiedenen Ländern übliche Bezeichnung für Bundes- oder Nationaltrainer.
Verlängerung: Weiterführung eines Spiels, wenn die reguläre Spielzeit von zweimal 45 Minuten keine Entscheidung gebracht hat. Vor allem in Endspielen.
Verteidiger: Abwehrspieler.
Verteidigung: Siehe Abwehr.
Verwandeln: Torschuß nach einem Zuspiel oder beim Strafstoß.
Verwarnung: Rüge für regelwidriges Verhalten, der im Wiederholungsfall den Platzverweis folgt.
Verzögerung: Aktion, mit dem Ziel, Zeit zu gewinnen.
Vier-Schritte-Regel: Bestimmung für den Torwart, der nach dem Fangen des Balles nur vier Schritte laufen darf, ohne den Ball aufspringen zu lassen, bevor er ihn abspielt.
Vier-Zwei-Vier: Taktische Grundaufstellung einer Mannschaft: Vier Verteidiger, zwei Mittelfeldspieler, vier Stürmer.
Volley: Englisch Flugball, den Ball aus der Luft nehmen und weiterleiten.
Vorteilregel: Verzicht auf Bestrafung eines Spielers, wenn nach einem Foul der Gegenspieler im Ballbesitz bleibt.

W

Weltpokal: Wettbewerb zwischen den Gewinnern des Europa-Cups der Landesmeister und des Südamerika-Pokals.
WM: Abkürzung für Weltmeisterschaft.
WM-System: Spiel mit vorgeschobenem Mittelstürmer und vorgezogenen Außenstürmern, zurückhängenden Halbstürmern, zwei Verteidigern und drei Läufern.
Wunderteam: Name für die österreichische Nationalmannschaft der Jahre 1931/32, die in 14 Spielen ungeschlagen blieb.

Z

Zerstören: Unterbinden eines Spielzuges der gegnerischen Mannschaft, ohne dabei eine eigene Angriffsaktion aufzubauen.
Zwischenrunde: Spielrunde, die der Vorrunde folgt.

Qualifikationsspiele der X. Fußball-Weltmeisterschaft

EUROPA

Gruppe 1

Malta – Ungarn	0 : 2	(0 : 1)
Österreich – Malta	4 : 0	(3 : 0)
Ungarn – Malta	3 : 0	(1 : 0)
Schweden – Ungarn	0 : 0	
Österreich – Schweden	2 : 0	(0 : 0)
Österreich – Ungarn	2 : 2	(0 : 2)
Schweden – Malta	7 : 0	(5 : 0)
Malta – Österreich	0 : 2	(0 : 0)
Ungarn – Österreich	2 : 2	(1 : 2)
Schweden – Österreich	3 : 2	(1 : 0)
Ungarn – Schweden	3 : 3	(1 : 1)
Malta – Schweden	1 : 2	(1 : 2)

Tabelle

1. Schweden	6	3	2	1	15 : 8	8 : 4
2. Österreich	6	3	1	1	14 : 7	8 : 4
3. Ungarn	6	2	4	0	12 : 7	8 : 4
4. Malta	6	0	0	6	1 : 20	0 : 12

Entscheidungsspiel in Gelsenkirchen:
Schweden – Österreich 2 : 1 (2 : 1)

Gruppe 2

Luxemburg – Italien	0 : 4	(0 : 3)
Schweiz – Italien	0 : 0	
Luxemburg – Türkei	2 : 0	(2 : 0)
Türkei – Luxemburg	3 : 0	(2 : 0)
Italien – Türkei	0 : 0	
Türkei – Italien	0 : 1	(0 : 1)
Italien – Luxemburg	5 : 0	(2 : 0)
Luxemburg – Schweiz	0 : 1	(0 : 1)
Schweiz – Türkei	0 : 0	
Schweiz – Luxemburg	1 : 0	(1 : 0)
Italien – Schweiz	2 : 0	(1 : 0)
Türkei – Schweiz	2 : 0	(0 : 0)

Tabelle

1. Italien	6	4	2	0	12 : 0	10 : 2
2. Türkei	6	2	2	2	5 : 3	6 : 6
3. Schweiz	6	2	2	2	2 : 4	6 : 6
4. Luxemburg	6	1	0	5	2 : 14	2 : 10

Gruppe 3

Belgien – Island	4 : 0	(2 : 0)
Island – Belgien	0 : 4	(0 : 2)
Norwegen – Island	4 : 1	(0 : 0)
Norwegen – Belgien	0 : 2	(0 : 0)
Niederlande – Norwegen	9 : 0	(1 : 0)
Belgien – Niederlande	0 : 0	
Island – Norwegen	0 : 4	(0 : 1)
Niederlande – Island	5 : 0	(4 : 0)
Island – Niederlande	1 : 8	(1 : 4)
Norwegen – Niederlande	1 : 2	(0 : 1)
Belgien – Norwegen	2 : 0	(1 : 0)
Niederlande – Belgien	0 : 0	

Tabelle

1. Niederlande	6	4	2	0	24 : 2	10 : 2
2. Belgien	6	4	2	0	12 : 0	10 : 2
3. Norwegen	6	2	0	4	9 : 16	4 : 8
4. Island	6	0	0	6	2 : 29	0 : 12

Gruppe 4

Finnland – Albanien	1 : 0	(1 : 0)
Finnland – Rumänien	1 : 1	(0 : 0)
DDR – Finnland	5 : 0	(0 : 0)
Rumänien – Albanien	2 : 0	(2 : 0)
DDR – Albanien	2 : 0	(0 : 0)
Albanien – Rumänien	1 : 4	(0 : 2)
Rumänien – DDR	1 : 0	(0 : 0)
Finnland – DDR	1 : 5	(0 : 3)
DDR – Rumänien	2 : 0	(1 : 0)
Albanien – Finnland	1 : 0	(1 : 0)
Rumänien – Finnland	9 : 0	(5 : 0)
Albanien – DDR	1 : 4	(1 : 2)

Tabelle

1. DDR	6	5	0	1	18 : 3	10 : 2
2. Rumänien	6	4	1	1	17 : 4	9 : 3
3. Finnland	6	1	1	4	3 : 21	3 : 9
4. Albanien	6	1	0	5	3 : 13	2 : 10

Gruppe 5

Wales – England	0 : 1	(0 : 1)
England – Wales	1 : 1	(1 : 1)
Wales – Polen	2 : 0	(0 : 0)
Polen – England	2 : 0	(1 : 0)
Polen – Wales	3 : 0	(2 : 0)
England – Polen	1 : 1	(0 : 0)

Tabelle

1. Polen	4	2	1	1	6 : 3	5 : 3
2. England	4	1	2	1	3 : 4	4 : 4
3. Wales	4	1	1	2	3 : 5	3 : 5

Gruppe 6

Portugal – Zypern	4 : 0	(2 : 0)
Zypern – Portugal	0 : 1	(0 : 0)
Bulgarien – Nordirland	3 : 0	(1 : 0)
Zypern – Bulgarien	0 : 4	(0 : 3)
Zypern – Nordirland	1 : 0	(0 : 0)
Nordirland – Portugal	1 : 1	(1 : 0)
Bulgarien – Portugal	2 : 1	(1 : 0)
Nordirland – Zypern	3 : 0	(3 : 0)
Nordirland – Bulgarien	0 : 0	
Portugal – Bulgarien	2 : 2	(0 : 0)
Portugal – Nordirland	1 : 1	(1 : 0)
Bulgarien – Zypern	2 : 0	(1 : 0)

Tabelle

1. Bulgarien	6	4	2	0	13 : 3	10 : 2
2. Portugal	6	2	3	1	10 : 6	7 : 5
3. Nordirland	6	1	3	2	5 : 6	5 : 7
4. Zypern	6	1	0	5	1 : 14	2 : 10

Gruppe 7

Spanien – Jugoslawien	2 : 2	(1 : 0)
Jugoslawien – Griechenland	1 : 0	(1 : 0)
Griechenland – Spanien	2 : 3	(0 : 1)
Spanien – Griechenland	3 : 1	(2 : 1)
Jugoslawien – Spanien	0 : 0	
Griechenland – Jugoslawien	2 : 4	(2 : 2)

Tabelle

1. Spanien	4	2	2	0	8:5	6:2
2. Jugoslawien	4	2	2	0	7:4	6:2
3. Griechenland	4	0	0	4	5:11	0:8

Entscheidungsspiel in Frankfurt:

Spanien – Jugoslawien	0:1	(0:0)

Gruppe 8

Dänemark – Schottland	1:4	(1:2)
Schottland – Dänemark	2:0	(1:0)
Dänemark – ČSSR	1:1	(1:1)
ČSSR – Dänemark	6:0	(0:0)
Schottland – ČSSR	2:1	(1:1)
ČSSR – Schottland	1:0	(1:0)

Tabelle

1. Schottland	4	3	0	1	8:3	6:2
2. ČSSR	4	2	1	1	9:3	5:3
3. Dänemark	4	0	1	3	2:12	1:7

Gruppe 9

Frankreich – UdSSR	1:0	(0:0)
Irland – UdSSR	1:2	(0:1)
Irland – Frankreich	2:1	(1:0)
UdSSR – Irland	1:0	(0:0)
Frankreich – Irland	1:1	(0:0)
UdSSR – Frankreich	2:0	(0:0)

Tabelle

1. UdSSR	4	3	0	1	5:2	6:2
2. Irland	4	1	1	2	4:5	3:5
3. Frankreich	4	1	1	2	3:5	3:5

Ausscheidungsspiele UdSSR – Chile (Sieger Europagruppe 9 – Sieger Südamerikagruppe 3):

UdSSR – Chile	0:0
Chile – UdSSR	2:0*

*) Die UdSSR trat aus politischen Gründen nicht zum Rückspiel in Chile an und wurde ausgeschlossen. Das Spiel wurde mit 2:0 für Chile gewertet.

NORD/MITTELAMERIKA

Gruppe 1

Kanada – USA	3:2	(2:0)
Kanada – Mexiko	0:1	(0:0)
USA – Kanada	2:2	(2:1)
Mexiko – USA	3:1	(1:0)
Mexiko – Kanada	2:1	(1:1)
USA – Mexiko	1:2	(1:1)

Tabelle

1. Mexiko	4	4	0	0	8:3	8:0
2. Kanada	4	1	1	2	6:7	3:5
3. USA	4	0	1	3	6:1	1:7

Gruppe 2

Guatemala – El Salvador	1:0	(0:0)
El Salvador – Guatemala	0:1	(0:0)

Gruppe 3

Honduras – Costa Rica	2:1	(1:1)
Costa Rica – Honduras	3:3	(1:0)

Gruppe 4

Jamaika zog die Meldung zurück. Damit hatten sich die Niederländischen Antillen kampflos für das Endturnier qualifiziert.

Gruppe 5

Haiti – Puerto Rico	7:0	(5:0)
Puerto Rico – Haiti	0:5	(0:1)

Gruppe 6

Trinidad – Antigua	11:1	(4:1)
Antigua – Trinidad	1:2	(0:2)
Surinam – Trinidad	1:2	(0:0)
Trinidad – Surinam	1:1	(0:1)
Antigua – Surinam	0:6	(0:2)
Surinam – Antigua	3:1	(2:1)

Tabelle

1. Trinidad	4	3	1	0	16:4	7:1
2. Surinam	4	2	1	1	11:4	5:3
3. Antigua	4	0	0	4	3:22	0:8

Endturnier in Port-au-Prince auf Haiti

Honduras – Trinidad	2:1	(1:0)
Mexiko – Guatemala	0:0	
Haiti – Niederl. Antillen	3:0	(1:0)
Honduras – Mexiko	1:1	(0:0)
Haiti – Trinidad	2:1	(1:0)
Niederl. Antillen – Guatemala	2:2	(1:2)
Honduras – Haiti	0:1	(0:0)
Niederl. Antillen – Mexiko	0:8	(0:4)
Guatemala – Trinidad	0:1	(0:1)
Honduras – Niederl. Antillen	2:2	(1:0)
Guatemala – Haiti	1:2	(1:1)
Trinidad – Mexiko	4:0	(2:0)
Honduras – Guatemala	1:1	(1:0)
Trinidad – Niederl. Antillen	4:0	(2:0)
Mexiko – Haiti	1:0	(1:0)

Tabelle

1. Haiti	5	4	0	1	8:3	8:2
2. Trinidad	5	3	0	2	11:4	6:4
3. Mexiko	5	2	2	1	10:5	6:4
4. Honduras	5	1	3	1	6:6	5:5
5. Guatemala	5	0	3	2	4:6	3:7
6. Niederl. Antillen	5	0	2	3	4:19	2:8

SÜDAMERIKA

Gruppe 1

Kolumbien – Ekuador	1:1	(1:0)
Kolumbien – Uruguay	0:0	
Ekuador – Kolumbien	1:1	(1:0)
Ekuador – Uruguay	1:2	(1:1)
Uruguay – Kolumbien	0:1	(0:0)
Uruguay – Ekuador	4:0	(3:0)

Tabelle

1. Uruguay	4	2	1	1	6:2	5:3
2. Kolumbien	4	1	3	0	3:2	5:3
3. Ekuador	4	0	2	2	3:8	2:6

Gruppe 2

Bolivien – Paraguay	1 : 2	(1 : 1)
Argentinien – Bolivien	4 : 0	(2 : 0)
Paraguay – Argentinien	1 : 1	(1 : 1)
Bolivien – Argentinien	0 : 1	(0 : 1)
Paraguay – Bolivien	4 : 0	(3 : 0)
Argentinien – Paraguay	3 : 1	(1 : 1)

Tabelle

1. Argentinien	4	3	1	0	9 : 2	7 : 1
2. Paraguay	4	2	1	1	8 : 5	5 : 3
3. Bolivien	4	0	0	4	1 : 11	0 : 8

Gruppe 3

Peru – Chile	2 : 0	(1 : 0)
Chile – Peru	2 : 0	(0 : 0)

Entscheidungsspiel in Montevideo:

Peru – Chile	1 : 2	(1 : 1)

Venezuela als drittes Land in dieser Gruppe verzichtete im März 1973 auf seine Teilnahme.

Ausscheidungsspiele UdSSR – Chile (Sieger Europagruppe 9 – Sieger Südamerikagruppe 3):

UdSSR – Chile in Moskau	0 : 0
Chile – UdSSR in Santiago	2 : 0*

*) Die UdSSR trat aus politischen Gründen zum Rückspiel in Chile nicht an und wurde ausgeschlossen. Das Spiel wurde mit 2 : 0 für Chile gewertet. Damit stand Chile als Teilnehmer fest.

ASIEN/OZEANIEN

Hauptgruppe A

Turnier in Seoul

Untergruppe A

Japan, Hongkong und Südvietnam.

Japan – Südvietnam	4 : 0	(2 : 0)
Japan – Hongkong	0 : 1	(0 : 0)
Hongkong – Südvietnam	1 : 0	(0 : 0)

Tabelle

1. Hongkong	2	2	0	0	2 : 0	4 : 0
2. Japan	2	1	0	1	4 : 1	2 : 2
3. Südvietnam	2	0	0	2	0 : 5	0 : 4

Untergruppe B

Südkorea, Israel, Malaysia und Thailand.

Südkorea – Thailand	4 : 0	(0 : 0)
Israel – Malaysia	3 : 0	(0 : 0)
Thailand – Israel	0 : 6	(0 : 1)
Südkorea – Malaysia	0 : 0	
Südkorea – Israel	0 : 0	
Thailand – Malaysia	0 : 2	(0 : 0)

Tabelle

1. Israel	3	2	1	0	9 : 0	5 : 1
2. Südkorea	3	1	2	0	4 : 0	4 : 2
3. Malaysia	3	1	1	1	2 : 3	3 : 3
4. Thailand	3	0	0	3	0 : 12	0 : 6

Halbfinale

Hongkong – Südkorea	1 : 3	(1 : 1)
Israel – Japan	1 : 0	(0 : 0)

Finale

Südkorea – Israel	1 : 0	(0 : 0)

Hauptgruppe B

Untergruppe A

Turnier in Australien mit Australien, Irak, Indonesien und Neuseeland.

Australien – Neuseeland	1 : 1	(0 : 0)
Australien – Irak	3 : 1	(0 : 0)
Indonesien – Neuseeland	1 : 1	(1 : 0)
Irak – Neuseeland	2 : 0	(2 : 0)
Australien – Indonesien	2 : 1	(2 : 1)
Irak – Indonesien	1 : 1	(1 : 1)
Australien – Neuseeland	3 : 3	(3 : 1)
Indonesien – Neuseeland	1 : 0	(1 : 0)
Australien – Irak	0 : 0	
Irak – Indonesien	3 : 2	(2 : 1)
Irak – Neuseeland	4 : 0	(3 : 0)
Australien – Indonesien	6 : 0	(3 : 0)

Tabelle

1. Australien	6	3	3	0	15 : 6	9 : 3
2. Irak	6	3	2	1	11 : 6	8 : 4
3. Indonesien	6	1	2	3	6 : 13	4 : 8
4. Neuseeland	6	0	3	3	5 : 12	3 : 9

Untergruppe B

Turnier im Iran mit dem Iran, Kuwait, Nordkorea und Syrien.

Nordkorea – Iran	0 : 0	
Kuwait – Syrien	1 : 2	(0 : 0)
Kuwait – Iran	1 : 2	(0 : 1)
Nordkorea – Syrien	1 : 1	(0 : 0)
Syrien – Iran	0 : 1	(0 : 0)
Nordkorea – Kuwait	0 : 0	
Iran – Nordkorea	2 : 1	(0 : 0)
Syrien – Kuwait	2 : 0	(1 : 0)
Iran – Kuwait	2 : 0	(0 : 0)
Syrien – Nordkorea	0 : 3	(0 : 2)
Iran – Syrien	0 : 1	(0 : 1)
Kuwait – Nordkorea	2 : 0	(1 : 0)

Tabelle

1. Iran	6	4	1	1	7 : 3	9 : 3
2. Syrien	6	3	1	2	6 : 3	7 : 5
3. Nordkorea	6	1	3	2	5 : 5	5 : 7
4. Kuwait	6	1	1	4	4 : 8	3 : 9

Finale

Australien – Iran	3 : 0	(1 : 0)
Iran – Australien	2 : 0	(1 : 0)

Finale

zwischen den Siegern der beiden Hauptgruppen

Australien – Südkorea in Sydney	0 : 0	
Südkorea – Australien in Seoul	2 : 2	(2 : 1)

Entscheidungsspiel in Hongkong

Australien – Südkorea	1 : 0	(0 : 0)

Aus der Asien-/Ozeaniengruppe, die einen Teilnehmer zum Endturnier 1974 nach Deutschland entsendet, zogen sich die Philippinen (am 16. April 1973) und Indien (im März 1973) zurück. Für Indien wurde am 24. März 1973 (fast zwei Jahre nach dem offiziellen Meldeschluß) Nordkorea von der FIFA aufgenommen.

AFRIKA

Erste Runde

Marokko – Senegal	0 : 0	
Senegal – Marokko	1 : 2	(1 : 1)
Algerien – Guinea	1 : 0	(0 : 0)
Guinea – Algerien	5 : 1	(2 : 0)
Ägypten – Tunesien	2 : 1	(1 : 0)
Tunesien – Ägypten	2 : 0	(1 : 0)
Sierra Leone – Elfenbeinküste	0 : 1	(0 : 1)
Elfenbeinküste – Sierra Leone	2 : 0	(1 : 0)
Lesotho – Sambia	0 : 0	
Sambia – Lesotho	6 : 1	(3 : 1)
Kenia – Sudan	2 : 0	(1 : 0)
Sudan – Kenia	1 : 0	(1 : 0)
Nigeria – Kongo-Brazzaville	2 : 1	(0 : 1)
Kongo-Brazzaville – Nigeria	1 : 1	(0 : 1)
Dahomey – Ghana	0 : 5	(0 : 3)
Ghana – Dahomey	5 : 1	(2 : 0)
Togo – Zaire	0 : 0	
Zaire – Togo	4 : 0	(2 : 0)
Tansania – Äthiopien	0 : 0	
Äthiopien – Tansania	1 : 1	(0 : 1)
Äthiopien – Tansania	3 : 0	(3 : 0)

Madagaskar und Gabun zogen ihre Meldungen zurück, so daß Mauritius und Kamerun kampflos die zweite Runde erreichten.

Zweite Runde

Guinea – Marokko	1 : 1	(1 : 1)
Marokko – Guinea	2 : 0	(0 : 0)
Tunesien – Elfenbeinküste	1 : 1	(0 : 1)
Elfenbeinküste – Tunesien	2 : 1	(1 : 1)
Mauritius – Kenia	1 : 3	(1 : 1)
Kenia – Mauritius	2 : 2	(0 : 2)
Äthiopien – Sambia	0 : 0	
Sambia – Äthiopien	4 : 2	(0 : 1)
Nigeria – Ghana	2 : 3	(2 : 1)

Spiel in Lagos wurde abgebrochen und mit 0 : 2 für Ghana von der FIFA gewertet.

Ghana – Nigeria	0 : 0	
Kamerun – Zaire	0 : 1	(0 : 1)
Zaire – Kamerun	0 : 1	(0 : 1)
Zaire – Kamerun	2 : 0	(1 : 0)

Dritte Runde

Elfenbeinküste – Marokko	1 : 1	(0 : 1)
Marokko – Elfenbeinküste	4 : 1	(2 : 0)
Sambia – Kenia	2 : 0	(1 : 0)
Kenia – Sambia	2 : 2	(0 : 2)
Ghana – Zaire	1 : 0	(1 : 0)
Zaire – Ghana	4 : 1	(2 : 0)

Endrunde

Zaire – Marokko	3 : 0	(0 : 0)
Marokko – Zaire	0 : 2*	
Marokko – Sambia	2 : 0	(1 : 0)
Sambia – Marokko	4 : 0	(1 : 0)
Sambia – Zaire	0 : 2	(0 : 2)
Zaire – Sambia	2 : 1	(1 : 1)

Tabelle

1. Zaire	4	4	0	0	9 : 1	8 : 0
2. Sambia	4	1	0	3	5 : 6	2 : 6
3. Marokko	4	1	0	3	2 : 9	2 : 6

*) Marokko sagte das Spiel ab, da Zaire schon qualifiziert war. Die FIFA wertete das Treffen mit 2 : 0 für Zaire.

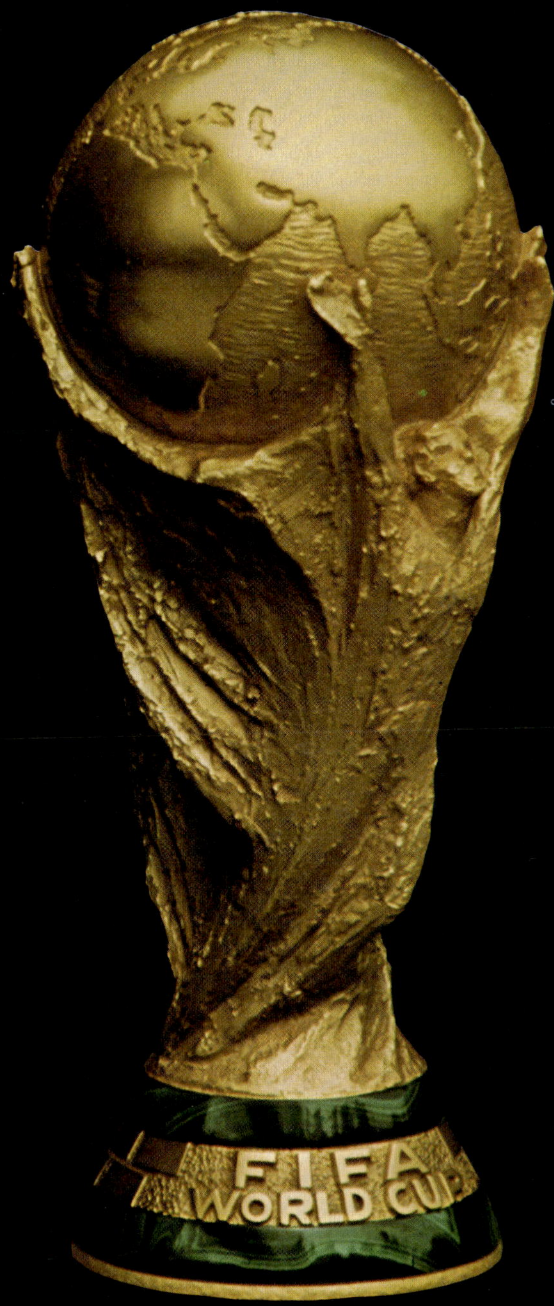

1970 wurde Brasiliens Elf durch ihren dritten Titelgewinn endgültige Besitzerin der „Coupe Jules Rimet". Als neue höchste Trophäe des Weltfußballs stiftete die FIFA einen Pokal nach dem Entwurf des italienischen Bildhauers Silvio Gazzaniga. Dieser Cup wird künftig als Wanderpreis vergeben. Der 36 cm hohe „FIFA World Cup" aus 18karätigem Gold stellt eine Weltkugel dar, die von zwei Athleten getragen wird.

Ergebnisse der Fußball-Weltmeisterschaften 1930–1970

I. Fußball-Weltmeisterschaft 1930 in Uruguay

Gruppe 1

Frankreich – Mexiko	4 : 1	(3 : 0)
Argentinien – Frankreich	1 : 0	(0 : 0)
Chile – Mexiko	3 : 0	(1 : 0)
Chile – Frankreich	1 : 0	(0 : 0)
Argentinien – Mexiko	6 : 3	(3 : 0)
Argentinien – Chile	3 : 1	(2 : 1)

Tabelle

1. Argentinien	3	3	0	0	10 : 4	6 : 0
2. Chile	3	2	0	1	5 : 3	4 : 2
3. Frankreich	3	1	0	2	4 : 3	2 : 4
4. Mexiko	3	0	0	3	4 : 13	0 : 6

Gruppe 2

Jugoslawien – Brasilien	2 : 1	(2 : 0)
Jugoslawien – Bolivien	4 : 0	(0 : 0)
Brasilien – Bolivien	4 : 0	(1 : 0)

Tabelle

1. Jugoslawien	2	2	0	0	6 : 1	4 : 0
2. Brasilien	2	1	0	1	5 : 2	2 : 2
3. Bolivien	2	0	0	2	0 : 8	0 : 4

Gruppe 3

Rumänien – Peru	3 : 1	(1 : 0)
Uruguay – Peru	1 : 0	(0 : 0)
Uruguay – Rumänien	4 : 0	(4 : 0)

Tabelle

1. Uruguay	2	2	0	0	5 : 0	4 : 0
2. Rumänien	2	1	0	1	3 : 5	2 : 2
3. Peru	2	0	0	2	1 : 4	0 : 4

Gruppe 4

USA – Belgien	3 : 0	(2 : 0)
USA – Paraguay	3 : 0	(2 : 0)
Paraguay – Belgien	1 : 0	(1 : 0)

Tabelle

1. USA	2	2	0	0	6 : 0	4 : 0
2. Paraguay	2	1	0	1	1 : 3	2 : 2
3. Belgien	2	0	0	2	0 : 4	0 : 4

Halbfinale

Argentinien – USA	6 : 1	(1 : 0)
Uruguay – Jugoslawien	6 : 1	(3 : 1)

Endspiel

Uruguay – Argentinien	4 : 2	(1 : 2)

II. Fußball-Weltmeisterschaft 1934 in Italien

Achtelfinale

Italien – USA	7 : 1	(3 : 0)
Tschechoslowakei – Rumänien	2 : 1	(0 : 1)
Deutschland – Belgien	5 : 2	(1 : 2)
Österreich – Frankreich	n. V. 3 : 2	(1 : 1, 1 : 1)
Spanien – Brasilien	3 : 1	(3 : 1)
Schweiz – Holland	3 : 2	(2 : 1)
Schweden – Argentinien	3 : 2	(1 : 1)
Ungarn – Ägypten	4 : 2	(2 : 1)

Viertelfinale

Deutschland – Schweden	2 : 1	(0 : 0)
Tschechoslowakei – Schweiz	3 : 2	(1 : 1)
Österreich – Ungarn	2 : 1	(1 : 0)
Italien – Spanien	n. V. 1 : 1	(1 : 1, 0 : 1)
Italien – Spanien (Wiederholung)	1 : 0	(1 : 0)

Halbfinale

Tschechoslowakei – Deutschland	3 : 1	(1 : 0)
Italien – Österreich	1 : 0	(1 : 0)

Um den 3. Platz

Deutschland – Österreich	3 : 2	(3 : 1)

Endspiel

Italien – Tschechoslowakei	n. V. 2 : 1	(1 : 1, 0 : 0)

III. Fußball-Weltmeisterschaft 1938 in Frankreich

Achtelfinale

Schweiz – Deutschland	n. V. 1 : 1	(1 : 1, 0 : 1)
Schweiz – Deutschland (Wiederholung)	4 : 2	(0 : 2)
Kuba – Rumänien	n. V. 3 : 3	(3 : 3, 1 : 2)
Kuba – Rumänien (Wiederholung)	2 : 1	(0 : 1)
Ungarn – Niederl.-Indien	6 : 0	(4 : 0)
Frankreich – Belgien	3 : 1	(2 : 1)
Tschechoslowakei – Holland	n. V. 3 : 0	(0 : 0, 0 : 0)
Brasilien – Polen	n. V. 6 : 5	(4 : 4, 3 : 2)
Italien – Norwegen	n. V. 2 : 1	(1 : 1, 1 : 0)

Schweden erreichte kampflos das Viertelfinale, da Österreich wegen des „Anschlusses" an Deutschland nicht teilnahm.

Viertelfinale

Schweden – Kuba	8 : 0	(4 : 0)
Ungarn – Schweiz	2 : 0	(1 : 0)
Italien – Frankreich	3 : 1	(1 : 1)
Brasilien – Tschechoslowakei	n. V. 1 : 1	(1 : 1, 1 : 0)
Brasilien – Tschechoslowakei (Wiederholung)	2 : 1	(0 : 1)

Halbfinale

Italien – Brasilien	2 : 1	(2 : 0)
Ungarn – Schweden	5 : 1	(3 : 1)

Um den 3. Platz

Brasilien – Schweden	4 : 2	(1 : 2)

Endspiel

Italien – Ungarn	4 : 2	(3 : 1)

IV. Fußball-Weltmeisterschaft 1950 in Brasilien

Gruppe 1

Brasilien – Mexiko	4 : 0	(1 : 0)
Jugoslawien – Schweiz	3 : 0	(3 : 0)
Jugoslawien – Mexiko	4 : 1	(2 : 0)
Brasilien – Schweiz	2 : 2	(2 : 1)
Brasilien – Jugoslawien	2 : 0	(1 : 0)
Schweiz – Mexiko	2 : 1	(2 : 0)

Gruppe 2

Spanien – USA	3 : 1	(0 : 1)
England – Chile	2 : 0	(1 : 0)
USA – England	1 : 0	(1 : 0)
Spanien – Chile	2 : 0	(2 : 0)
Spanien – England	1 : 0	(0 : 0)
Chile – USA	5 : 2	(2 : 0)

Gruppe 3

Schweden – Italien	3 : 2	(2 : 1)
Schweden – Paraguay	2 : 2	(2 : 1)
Italien – Paraguay	2 : 0	(1 : 0)

Gruppe 4

Uruguay – Bolivien	8 : 0	(4 : 0)

Endrunde der Gruppensieger

Uruguay – Spanien	2 : 2	(1 : 2)
Brasilien – Schweden	7 : 1	(3 : 0)
Uruguay – Schweden	3 : 2	(1 : 2)
Brasilien – Spanien	6 : 1	(3 : 0)
Schweden – Spanien	3 : 1	(2 : 0)
Uruguay – Brasilien	2 : 1	(0 : 0)

Endstand

1. Uruguay	3	2	1	0	7 : 5	5 : 1
2. Brasilien	3	2	0	1	14 : 4	4 : 2
3. Schweden	3	1	0	2	6 : 11	2 : 4
4. Spanien	3	0	1	2	4 : 11	1 : 5

V. Fußball-Weltmeisterschaft 1954 in der Schweiz

Gruppe 1

Jugoslawien – Frankreich	1 : 0	(1 : 0)
Brasilien – Mexiko	5 : 0	(4 : 0)
Frankreich – Mexiko	3 : 2	(1 : 0)
Brasilien – Jugoslawien	n. V. 1 : 1	(1 : 1, 1 : 0)

Tabelle

1. Brasilien	2	1	1	0	6 : 1	3 : 1
2. Jugoslawien	2	1	1	0	2 : 1	3 : 1
3. Frankreich	2	1	0	1	3 : 3	2 : 2
4. Mexiko	2	0	0	2	2 : 8	0 : 4

Gruppe 2

Ungarn – Südkorea	9 : 0	(4 : 0)
Deutschland – Türkei	4 : 1	(1 : 1)
Ungarn – Deutschland	8 : 3	(3 : 1)
Türkei – Südkorea	7 : 0	(4 : 0)
Deutschland – Türkei (Entscheidungsspiel)	7 : 2	(3 : 1)

Tabelle

1. Ungarn	2	2	0	0	17 : 3	4 : 0
2. Deutschland	2	1	0	1	7 : 9	2 : 2
3. Türkei	2	1	0	1	8 : 4	2 : 2
4. Südkorea	2	0	0	2	0 : 16	0 : 4

Gruppe 3

Österreich – Schottland	1 : 0	(1 : 0)
Uruguay – Tschechoslowakei	2 : 0	(0 : 0)
Österreich – Jugoslawien	5 : 0	(4 : 0)
Uruguay – Schottland	7 : 0	(2 : 0)

Tabelle

1. Uruguay	2	2	0	0	9 : 0	4 : 0
2. Österreich	2	2	0	0	6 : 0	4 : 0
3. Tschechoslowakei	2	0	0	2	0 : 7	0 : 4
4. Schottland	2	0	0	2	0 : 8	0 : 4

Gruppe 4

England – Belgien	n. V. 4 : 4	(3 : 3, 2 : 1)
Schweiz – Italien	2 : 1	(1 : 1)
England – Schweiz	2 : 0	(1 : 0)
Italien – Belgien	4 : 1	(1 : 0)
Schweiz – Italien (Entscheidungsspiel)	4 : 1	(1 : 0)

Tabelle

1. England	2	1	1	0	6 : 4	3 : 1
2. Schweiz	2	1	0	1	2 : 3	2 : 2
3. Italien	2	1	0	1	5 : 3	2 : 2
4. Belgien	2	0	1	1	5 : 8	1 : 3

Viertelfinale

Deutschland – Jugoslawien	2 : 0	(1 : 0)
Ungarn – Brasilien	4 : 2	(2 : 1)
Österreich – Schweiz	7 : 5	(5 : 4)
Uruguay – England	4 : 2	(2 : 1)

Halbfinale

Deutschland – Österreich	6 : 1	(1 : 0)
Ungarn – Uruguay	n. V. 4 : 2	(2 : 2, 1 : 0)

Um den 3. Platz

Österreich – Uruguay	3 : 1	(1 : 1)

Endspiel

Deutschland – Ungarn	3 : 2	(2 : 2)

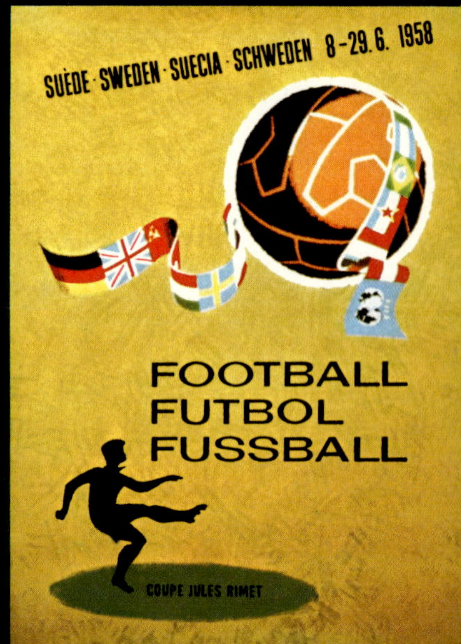

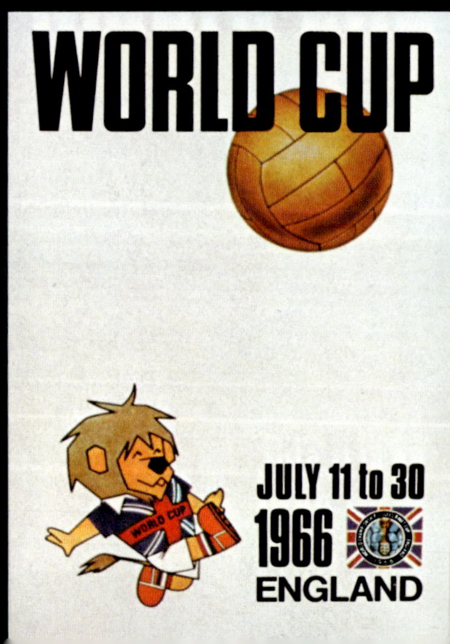

Zehnmal Worldcup auf Plakaten

VI. Fußball-Weltmeisterschaft 1958 in Schweden

Gruppe 1

Argentinien – Deutschland	1 : 3	(1 : 2)
Nordirland – ČSSR	1 : 0	(1 : 0)
ČSSR – Deutschland	2 : 2	(2 : 0)
Argentinien – Nordirland	3 : 1	(1 : 1)
Deutschland – Nordirland	2 : 2	(1 : 1)
Argentinien – ČSSR	1 : 6	(0 : 3)
Nordirland – ČSSR (Entscheidungsspiel)	n. V. 2 : 1	(1 : 1, 1 : 1)

Tabelle

1. Deutschland	3	1	2	0	7 : 5	4 : 2
2. ČSSR	3	1	1	1	8 : 4	3 : 3
3. Nordirland	3	1	1	1	4 : 5	3 : 3
4. Argentinien	3	1	0	2	5 : 10	2 : 4

Gruppe 2

Frankreich – Paraguay	7 : 3	(2 : 2)
Jugoslawien – Schottland	1 : 1	(1 : 0)
Paraguay – Schottland	3 : 2	(2 : 1)
Frankreich – Jugoslawien	2 : 3	(1 : 1)
Frankreich – Schottland	2 : 1	(2 : 0)
Jugoslawien – Paraguay	3 : 3	(2 : 1)

Tabelle

1. Frankreich	3	2	0	1	11 : 7	4 : 2
2. Jugoslawien	3	1	2	0	7 : 6	4 : 2
3. Paraguay	3	1	1	1	9 : 12	3 : 3
4. Schottland	3	0	1	2	4 : 6	1 : 5

Gruppe 3

Schweden – Mexiko	3 : 0	(1 : 0)
Ungarn – Wales	1 : 1	(1 : 1)
Mexiko – Wales	1 : 1	(0 : 1)
Schweden – Ungarn	2 : 1	(1 : 0)
Schweden – Wales	0 : 0	
Mexiko – Ungarn	0 : 4	(0 : 1)
Ungarn – Wales (Entscheidungsspiel)	1 : 2	(1 : 0)

Tabelle

1. Schweden	3	2	1	0	5 : 1	5 : 1
2. Ungarn	3	1	1	1	6 : 3	3 : 3
3. Wales	3	0	3	0	2 : 2	3 : 3
4. Mexiko	3	0	1	2	1 : 8	1 : 5

Gruppe 4

Brasilien – Österreich	3 : 1	(1 : 0)
England – UdSSR	2 : 2	(0 : 1)
Brasilien – England	0 : 0	
Österreich – UdSSR	0 : 2	(0 : 1)
England – Österreich	2 : 2	(0 : 1)
Brasilien – UdSSR	2 : 0	(1 : 0)
England – UdSSR (Entscheidungsspiel)	0 : 1	(0 : 0)

Tabelle

1. Brasilien	3	2	1	0	5 : 0	5 : 1
2. UdSSR	3	1	1	1	4 : 4	3 : 3
3. England	3	0	3	0	4 : 4	3 : 3
4. Österreich	3	0	1	2	2 : 7	1 : 5

Viertelfinale

Deutschland – Jugoslawien	1 : 0	(1 : 0)
Frankreich – Nordirland	4 : 0	(1 : 0)
Schweden – UdSSR	2 : 0	(0 : 0)
Brasilien – Wales	1 : 0	(0 : 0)

Halbfinale

Schweden – Deutschland	3 : 1	(1 : 1)
Brasilien – Frankreich	5 : 2	(2 : 1)

Um den 3. Platz

Frankreich – Deutschland	6 : 3	(3 : 1)

Endspiel

Schweden – Brasilien	2 : 5	(1 : 2)

VII. Fußball-Weltmeisterschaft 1962 in Chile

Gruppe 1

Uruguay – Kolumbien	2 : 1	(0 : 1)
UdSSR – Jugoslawien	2 : 0	(0 : 0)
Uruguay – Jugoslawien	1 : 3	(1 : 2)
Kolumbien – UdSSR	4 : 4	(1 : 3)
UdSSR – Uruguay	2 : 1	(1 : 0)
Jugoslawien – Kolumbien	5 : 0	(2 : 0)

Tabelle

1. UdSSR	3	2	1	0	8 : 5	5 : 1
2. Jugoslawien	3	2	0	1	8 : 3	4 : 2
3. Uruguay	3	1	0	2	4 : 6	2 : 4
4. Kolumbien	3	0	1	2	5 : 11	1 : 5

Gruppe 2

Chile – Schweiz	3 : 1	(1 : 1)
Deutschland – Italien	0 : 0	
Chile – Italien	2 : 0	(0 : 0)
Deutschland – Schweiz	2 : 1	(1 : 0)
Deutschland – Chile	2 : 0	(1 : 0)
Italien – Schweiz	3 : 0	(1 : 0)

Tabelle

1. Deutschland	3	2	1	0	4 : 1	5 : 1
2. Chile	3	2	0	1	5 : 3	4 : 2
3. Italien	3	1	1	1	3 : 2	3 : 3
4. Schweiz	3	0	0	3	2 : 6	0 : 6

Gruppe 3

Brasilien – Mexiko	2 : 0	(0 : 0)
Spanien – ČSSR	0 : 1	(0 : 0)
Brasilien – ČSSR	0 : 0	
Mexiko – Spanien	0 : 1	(0 : 0)
Brasilien – Spanien	2 : 1	(0 : 1)
ČSSR – Mexiko	1 : 3	(1 : 2)

Tabelle

1. Brasilien	3	2	1	0	4 : 1	5 : 1
2. ČSSR	3	1	1	1	2 : 3	3 : 3
3. Mexiko	3	1	0	2	3 : 4	2 : 4
4. Spanien	3	1	0	2	2 : 3	2 : 4

Gruppe 4

Argentinien – Bulgarien	1 : 0	(1 : 0)
Ungarn – England	2 : 1	(1 : 0)
Argentinien – England	1 : 3	(0 : 2)
Bulgarien – Ungarn	1 : 6	(0 : 4)
Ungarn – Argentinien	0 : 0	
England – Bulgarien	0 : 0	

Viertelfinale

UdSSR – Chile	1 : 2	(1 : 2)
Deutschland – Jugoslawien	0 : 1	(0 : 0)
Brasilien – England	3 : 1	(1 : 0)
Ungarn – ČSSR	0 : 1	(0 : 1)

Halbfinale

ČSSR – Jugoslawien	3 : 1	(0 : 0)
Brasilien – Chile	4 : 2	(2 : 1)

Um den 3. Platz

Chile – Jugoslawien	1 : 0	(0 : 0)

Endspiel

Brasilien – ČSSR	3 : 1	(1 : 1)

VIII. Fußball-Weltmeisterschaft 1966 in England

Gruppe 1

England – Uruguay	0 : 0	
Frankreich – Mexiko	1 : 1	(0 : 0)
Uruguay – Frankreich	2 : 1	(2 : 1)
Mexiko – England	0 : 2	(0 : 1)
Mexiko – Uruguay	0 : 0	
Frankreich – England	0 : 2	(0 : 1)

Tabelle

1. England	3	2	1	0	4 : 0	5 : 1
2. Uruguay	3	1	2	0	2 : 1	4 : 2
3. Mexiko	3	0	2	1	1 : 3	2 : 4
4. Frankreich	3	0	1	2	2 : 5	1 : 5

Gruppe 2

Deutschland – Schweiz	5 : 0	(3 : 0)
Spanien – Argentinien	1 : 2	(0 : 0)
Schweiz – Spanien	1 : 2	(1 : 0)
Argentinien – Deutschland	0 : 0	
Argentinien – Schweiz	2 : 0	(0 : 0)
Spanien – Deutschland	1 : 2	(1 : 1)

Tabelle

1. Deutschland	3	2	1	0	7 : 1	5 : 1
2. Argentinien	3	2	1	0	4 : 1	5 : 1
3. Spanien	3	1	0	2	4 : 5	2 : 4
4. Schweiz	3	0	0	3	1 : 9	0 : 6

Gruppe 3

Bulgarien – Brasilien	0 : 2	(0 : 1)
Ungarn – Portugal	1 : 3	(0 : 1)
Brasilien – Ungarn	1 : 3	(1 : 1)
Portugal – Bulgarien	3 : 0	(2 : 0)
Portugal – Brasilien	3 : 1	(2 : 0)
Ungarn – Bulgarien	3 : 1	(2 : 1)

Tabelle

1. Portugal	3	3	0	0	9 : 2	6 : 0
2. Ungarn	3	2	0	1	7 : 5	4 : 2
3. Brasilien	3	1	0	2	4 : 6	2 : 4
4. Bulgarien	3	0	0	3	1 : 8	0 : 6

Gruppe 4

UdSSR – Nordkorea	3 : 0	(2 : 0)
Chile – Italien	0 : 2	(0 : 1)
Nordkorea – Chile	1 : 1	(0 : 1)
Italien – UdSSR	0 : 1	(0 : 0)
Italien – Nordkorea	0 : 1	(0 : 1)
Chile – UdSSR	1 : 2	(1 : 1)

Tabelle

1. UdSSR	3	3	0	0	6 : 1	6 : 0
2. Nordkorea	3	1	1	1	2 : 4	3 : 3
3. Italien	3	1	0	2	2 : 2	2 : 4
4. Chile	3	0	1	2	2 : 5	1 : 5

Viertelfinale

England – Argentinien	1 : 0	(0 : 0)
Deutschland – Uruguay	4 : 0	(1 : 0)
Portugal – Nordkorea	5 : 3	(2 : 3)
UdSSR – Ungarn	2 : 1	(1 : 0)

Halbfinale

Deutschland – UdSSR	2 : 1	(1 : 0)
England – Portugal	2 : 1	(1 : 0)

Um den 3. Platz

Portugal – UdSSR	2 : 1	(1 : 1)

Endspiel

England – Deutschland	n. V.* 4 : 2	(2 : 2, 1 : 1)

---

*) Das in Klammern aufgeführte erste Resultat zeigt den Stand des Spieles nach Ablauf der regulären Spielzeit an; das zweite genannte Ergebnis drückt den Halbzeitstand aus.

IX. Fußball-Weltmeisterschaft 1970 in Mexiko

Gruppe 1

UdSSR – Mexiko	0 : 0	
Belgien – El Salvador	3 : 0	(1 : 0)
UdSSR – Belgien	4 : 1	(1 : 0)
Mexiko – El Salvador	4 : 0	(1 : 0)
UdSSR – El Salvador	2 : 0	(0 : 0)
Mexiko – Belgien	1 : 0	(1 : 0)

Tabelle

1. UdSSR	3	2	1	0	6 : 1	5 : 1
2. Mexiko	3	2	1	0	5 : 0	5 : 1
3. Belgien	3	1	0	2	4 : 5	2 : 4
4. El Salvador	3	0	0	3	0 : 9	0 : 6

Gruppe 2

Uruguay – Israel	2 : 0	(1 : 0)
Italien – Schweden	1 : 0	(1 : 0)
Uruguay – Italien	0 : 0	
Schweden – Israel	1 : 1	(0 : 0)
Schweden – Uruguay	1 : 0	(0 : 0)
Italien – Israel	0 : 0	

Tabelle

1. Italien	3	1	2	0	1 : 0	4 : 2
2. Uruguay	3	1	1	1	2 : 1	3 : 3
3. Schweden	3	1	1	1	2 : 2	3 : 3
4. Israel	3	0	2	1	1 : 3	2 : 4

Gruppe 3

England – Rumänien	1 : 0	(0 : 0)
Brasilien – ČSSR	4 : 1	(1 : 1)
Rumänien – ČSSR	2 : 1	(0 : 1)
Brasilien – England	1 : 0	(0 : 0)
Brasilien – Rumänien	3 : 2	(2 : 1)
England – ČSSR	1 : 0	(0 : 0)

Tabelle

1. Brasilien	3	3	0	0	8 : 3	6 : 0
2. England	3	2	0	1	2 : 1	4 : 2
3. Rumänien	3	1	0	2	4 : 5	2 : 4
4. ČSSR	3	0	0	3	2 : 7	0 : 6

Gruppe 4

Peru – Bulgarien	3 : 2	(0 : 1)
Deutschland – Marokko	2 : 1	(0 : 1)
Peru – Marokko	3 : 0	(0 : 0)
Deutschland – Bulgarien	5 : 2	(2 : 1)
Deutschland – Peru	3 : 1	(3 : 1)
Bulgarien – Marokko	1 : 1	(1 : 0)

Tabelle

1. Deutschland	3	3	0	0	10 : 4	6 : 0
2. Peru	3	2	0	1	7 : 5	4 : 2
3. Bulgarien	3	0	1	2	5 : 9	1 : 5
4. Marokko	3	0	1	2	2 : 6	1 : 5

Viertelfinale

Uruguay – UdSSR	n. V. 1 : 0	(0 : 0, 0 : 0)
Italien – Mexiko	4 : 1	(1 : 1)
Brasilien – Peru	4 : 2	(2 : 1)
Deutschland – England	n. V. 3 : 2	(2 : 2, 0 : 1)

Halbfinale

Italien – Deutschland	n. V. 4 : 3	(1 : 1, 1 : 0)
Brasilien – Uruguay	3 : 1	(1 : 1)

Um den 3. Platz

Deutschland – Uruguay	1 : 0	(1 : 0)

Endspiel

Brasilien – Italien	4 : 1	(1 : 1)

Herausgeber Harry Valérien

Redaktion Christian Zentner
Jürgen Weber
Joachim Merk
Micki Pause
Sabine Dyckerhoff

Mitarbeiter Peter Bizer
Hans Blickensdörfer
Hannes Burger
Reinhold Dörrzapf
Hans Eiberle
Hanns Joachim Friedrichs
Edgar Fuchs
Helge Günther
Richard Kirn
Gerd Krug
Paul Ludwig
Walter Lutz
Martin Maier
Wolfgang Thiel
Carmen Thomas
Günther Wolfbauer

Fotos ADN
Associated Press GmbH
Erich Baumann
Dieter Baumann
Hannelore Baumann
Colorsport
dpa
Horst Eissner
Fédération Internationale de Football Association
FMS
Hartung
Horstmüller
Otto Metelmann
Mühlberger/Deisenroth
Sven Simon
Schirner
Jochen Stellwaag
VSW
Werek

Karte Adrian Cornford

ISBN 3 517 00450 2
1.—170. Tausend

Umschlag und Layout Manfred Metzger

Druck Franzis-Druck, München
Karl Wenschow GmbH, München

Papier Mediaprint h'frei matt gestrichen
Bilderdruck, ein Erzeugnis der
Feldmühle AG, geliefert über
Hartmann & Mittler, Feinpapier-
großhandlung, München

Einband Grimm & Bleicher, München
R. Oldenbourg, Graphische Betriebe,
München